古典文獻研究輯刊

三六編

潘美月・杜潔祥　主編

第21冊

《讀易述》校證
（第三冊）

陳 開 林 著

國家圖書館出版品預行編目資料

《讀易述》校證（第三冊）／陳開林 著 -- 初版 -- 新北市：
花木蘭文化事業有限公司，2023〔民 112〕
目 4+166 面；19×26 公分
（古典文獻研究輯刊 三六編；第 21 冊）
ISBN 978-626-344-279-5（精裝）
1.CST：讀易述 2.CST：研究考訂
011.08   111022055

ISBN-978-626-344-279-5

9 786263 442795

古典文獻研究輯刊
三六編　第二一冊   ISBN：978-626-344-279-5

《讀易述》校證（第三冊）

作　　　者　陳開林
主　　　編　潘美月、杜潔祥
總 編 輯　杜潔祥
副總編輯　楊嘉樂
編輯主任　許郁翎
編　　　輯　張雅淋、潘玟靜　美術編輯　陳逸婷
出　　　版　花木蘭文化事業有限公司
發 行 人　高小娟
聯絡地址　235 新北市中和區中安街七二號十三樓
　　　　　　電話：02-2923-1455／傳真：02-2923-1452
網　　　址　http://www.huamulan.tw 信箱 service@huamulans.com
印　　　刷　普羅文化出版廣告事業
初　　　版　2023 年 3 月
定　　　價　三六編 52 冊（精裝）新台幣 140,000 元　　版權所有・請勿翻印

《讀易述》校證
（第三冊）

陳開林 著

目次

讀易述卷七

睽☲ 兌下離上

程《傳》：「為卦上離下兌，離火炎上，兌澤潤下，二體相違，睽之義也。又中少二女，雖同居而所歸各異，是其志不同行也，亦為睽義。」

許慎曰：「睽，目不相視也。」「睽，耳不相聽也。」「睽，違也，日月相違。」〔註1〕

睽：小事吉。

《彖》曰：睽，火動而上，澤動而下，二女同居，其志不同行。說而麗乎明，柔進而上行，得中而應乎剛，是以「小事吉」。天地睽而其事同也，男女睽而其志通也，萬物睽而其事類也。睽之時用大矣哉！

述曰：鄭玄曰：「睽，乖也。火欲上，澤欲下，猶人同居而誌異也，故謂之『睽』。」〔註2〕虞翻曰：「小謂五，陰稱小，得中應剛，故『吉』。」〔註3〕趙汝楳曰：「卦言『小事吉』，以六五用睽之才，不可以大事也。」〔註4〕程可久云：「火澤無相用之理，故相遇則革，不相遇則睽。」〔註5〕孔《疏》：「大事謂興役動眾，必須大同之世，方可為。小事謂不待眾力者，雖睽亦可。」

〔註1〕《玉篇》。
〔註2〕李鼎祚《周易集解》卷八《睽》。
〔註3〕李鼎祚《周易集解》卷八《睽》。
〔註4〕趙汝楳《周易輯聞》卷四《睽》。
〔註5〕董真卿《周易會通·周易經傳集程朱解附錄纂註卷八·睽》、胡廣《周易大全》卷十四《睽》、張獻翼《讀易紀聞》卷三《睽》。

蘇氏曰：「有同而後有睽，同而非其情，睽之所由生也。」〔註6〕「《睽》自《家人》反，明本同也。惟本同，故睽可合。」〔註7〕「燎而麗於高上之處者，火也；流而潴於卑下之地者，澤也。故曰『動而上』、『動而下』。婦人以嫁為行，少則同處，長則各有夫家。林黃中云：『離火兌澤同賦形於天地中。女季女同，鞠育於閨門，其始未嘗不同也，其終未嘗不睽耳。』《彖》先釋睽義，次言睽才，終言合睽之道而贊其時用之大。」〔註8〕孔《疏》：「『說而麗乎明』，不為邪僻。『柔進而上行』，所之在貴。『得中而應乎剛』，非為全弱。雖在乖違之時，卦爻有此三德，可以行小事而獲吉也。」

汝吉曰：「『小事吉』，蓋睽之吉也。抑睽者異也。以異而同，天地萬物於何不通？高卑定位，圓方動靜，何睽也？而絪縕化醇，合以育物，其事同矣。男女正位，異姓殊體，何睽也？而剛柔唱隨，合以成家，其志通矣。萬物芸芸，別生分類，又何睽也？而性情聲氣，相應相求，其事類矣。蓋必有睽也，然後其用可以合而同。令有陰而無陽，有柔而無剛，不合異以成章，將能行乎？正如火澤不睽，則胥息而為害耳。莫不善於睽，而三才之大用由焉，故《易》無用不行也。《易》莫妙於反對，於睽尤見反對致用之妙。」

楊廷秀曰：「物聚則朋，睽則孤。孤矣，焉得而不窮？睽而『小事吉』，何也？散不可聚，睽不可合，凶不可吉，則無為貴易矣。兌之說麗乎離之明，是合睽也。六五進而上行，是合睽也。六五得中而應乎九二，是合睽也。故曰『易窮則通』。合睽之道，又有大者。天地之判而合，男女之別而耦，萬物之分而聚，非合睽之大乎？故曰『睽之時用大矣』。故『易窮則通』也。」〔註9〕

質卿曰：「物有必不可不合者。一或相乖，即為睽。如動物必兩足而後行，羽物必兩翼而後飛。苟缺一焉，必不可。君之必不能不與臣合也，父之必不能

〔註6〕蘇軾《東坡易傳》卷四《睽》。
〔註7〕朱震《漢上易傳》卷四《睽》。李衡《周易義海撮要》卷四《睽》引之。
〔註8〕張獻翼《讀易紀聞》卷三《睽》。
　　　按：「燎而麗於高上之處者，火也；流而潴於卑下之地者，澤也。故曰『動而上』、『動而下』。婦人以嫁為行，少則同處，長則各有夫家」，出吳澄《易纂言》卷四《象下傳》。《讀易紀聞》不言係引用。
　　　另，董真卿《周易會通‧周易經傳集程朱解附錄纂註卷八‧睽》、胡廣《周易大全》卷十四《睽》：
　　　林氏栗曰：「離火兌澤同賦形於天地中。女季女同，鞠育於閨門，其始未嘗不同也。火性炎上，澤性潤下。中女儷坎，季女妃艮，其終未嘗不睽也。」
〔註9〕楊萬里《誠齋易傳》卷十《睽》。

不與子合也。夫之與婦也，上之與下也，皆不得不爾也。一或乖離，何能濟？故天下國家之事敗於睽。然究觀天地萬物之理成於睽，睽吉小而用大也。」蘇氏曰：「人苟惟同之知，若是必睽；人苟知睽之足以有為，若是必同。是以自其同者言之，則二女同居而志不同，故其吉也小；自其睽而同者言之，則天地睽而其事同，故其用也大。」〔註10〕

《象旨》：「《革》亦『二女同居』而『大亨』。《革》以九居五，六居二，『大亨』者，以其正也。《睽》胥反焉，所以僅『小事吉』也。」〔註11〕

《象》曰：上火下澤，睽。君子以同而異。

述曰：「『火性炎上，而又在兌澤之上；澤性潤下，而又在離火之下。上不逮下，下不奉上』〔註12〕，故為睽違。『同象兌澤之悅，異象離火之明。』〔註13〕」〔註14〕代淵曰：「火與澤混同則有害，用不相通則功不成而物不濟，以明其體位須異而其理須同，所謂『同而異』也。」〔註15〕荀爽曰：「大歸雖同，小事當異，百官殊職，四民異業，文武並用，威德相反，共歸於治，故曰『君子以同而異』也。」〔註16〕

君子觀象於睽，「以同而異」，蓋得其所以為同者而後睽可合也。性同而習自異，源同而流自異，道同而事自異，心同而跡自異。正猶兌離本同乎坤之體，而火澤自異乎卦之象。同也而不害所趨之異，異也而乃為致用之同，夫安有所謂睽也？睽之為卦，合異為同之道也。

初九：悔亡。喪馬勿逐，自復。見惡人，无咎。　《象》曰：「見惡人」，以辟咎也。

述曰：初九，睽之初也。初陽動於下，四陽動於上，宜應而敵焉。動而成睽，悔也。陽剛得正，與四同德，俱在睽時，終能相合，其悔可亡。『喪馬』，『悔』之象。『勿逐，自復』，『悔亡』之象。」〔註17〕「馬，乘而進者也。之

〔註10〕蘇軾《東坡易傳》卷四《睽》。
〔註11〕熊過《周易象旨決錄》卷三《睽》。
〔註12〕俞琰《周易集說》卷十二《象辭二》。又見崔銑《讀易餘言》卷三《大象說》，不言係引用。《讀易紀聞》引之而不言。
〔註13〕胡炳文《周易本義通釋》卷四《象下傳》：「或曰：同象兌澤之說，異象離火之明。」《讀易紀聞》引之而不言。
〔註14〕張獻翼《讀易紀聞》卷三《睽》。
〔註15〕李衡《周易義海撮要》卷四《睽》。
〔註16〕李鼎祚《周易集解》卷八《睽》。
〔註17〕胡炳文《周易本義通釋》卷二《睽》。又見《讀易紀聞》，不言係引用。

四無應，非喪馬乎？所以『有悔』。」〔註18〕四往無所適，無歸之馬也。馬逸無歸，其勢自復，馬復則悔亡矣。「惡人」，與我睽者。四不當位，剛敵而久，不同心也。初剛能下，下無亢跡顯異之意，故「見惡人，无咎」。「時方乖離，而位乎窮下，上無應可援，下無權可恃」〔註19〕，若以其與我不相得也。遇可見而不見，則嫌疑遂深，咎之道也，安能化異去間而使之合乎？

初九之處睽也，夫睽之時，人情離矣。斯時也，人分上一毫，討求不得，惟自己分上自盡其道。而初九陽德兌體也，剛動而正，不起疑妄；兌初而和，不生乖違；身心之悔皆亡，而無歉然不足之意，則天定矣。天定則人情自順，有「喪馬勿逐，自復」之象。喪馬動而成睽之跡。凡有所喪而必逐者，內自歉也。「悔亡」則不以得失動其心，而睽者終合，有「見惡人，无咎」之象。惡人動而相睽之人凡不相得而不相見者，內自疑也。「悔亡」，則不以同異動其心，而睽情頓釋。初九陽剛有主，故能相安相忘如此。

質卿曰：「馬所以行，行有不得者，吾不可以求之人。惡人世所嫉，人所共嫉者，我不可以不容之也。」

「見惡人」，正所以辟咎，豈其為咎？蓋世道之有睽，皆起於邪正之太分明而好惡之太峻絕，故必量足以容天下，乃可以託於天下；仁足以養天下，乃可以寄於天下。

蘇氏曰：「人惟好同而惡異，是以為睽。故美者不必不狠，從我而來者未必忠，拒我而逸者未必二。以其難致而捨之，則從我者皆吾疾也，是相率而入於咎耳，故見惡人，所以辟咎也。」〔註20〕

九二：遇主于巷，无咎。　《象》曰：「遇主于巷」，未失道也。

述曰：程《傳》：「二以剛中之德居下，上應六五之君，道合則志行，成濟睽之功矣。而居睽離之時，其交非固，二當委曲求於相遇，覬其得合也，故曰『遇主于巷』。必能合而後无咎，君臣睽離，其咎大矣。『巷』者，委曲之途也。『遇』者，會逢之謂也。當委曲相求，期於會遇，與之合也。所謂委曲者，以善道婉轉將就使合而已，非枉己屈道也。」

《象旨》：「『主』謂五。《說文》：『巷，里中道。』何休云：『一里八十戶，

〔註18〕孫坦之說，見李衡《周易義海撮要》卷四《睽》。
〔註19〕王《注》。
〔註20〕蘇軾《東坡易傳》卷四《睽》。按：「故美者不必不狠」，《東坡易傳》作「故美者未必婉，惡者未必狠」。

八家共一巷」，是也。離中虛，有巷之象。不言家而言巷，二、五皆不當位，卦由此成睽。然俱求其黨，註家謂之出門同趣，不期而會。蓋卦名睽而爻義則貴其合。二本五之所求，《彖傳》以為應剛者，是也。得其正應，又何咎耶？說者謂二、五君臣之睽如此。」〔註21〕

二、五之睽，雖緣三、四之隔，實以陰陽皆不當位之故。臣位反剛，剛易亢也；君位反柔，柔易疑也。則相合難矣。合睽之道，全在陽剛。為九二者，必能「遇主于巷」而後得「无咎」。臣與主睽，臣之咎也。二柔失位而履中，能紲其剛，迂其身，以成吾君，故曰「遇」、曰「于巷」。必欲拘堂陛朝覲之常理，執吾之剛以矯拂之，則終不合矣。張氏曰：「睽而不遇，彼此不無不見之疑。疑之既亡，彼此又若一旦之遇。」〔註22〕「『巷』者，二五往來相從之道也。」〔註23〕二亦五之所求，其位雖隔，其志終通，故二得為于巷之遇。「于巷」非遇主之地而无咎者，以不失乎相從之道也。

六三：見輿曳，其牛掣，其人天且劓。無初有終。　《象》曰：「見輿曳」，位不當也。「無初有終」，遇剛也。

述曰：「睽之為睽，以有可疑之跡為人所疑，而自生乖異也。」〔註24〕六三正應上九，而位在二、四兩陽之間，為疑地，故致正應之疑，而三遂以疑成。「見輿所以載己者，牛所以引車者。」〔註25〕三欲進以應於上，而不勝其猜疑之心，自尼而不進，若見其輿曳矣，又見其牛掣矣，又見其人天且劓而刑之矣。「本無『輿曳』，本無『牛掣』，本無天劓，疑故其見如此」〔註26〕，皆「負塗」、「載鬼」之疑心使然也。夫其始之不能不睽也，是「無初」也；其後之必不能以終睽也，是「有終」也。三雖陰柔，應剛乃其正理，求遇而不獲，故疑橫見生而睽已甚，終則疑亡見釋，還為婚媾，遇剛故也。上九陽剛之明，既徐察而與之合矣，故曰「無初有終」。

《象旨》：「三互離，為見，非正離也。互坎，為車為曳，非正坎也。曳者，

〔註21〕熊過《周易象旨決錄》卷三《睽》。
〔註22〕張獻翼《讀易紀聞》卷三《睽》。
　　　　按：此語原見胡炳文《周易本義通釋》卷二《睽》。《讀易紀聞》引之而不言。
〔註23〕蘇軾《東坡易傳》卷四《睽》。
〔註24〕季本《易學四同》卷二《睽》。
〔註25〕胡廣《周易大全》卷十四《睽》，稱「中溪張氏曰」。
〔註26〕胡炳文《周易本義通釋》卷二《睽》。熊過《周易象旨決錄》卷三《睽》引之。
　　　　又見張獻翼《讀易紀聞》卷三《睽》，不言係引用。

緣地而不能行，義取坎陷無牽退之意也。互離，又為牛掣。王《註》：『滯隔所在，不獲進。』《說文》作『觢』。牛角一俯一仰，不能駕輿行也，無前掣之意。六三以說為成兌之主，而麗文明之君。然才弱難進，故象如此。『其人』謂三。三之天，謂上也。陽爻故稱天。『且』者，未必然之辭。『鼻』者，上通之物，劓之則逆其上通。吳幼清以為三車曳牛掣，而乘車者復將遭上劓鼻之災也。兌為毀折，所謂無初。三、上蓋夫婦之睽者。」〔註27〕

陳皋曰：「以澤應火，各居其處，殊類特甚，求合實難。所應之人，居離之極，峻絕威明，不可邇也。居上猶天，既尊且嚴，三以澤穢之極，仰之如天，畏之如刑，然有所遇者，正配也。」〔註28〕

柔居剛位，己本不正，而承乘應又皆不正之陽，是以邪見之群起也。凡人心疑，而意見皆無中生有。仲虎曰：「『見輿曳』，『無初』也。遇剛獲其正，『有終』也。」〔註29〕

九四：睽孤。遇元夫，交孚，厲无咎。　《象》曰：「交孚」「无咎」，志行也。

述曰：王《註》：「無應獨處，五自應二，三與己睽，故曰『睽孤』。」《象旨》：「初、四皆無應，而四稱『睽孤』，在下猶可獨立，在上不可無輔也。」〔註30〕處無所安，比非吾與，必以氣類相求為助，故『遇元夫』。〔註31〕「『元夫』謂初，陽德也。」〔註32〕質卿以為「喪馬弗逐」之仁人也。四與初皆陽，同處體下，當睽之時，俱在獨立。自然求之而遇，始之睽而卒以遇，其志交孚無間，而且交相厲也，故得「无咎」。《象》曰「志行也」，初、四皆陽剛，君子當睽乖之時，上下以至誠相交，可以行其志，救時之睽也。〔註33〕

《紀聞》曰：「四如舉朝皆武氏之臣，而狄仁傑以一身殉唐，非孤立於睽

〔註27〕熊過《周易象旨決錄》卷三《睽》。

〔註28〕李衡《周易義海撮要》卷四《睽》。

〔註29〕胡炳文《周易本義通釋》未見此語。

　　　按：趙汝楳《周易輯聞》卷四《睽》：「以六居三，德不當位，此輿之所以曳，『無初』也。及乎遇剛，獲其正應而睽者合，故曰『有終』。」

〔註30〕熊過《周易象旨決錄》卷三《睽》。

〔註31〕程《傳》：

　　　九四當睽時，居非所安，無應而在二陰之間，是睽離孤處者也。以剛陽之德，當睽離之時，孤立無與，必以氣類相求而合，是以「遇元夫」也。

〔註32〕熊過《周易象旨決錄》卷三《睽》。

〔註33〕程《傳》：

　　　初、四皆陽剛君子，當睽乖之時，上下以至誠相交，協志同力，則其志可以行，不止「无咎」而已。

離之世乎？乃下薦洛川司馬張柬之，薦一柬之而五柬之合，與仁傑而六，周復為唐，仁傑之志行矣。豈惟无咎，又何厲矣？」〔註34〕

六五：悔亡，厥宗噬膚，往何咎？ **《象》曰：「厥宗噬膚」，往有慶也。**

述曰：六五處睽者也，處睽只在自己「悔亡」。以陰居陽，宜有悔。然得中為文明之體，應剛無偏繫之私，其悔得亡，則於己無憾，而睽有可合之道。「厥宗噬膚」，所以釋五之疑而決其往也。往則必合，夫何咎？合睽之道，去間與疑。五無悔而後往，所謂孚以發志也。

「厥宗」謂二也。五柔居尊，須剛德以濟天下之睽，故視二曰「厥宗」。二依五以為主，五親二以為宗，同心相倚之機。其合也，猶噬膚之易，一噬即合而入之深，非以私比而防已應者。以斯而往，何咎之有？往必見合，故「有慶也」。敬仲曰：「君當求賢而後賢從之，故五六當先往。」〔註35〕

趙汝楳曰：「爻止言『何咎』，釋遽許以『有慶』者，睽異之時，患不得合耳。五能下二，二必能承五，剛柔德合，人情可以大同，慶譽可以大來，豈止何咎而已哉！」〔註36〕

汝吉曰：「四言『志行』，大臣者以得人合睽為其志也。五言『有慶』，王人者以得人合睽為其慶也。」

「卜子夏曰：『取天下之物，成天下之事。異物相制，或以相合。』〔註37〕『弦木為弧，剡木為矢，蓋取諸《睽》。』合眾材，各睽其小體，以成大器。夫濟天下之務者，豈於一才乎？」〔註38〕觀「良馬逐」、「用拯馬壯」，則知「喪馬」之義矣。知喪馬之為睽，則知四之合初、五之合二之為濟睽也。

上九：睽孤。見豕負塗，載鬼一車。先張之弧，後說之弧。匪寇婚媾，往遇雨則吉。 **《象》曰：「遇雨」之「吉」，群疑亡也。**

述曰：「上、四皆言『睽孤』者，四無應，故孤；上有應，自猜狠而至於孤也。」〔註39〕本與六三正應相從，以六三居於二陽之間，有疑跡，遂生疑心。

〔註34〕張獻翼《讀易紀聞》卷三《睽》。
　　　按：原出楊萬里《誠齋易傳》卷十《睽》，無「四如」二字。李簡《學易記》卷四下《睽》引之。
〔註35〕楊簡《楊氏易傳》卷十三《睽》。
〔註36〕趙汝楳《周易輯聞》卷四《睽》。
〔註37〕《子夏易傳》卷四《睽》。
〔註38〕崔銑《讀易餘言》卷二《睽》。
〔註39〕張獻翼《讀易紀聞》卷三《睽》。按：原出胡炳文《周易本義通釋》卷二《睽》，《讀易紀聞》引之而不言。「狠而」，《周易本義通釋》作「很以」。

見三如豕之污穢，背負塗泥，若將浼己而不可近。又見六三所載之輿，為載鬼
一車，若將崇己而不可與為類。豕猶有之，鬼無形，安可載？疑情所結，怪妄
並生，故先張弧欲射之，而六三正應乎上，其誠終著，故後說弧而不射，則疑
少釋矣。既而大釋，曰六三非寇我而從不正者也，乃守其正而與我為婚媾者也，
往而從之，必得其和。陰陽和而為雨，則疑釋見亡，睽者合而吉矣，故曰「遇
雨之吉」，群疑亡也。〔註40〕敬仲曰：「明天下人事，本自昭明，本自無事，徒
以剛明之過，因跡致疑，因疑積意，遂至於此極。群疑釋則本自無事，初無可
言。」〔註41〕

　　王《註》：「處睽之極，睽道未通，故曰『睽孤』。已居炎極，三處澤盛，
睽之極也。以文明之極，而觀至穢之物，故曰『見豕負塗』。」彭山曰：「三，
陰，豕象。兌，澤，塗泥。『豕負塗』，污於外者也，此固六三可疑之跡也。『載
鬼一車』，則有影無形者，無所不至矣。」〔註42〕雖是疑情，亦緣三陰鬼類。
孔《疏》：「鬼怪若斯，懼來害己，故『先張之弧』，將攻害也。物極則反，睽
極則通，故『後說之弧』，不復攻也。」以上光明故也。「匪寇婚媾」，則大釋
然矣。「往遇雨吉」，雨者，兌澤之通也。「眾異併消，無復疑情，往得和合」
〔註43〕，故曰「吉」也。

　　張氏曰：「『匪寇婚媾』，在《屯》六二則對初九言，非對正應言；在《睽》
上九則對正應言，非謂二陽也。」

〔註40〕程《傳》：
　　　　上九有六三之正應，實不孤，而其才性如此，自「睽孤」也。如人雖有親
　　黨，而多自疑猜，妄生乖離，雖處骨肉親黨之間，而常孤獨也。上之與三，雖
　　為正應，然居睽極，無所不疑。其見三如豕之污穢而又背負泥塗，見其可惡之
　　甚也。既惡之甚，則猜成其罪惡，如見載鬼滿一車也。鬼本無形，而見載之一
　　車，言其以無為有，妄之極也。物理極而必反，以近明之：如人適東，東極矣，
　　動則西也；如升高，高極矣，動則下也；既極則動而必反也。上之睽乖既極，
　　三之所處者正理。大凡失道既極，則必反正理，故上於三，始疑而終必合也。
　　「先張之弧」，始疑惡而欲射之也。疑之者妄也，妄安能常？故終必復於正。
　　三實無惡，故後說弧而弗射，睽極而反，故與三非復是寇讎，乃婚媾也。此匪
　　寇婚媾之語，與它卦同，而義則殊也。陰陽交而和暢則為雨。上於三，始疑而
　　睽，睽極則不疑而合。陰陽合而益和則為雨，故云「往遇雨則吉」。往者，自
　　此以往也，謂既合而益和則吉也。
〔註41〕楊簡《楊氏易傳》卷十三《睽》。
〔註42〕季本《易學四同》卷二《睽》：
　　　　豕，陰物，指六三也。負，背所負也。塗，泥也。鬼，有影無形之物。載
　　之一車，言其多也。此因六三而言。豕之負塗，污於外者也，此可疑之跡也。
〔註43〕孔《疏》。「情」，孔《疏》「阻」。

《紀聞》曰：「『匪寇婚媾』，返求之也。『遇雨之吉』，反得其和也。其始睽也，無所不疑，故云群疑。過於明，故過於疑；過於疑，故無往而非疑。惟天下之至明，為能生天下之至疑。非天下之至明，亦不能釋天下之至疑。其初雜然而疑，其後渙然而釋。」〔註44〕

《象傳》言睽，物性之定分；六爻言睽，物我之私嫌。〔註45〕睽者，乖異不合之名也。然六爻之中，初則「自復」，二則「遇主」，三則「有終」，四則「交孚」，五則「噬膚」，上則「遇雨」，無一爻睽者，何哉？以諸爻能去其乖異而致同焉耳。

初九爻以正人無位而在下，本自與人無應，故雖在睽之時，以不與世事而「悔亡」。〔註46〕馬者，人所乘以出行也。四為坎馬而孤，初無應於外，而不得上行，故為「喪馬」之象。〔註47〕「『勿逐，自復』，往者不追也。『見惡人，无咎』，來者不拒也。此君子在下無應之時，處睽之道也。見與迍，斯可見之。見同，非往見之見也。若往見，則違『勿逐』之戒矣。」〔註48〕初以四為惡人，險而不正，有惡人之象。其見之也，以辟其為咎，免於惡人之見咎也，非望其有所行也。〔註49〕

〔註44〕張獻翼《讀易紀聞》卷三《睽》。
　　　按：楊萬里《誠齋易傳》卷十《睽》：
　　　　上九有六三以為正應，非孤也，而云「睽孤」者，居離明之極，過於明也。過於明，故過於疑。過於疑，故無往而非疑。「見豕負塗」，疑其穢己；「載鬼一車」，又疑其崇己。「先張之弧」，疑其為寇而害己。「後說之弧」，又疑其可親而非害己。疑心群起而若不可懈者，為六二者，安得而近之？此上九之所以孤也。然惟天下之至明，為能生天下之至疑。非天下之至明，亦不能釋天下之至疑。其初雜然而疑，其終渙然而釋。
　　　　可知《讀易紀聞》係襲《誠齋易傳》之說，而不注明。
〔註45〕（清）查慎行《周易玩辭集解》卷五《睽》：
　　　　張幼于曰：「《象傳》言睽，物性之定分；六爻言睽，物我之相嫌。」
　　　按：張獻翼字幼於，《讀易紀聞》中未見此語。因《讀易述》上一則引張獻翼《讀易紀聞》。恐《周易玩辭集解》此條繫引《讀易述》，未加細審而致誤。
〔註46〕項安世《周易玩辭》卷八《初二三》：「初以正人無位而在下，本自與人無應，故雖在睽之時，而不涉於悔。」
〔註47〕項安世《周易玩辭》卷八《喪馬》：「馬者，人所乘以出行也。初無應於外，而不得上行，故為『喪馬』。」
　　　另，「四為坎馬而孤」見《周易玩辭》卷八《喪馬勿逐自復見惡人无咎》。
〔註48〕項安世《周易玩辭》卷八《喪馬勿逐自復見惡人无咎》。
〔註49〕「險而不正，有惡人之象」見《周易玩辭》卷八《喪馬勿逐自復見惡人无咎》。
　　　余見《周易玩辭》卷八《初四》。

九四爻，項氏曰：「初以四為惡人，其見之也，以辟其為咎耳，非望其有所行也。四以初為善士，與之相遇，誠交而氣合，則化孤為同，化屬為安。己不作咎，則志得上行矣，故曰『交孚』、『无咎』、『志行也』。四近君而初在下，四不正而初正，故其辭如此。」〔註50〕

蹇䷦ 艮下坎上

程《傳》：「為卦坎上艮下。坎，險也；艮，止也。險在前而止，不能進也。前有險陷，後有峻阻，故為蹇也。」

趙汝楳曰：「初、三、四、上皆以往而致蹇，來則獲免為義。初之『譽』為知幾，三之『反』為薄於險，四連於三則得剛之助，上來應三為『碩』。若九五、六二居君臣之正位，任濟蹇之責，二不為一蹇而止，五能合群爻以皆來，則不必它往，而蹇有可濟之時矣。」〔註51〕

張邦奇曰：「《屯》與《蹇》相似，然《屯》『動乎險中』，以初為主，利於初而不利於上；《蹇》『見險而止』，止極必濟，故初『宜待』而上言『碩』。《屯》、《蹇》二卦上爻皆陰柔而功效不同以此。」〔註52〕

蹇：利西南，不利東北。利見大人，貞吉。

《彖》曰：蹇，難也，險在前也。見險而能止，知矣哉！「蹇：利西南」，往得中也。「不利東北」，其道窮也。「利見大人」，往有功也。當位「貞吉」，以正邦也。蹇之時用大矣哉！

述曰：蘇氏曰：「艮，東北也。坎，北也。難在東北，則西南者無難之地也。」〔註53〕處蹇之時，必決擇其利與不利，曉然勢之可否，見可而後赴之。難之所在，往益難矣，故言「利西南，不利東北」。「大人」指九五，而「利見」之者，上六也。五剛正中，上柔正位，而從之難，由正濟，故「貞吉」也。

「利西南」，利在出險也。「不利東北」，東北險地，當止勿往也。卦以九三艮止成義，而濟蹇之主，方在大蹇之中出險，至上六而始濟，則盡脫東北險地矣。《蹇》與《解》皆言利西南，可以想見其義。

蹇名卦，重艮止。止者，退而反身之意。見險而能止，「非適然而然，謂

〔註50〕項安世《周易玩辭》卷八《初四》。
〔註51〕趙汝楳《周易輯聞》卷四《蹇》。
〔註52〕張邦奇《張邦奇集》養心亭集卷三《易說中·蹇》。
〔註53〕蘇軾《東坡易傳》卷四《蹇》。

陽本務進，能與時而止也。斯其所以為知」〔註54〕。知者，「艮有光，而又互離，為見」〔註55〕也。卦惟二陽。「利西南」指九五之陽，爻進而居五，則得上卦之中，可以濟蹇也。「不利東北」指九三之陽，謂自初進至三，為下卦之終，入於阨塞，故其道窮也。〔註56〕《象旨》：「『往』謂在上，以《解》體反對言之。《解》曰『乃得中』，坎在下也；此曰『往得中』，坎往而在上矣。《解》曰『往有功』，四之陽動於上也；此曰『其道窮』，三之陽止於下也。」〔註57〕

彭山曰：「四以上皆言反，謂反身脩德也，至五而成大人之德。五以大德而當大蹇，萬方有罪，在予一人，無不反求諸己者，所謂『得中』者也。至於上六而始『利見大人』之德，始得行，故曰『往有功』。《蹇》諸爻皆不言吉，惟上一爻言之，則『貞吉』者本因上而言也。《蹇》自二至上諸爻，雖皆當位而正之，可以言吉者，則唯在上故當位，亦以上言也。蹇至極而後能有為，故《象辭》皆取義於上。往，進也，往則得中，往則有功，進而至此，何蹇之可言哉？」〔註58〕

趙汝楳曰：「吃於言者曰蹇，跛於行者曰蹇，非不能行，不能言也。捷於口則期，期躁於進則僵仆。徐行緩語，雖難而亦通。君子之處蹇亦然。始而不審冒險以前，固有陷溺之憂。倘以知止，而遂安焉。不求濟險之方，則終不能出險。其與陷溺者等爾。九五往而得中，上爻往而有功，君臣德合協心以圖濟，所謂正心、正朝廷、正百官，而天下罔有不一於正。聖人之用蹇，其大有如此

〔註54〕趙汝楳《周易輯聞》卷四《蹇》。

〔註55〕熊過《周易象旨決錄》卷三《蹇》。

〔註56〕趙汝楳《周易輯聞》卷四《蹇》：

「利西南」指九五之陽爻之未變上卦為坤，今九二變而往五，則得上卦之中，所謂居天下之廣居，立天下之正位，可以濟蹇也。「不利東北」指九三之陽，謂自初進至三，為下卦之終，入於阨塞，故其道窮也。

〔註57〕熊過《周易象旨決錄》卷三《蹇》。

〔註58〕季本《易學四同》卷四《象象文下傳》：

「得中」指五言，以柔道處蹇，則止體之陽往至九五成德之地，乃得中而可以有為也。若用剛道，則所行不通，而其道窮矣，安能成德哉？「大人」，九五所成之中德也。至於上六而始「利見」，則謂大人之德至上而得行，得行則成治功，故曰「往有功也」。「貞」者，真靜之體，即柔道之無為者也。「吉」亦以上言。《蹇》諸爻皆不言吉，唯上一爻言之，則「貞吉」者本因上而言也。《蹇》自二至上諸爻雖皆當位而正之，可以言吉者，則唯在上故當位，亦以上言也。蹇至極而後能有為，故《象辭》皆取義於上。往，進也，皆蒙西南而言。進德之事，故往則得中，往則有功，進而至此，何蹇之可言哉？

哉！」〔註59〕

《象》曰：山上有水，蹇。君子以反身修德。

　　述曰：程《傳》：「山之峻阻，上復有水，坎水為險阻之象，上下險阻，故為蹇也。」「君子體之，行乎艱難險阻之世，必反求諸身而益脩其德。」〔註60〕敬仲曰：「懼己德之未善也，懼己德之有缺也，懼己德之有違而致此也，則修焉不敢怨天也，不敢尤人也。」〔註61〕張簡曰：「《雲漢》，宣王治蹇之詩也。」〔註62〕

　　處難之道有三。在《屯》濟以動，故曰經綸；在《困》濟以說，故曰遂志；在《蹇》止於善耳，故曰脩德。《屯》志在救民，《困》志在善道，《蹇》猶可須也，因事舒迫，相己進退，而酌成之已耳。〔註63〕

初六：往蹇來譽。　《象》曰：「往蹇來譽」，宜待也。

　　述曰：王《註》：「處難之始，居止之初，獨見前識，覩險而止，以待其時，知矣哉！故往則遇蹇，來則得譽。」《象》曰「往」，以坎言；「來」，以艮言。〔註64〕趙汝楳曰：「『宜待』云者，待時而往，非終於止而不行也。終於止，何譽之有？」〔註65〕

　　質卿曰：「士君子處君臣、父子、兄弟、夫婦、朋友之倫，及上下、治亂、去就、離合、存亡之間，凡情之所不能通、理之所不可化、勢之所不可禁者，皆蹇也。斯時也，措足足難，措手手難，下口口難。第一要審察往來。若不審情，不度理，不察勢，徑往赴之，必遭陷敗，莫可救藥。惟迴心寧耐，始有商量，始有處置，蹇庶幾其可濟也。所以《蹇》諸爻只貴其來，不貴其往。初方入蹇，所以往則蹇而來則譽。」

六二：王臣蹇蹇，匪躬之故。　《象》曰：「王臣蹇蹇」，終無尤也。

　　述曰：「蹇蹇」，謂蹇其時之蹇也。〔註66〕「沈存中云：『王，五也。臣，

〔註59〕趙汝楳《周易輯聞》卷四《蹇》。
〔註60〕趙汝楳《周易輯聞》卷四《蹇》。
〔註61〕楊簡《楊氏易傳》卷十三《蹇》。
〔註62〕李衡《周易義海撮要》卷四《蹇》。
〔註63〕此一節崔銑《讀易餘言》卷三《蹇》。又見張獻翼《讀易紀聞》卷三《蹇》，不言係引用。
〔註64〕熊過《周易象旨決錄》卷三《蹇》：「往以坎言，來以艮言。」早見俞琰《周易集說》卷七《蹇》。
〔註65〕趙汝楳《周易輯聞》卷四《蹇》。
〔註66〕季本《易學四同》卷二《蹇》：「『蹇蹇』，上『蹇』字乃知止而反身脩德之意，下『蹇』字是所遇之蹇，謂蹇其時之當蹇也。」

二也。蹇蹇者，五蹇而二亦蹇。』是也。」〔註67〕二應於五，不以五在難中，私身遠害，雖蹇未可濟，蹇時難圖，而相機邁會，觀變俟時，王輔嗣所謂「執心不回，志匡王室」者也，故曰「『王臣蹇蹇』，匪躬之故」。蓋以居二柔而得中，義不避難，知不犯難，知與忠而俱盡者，以圖濟也。

「『凡二皆王臣，《蹇》獨稱之者，平時未足以見臣節，蹇之時方見之。五位蹇〔註68〕中，王之蹇也。主憂臣辱，亦二之蹇也。』」〔註69〕『蹇蹇者，多難而非一難也。不尤之者，嘉其志而恕其才也。』」〔註70〕『他爻戒其往，《蹇》二應五，故稱其蹇蹇。』」〔註71〕『聞之雷氏云：初以不往為有譽，二以匪躬為無尤，有位無位之間耳。』」〔註72〕」〔註73〕

九三：往蹇來反。 《象》曰：「往蹇來反」，內喜之也。

述曰：趙汝楳曰：「卦以九三成義，居乎險止之間，往則陷，止則免，間不容髮。往來之當謹，莫謹於此爻也。身薄於險，冒危而輕赴，則陷溺其身，有不得反焉者矣。唯艮之性本止，知夫往而蹇也，故幡然而來反，安於故位，雖百險而不能陷也。『反』與『反身』之義同。」〔註74〕王《註》：「進則入險，來則得位。」「內卦三爻，惟九三一陽居二陰之上，是內之所恃，故云『內喜之也』。」〔註75〕

「二在內卦，應五為王臣，方蹇其蹇，志濟時艱，豈一手一足之所能？內卦惟三為剛明，有濟蹇之才，今幸而知反，可資以共事，斯二所以為之喜也。」〔註76〕

〔註67〕熊過《周易象旨決錄》卷三《蹇》。
〔註68〕「蹇」，《周易本義通釋》作「險」。
〔註69〕胡炳文《周易本義通釋》卷二《蹇》。《讀易紀聞》引之而不言。
〔註70〕楊萬里《誠齋易傳》卷十一《蹇》。《讀易紀聞》引之而不言。
〔註71〕胡炳文《周易本義通釋》卷二《蹇》。《讀易紀聞》引之而不言。
〔註72〕董真卿《周易會通·周易經傳集程朱解附錄纂註卷八·蹇》、胡廣《周易大全》卷十四《蹇》。
〔註73〕張獻翼《讀易紀聞》卷三《蹇》。
　　　按：雷氏之說，原見董真卿《周易會通·周易經傳集程朱解附錄纂註卷八·蹇》、胡廣《周易大全》卷十四《蹇》。
〔註74〕趙汝楳《周易輯聞》卷四《蹇》。
〔註75〕李衡《周易義海撮要》卷四《蹇》，注「石」，乃石介之說。
〔註76〕趙汝楳《周易輯聞》卷四《蹇》：
　　　二為內卦之主，方蹇蹇不暇，以力濟時艱，豈一手足之所能？內卦三爻，唯三為剛明，雖無濟蹇之位，而有濟蹇之才，今幸而知反，可資以共事，斯二所以為之喜也。

六四：往蹇來連。　《象》曰：「往蹇來連」，當位實也。

　　述曰：「六四本柔，而在險體，故往則愈蹇。不往而來，則連於九三。九三剛實，四牽連之，共濟五難，當位而又得濟之實也。處險難不以剛實濟之，柔者安得濟乎？陰本虛，來連於陽，則實。」〔註77〕卜子夏曰：「四得位矣，可以承其上而不可獨濟也，故往則蹇矣，來則當其位而連於實，得所附也。」〔註78〕

九五：大蹇朋來。　《象》曰：「大蹇朋來」，以中節也。

　　述曰：一陽陷二陰之中，大者蹇也，故為「大蹇」之象。〔註79〕處蹇之時，獨在險中，以當世難，所謂「遺大投艱於朕身」者此焉，〔註80〕所謂「百姓有過，在予一人」者此焉。蓋大蹇非陽剛中正之主莫能任也。夫同德為朋，陽剛有為之才也。昔之往而蹇也，以時未有任，大蹇者耳。至是當險難輻輳而來，指九三也。觀四「來連」而《象》稱「當位實」，上「來碩」而《象》稱「志在內」，皆指三言。三來則眾陰附之，大蹇可濟矣。「朋來」之云，所謂「利見大人」也。《象》曰「以中節也」，得位居中，咸當其節，故致「朋來」而足以當大蹇，此所以「有功」、「當位」，能「正邦」也。〔註81〕

　　鄭剛中曰：「諸爻皆以『來』為言，與『朋來』之『來』異。諸爻之來，

〔註77〕李衡《周易義海撮要》卷四《蹇》：

　　　六柔無應，往則犯難，來則當位承五，下連九三。九三剛實，四牽連之，共濟五難，當位而又得濟之實也。處蹇難，不以剛實濟之，柔者安能濟乎？

　　按：後注「朱」，即朱震。原出朱震《漢上易傳》卷四《蹇》。

〔註78〕《子夏易傳》卷四《蹇》。

〔註79〕章潢《周易象義》卷三《蹇》：

　　　此爻獨言「大蹇」者，陽陷陰中，大者蹇矣。陽本大也，故為「大蹇」之象。

〔註80〕黎靖德《朱子語類》卷七十二《易八》：

　　　問「大蹇朋來」之義。曰：處九五尊位而居蹇之中，所以為大蹇。所謂「遺大投艱於朕身」。人君當此，則須屈群策，用群力，乃可濟也。

〔註81〕章潢《周易象義》卷三《蹇》：

　　　九五以陽剛中正之主，身處險艱之中，非天下之大蹇乎？濟天下之大蹇者，必天下暘剛之朋也。此爻獨言「大蹇」者，陽陷陰中，大者蹇矣，陽本大也，故為「大蹇」之象。「朋來」指九三，何也？陽以陽為朋也。觀四之「來連」而《象》稱「當位實」；上之「來碩」，而《象》稱「志在內」；皆指三也。三來則眾爻不待言，而大蹇可濟矣。《象》曰「以中節也」，朋來欲以成濟蹇之功，而剛中之主不過居中以節之焉耳。九五即《象傳》「得中」、「有功」、「當位」、「正邦」是也。惟其中正有節，此所以能「正邦」歟？

自外反內；朋來之來，自下趨五。」〔註82〕《象》曰「以中節」者，群策畢舉，眾才並效，險難紛紛，未定所向。非陽剛中正之大人，何能節之？酌其才品謂之節，取裁其機宜謂之節制。若漢高知人善任，唐宗謀斷兼資，皆「以中節」者也。

《象旨》：「『大』謂陽明。九三陽類，三、五雖非正應，然異位同功，猶《解》九四解三而俟二也，『以中節也』。諸爻皆取不往而來，九五正位不動，無往無來，天下之濟難者，朋來而取節焉。大蹇之世，易於姑息；朋來之眾，難於齊一。故其中道可節之也。」〔註83〕

上六：往蹇來碩，吉，利見大人。 《象》曰：「往蹇來碩」，志在內也。「利見大人」，以從貴也。

述曰：當出險之時，上六陰柔，往猶蹇耳。來應九三之陽剛，則碩大而吉，且利見九五之大人，合朋來以成出險之功也。必得三然後可以援五，故來碩而後利見。一卦惟上六為吉者，上應三比五，居坎之上、卦之外，蓋蹇極而通矣。《象》謂「利見大人，貞吉」，此爻得之。〔註84〕孔《疏》：「『志在內也』者，有應在三，是『志在內也』。應既在內，往則失之，來則得之，所以往則有蹇，來則碩吉也。『貴』謂陽也。以〔註85〕從陽，故云『以從貴』也。」

《象旨》：「『碩』指三之陽。陽大陰小，不言大，以別於『大蹇』也，故曰『志在內』，明其下應三也。上能出險，故『吉』。『利見大人』，比九五也。」〔註86〕趙氏曰：「蹇之道，阨塞窮蹙。上當出蹇之時，得陽剛之助，阨塞者解，窮蹙者紓，有碩大之象，故云『來碩，吉』。」〔註87〕

〔註82〕張獻翼《讀易紀聞》卷三《蹇》。原出（宋）鄭剛中《周易窺餘》卷九《蹇》。

〔註83〕熊過《周易象旨決錄》卷三《蹇》。

〔註84〕章潢《周易象義》卷三《蹇》：
上六陰柔以往則蹇，以來應九三之陽剛則碩大而吉，且利見九五之大人，足以濟乎蹇也。陽本大，故碩。上必得三，然後可以援五，故來碩而後利見。但一卦惟上六為吉者，應三比五，且居坎之上、蹇之外，而極則通矣。《象》謂「利見大人，貞吉」，此爻得之。

〔註85〕孔《疏》此處有「陰」字。

〔註86〕熊過《周易象旨決錄》卷三《蹇》。

〔註87〕按：張振淵《周易說統》卷六《蹇》引此語，稱「趙汝楳曰」。檢《周易輯聞》並無此語。
似出程《傳》：
六以陰桑居蹇之極，冒極險而往，所以蹇也。不往而來，從五求三，得剛陽之助，是以碩也。蹇之道，厄塞窮蹙。「碩」，大也，寬裕之稱。來則寬大，

解 ䷧坎下震上

《序卦》：「解者，緩也。」孔《疏》：「險難解釋，物情舒緩，故為『解』也。」程《傳》：「震，動；坎，險。動於險外，出乎險也，為患難解散之象。又震雷坎雨，雷雨之作，陰陽交感，和暢而緩散，故為解。解者，天下患難解散之時也。」

趙汝楳曰：「為時之悖者，六三也。九二獲之如狐，上六獲之如隼。故六五柔中，坐享小人孚退之吉；九四以剛居柔，不能奏解悖之功；初六則剛柔交際之始，與三無涉，而得无咎者也。」〔註88〕

解：利西南。無所往，其來復，吉。有攸往，夙吉。

《彖》曰：解，險以動，動而免乎險，解。「解：利西南」，往得眾也。「其來復，吉」，乃得中也。「有攸往，夙吉」，往有功也。天地解而雷雨作，雷雨作而百果草木皆甲拆〔註89〕。解之時大矣哉！

述曰：「解：利西南」，「蘇氏曰：『所以為解者，震與坎。震，東也；坎，北也。解者在此，所解在彼。東北，解者之所在；則西南者，所解之地也。』『無所往，其來復，吉』，言乎二也。『有攸往，夙吉』，言乎四也。」〔註90〕「《蹇》、《解》本相反之卦。《蹇》九五往在上，今來居二，是陽復於下卦之中矣，故『無所往，其來復，吉』。《蹇》九三為艮止不動，今往居四，其體震動為往，故『有所往，夙吉』。上下二卦皆以陽為主，惟陽能解乎陰也。」〔註91〕褚氏云：「世有無事者求功，故誡以無難宜靜，亦有待敗乃救，故誡以有難須速也。」〔註92〕

《象旨》：「西南得眾者，何也？西南，所解之地，平易近民，民必歸之。」〔註93〕《紀聞》曰：「蹇未解且『利西南』，既解可知矣。《蹇》言『不利東北』，

其蹇舒矣。蹇之極，有出蹇之道。上六以陰柔，故不得出，得剛陽之助，可以舒蹇而已，在蹇極之時，得舒則為吉矣。非剛陽中正，豈能出乎蹇也？「利見大人」，蹇極之時，見大德之人，則能有濟於蹇也。「大人」謂五，以相比發此義。五，剛陽中正，而居君位，「大人」也。

〔註88〕趙汝楳《周易輯聞》卷四《解》。

〔註89〕「拆」，《周易注疏》、《周易集解》、《周易程氏傳》、《周易本義》均作「坼」。

〔註90〕熊過《周易象旨決錄》卷三《解》。蘇氏之說見蘇軾《東坡易傳》卷四《解》。

〔註91〕章潢《周易象義》卷三《解》。

〔註92〕見孔《疏》。

〔註93〕熊過《周易象旨決錄》卷三《解》。

《解》不言者,蹇方止於險中,故言利平易,不利險阻。既已出險外,故但言平易之利,不言險阻之不利。」〔註94〕仲虎曰:「解之時,以平易為利,略有苟急即非利;以安靜為吉,久為煩擾即非吉。」〔註95〕「復」之為言,對有所往之時而言也。大蹇既解,陽無所往,來復居二,處中無為,「其來復,吉」也。「苟有攸往,非夙不可。有攸往而不夙,則難深而不可解矣。」〔註96〕卦體震雷坎雨為解,「天地否結則雷雨不作,交通感散,雷雨乃作也。雷雨作,則險厄者亨,否結者散,百果草木皆甲拆也」〔註97〕。「天地之功由解而成,故贊『解之時大矣哉』!」〔註98〕

李氏曰:「《蹇》止乎險下,不若《屯》動乎險中。《屯》動乎險中,又不若《解》動乎險外也。」〔註99〕「患難方平之際,既不欲人以多事自疲,又不欲人以無事自怠。」〔註100〕

「來復之吉,不止安靜,須是整頓,紀綱法度皆復如舊。若蹇雖已平,不復有為,姑隨時維持而已,因循苟且,又兆險難之萌,凶之自也。故須來復乃吉,乃為得中。」〔註101〕解者,解其遺患餘蘗之未盡除者也。除惡不盡,則易滋故。「有所往,夙吉」,夙者,朝而不暮也。謂敏疾決斷,不移時而定,亦不二往也。《易》言「夙吉」,而遲疑猶豫者凶,此漢竇、何、唐五王所以蒙害也。趙汝楳曰:「『有攸往』指九四,震體如迅雷之擊,使人掩耳弗遑,而威已震,然後姦邪不得起謀以間我,故曰『夙吉』。」〔註102〕

《紀聞》曰:「《屯》象草穿地而未甲,《解》則『雷雨作而百果草木皆甲拆』,拆,分裂也。《剝》之『碩果不食』,藏天地生物之仁;《解》之『甲拆』,

〔註94〕張獻翼《讀易紀聞》卷三《解》。按:原出胡炳文《周易本義通釋》卷二《解》,而不言係引用。
〔註95〕胡炳文《周易本義通釋》卷二《解》。
〔註96〕蘇軾《東坡易傳》卷四《解》。
〔註97〕王《注》。
〔註98〕程《傳》。
〔註99〕隆山李氏之說,見熊過《周易象旨決錄》卷三《解》。
〔註100〕建安丘氏之說,見胡廣《周易大全》卷十四《解》。又見張獻翼《讀易紀聞》卷三《解》,不言係引用。
〔註101〕見張振淵《周易說統》卷六《解》,稱「崔子鍾曰」。然崔銑(字子鍾)《讀易餘言》未見此語。
〔註102〕趙汝楳《周易輯聞》卷四《解》:
　　「有攸往」指九四,蓋遺患餘蘗安能盡除,猶不免蒐獮之力,必敏疾果斷,不俟終日,猶迅霆之擊,使人掩耳弗皇,而威已震,然後姦邪不得起謀以間我。此狐疑猶豫,竇武、何進所以逢害。

發天地生物之仁。天地解心也，雷雨作氣也，皆『甲拆』者，形也。《解》之雨即《屯》之雲。」〔註103〕「崔說云：『坎在上則為雲，澤未及物也，《屯》也；坎在下，則為雨，澤已及物也，《解》也。』」〔註104〕趙汝楳曰：「《離》言『百穀』，此言『百果』者，四陽之月，百穀猶未芽，甲也。」〔註105〕

質卿曰：「有蹇斯有解，解則不蹇矣。方其處蹇之時，不敢輕易，便是解蹇之道。《解》之『利西南』即是《蹇》之『利西南』，非有二道。早往早復，就是『利西南』之事。主於解難，別無意也。」

《蹇》以能止而稱知，《解》以能動而出險，此其義若相悖。不知能止者方能動，止而動乃為慎動，動而止乃稱能止。此見天下無二道，皆一易之流通。〔註106〕

《蹇》之「利西南」為「得中」，《解》之「利西南」為「得眾」，惟「得中」故「得眾」。「其來復，吉」乃稱「得中」，此之「得中」正《蹇》之「得中」。於「來復」得其用，於「吉」得其效，非二道也。

隆冬冱寒，萬類閉藏，是天地之蹇也。一氣既動，春意潛萌，是天地之解也。天地一解而雷雨自作，雷雨一作而百果草木皆甲拆，屈之終，伸之始，往之復，來之端，其解也時之所極。雖欲不解，而不可得也。天地非解無以運其心，百姓非解無以遂其性，人工非解無以施其能。大哉，解之時乎！

《象》曰：雷雨作，解。君子以赦過宥罪。

述曰：汝中曰：「雷作於上，雨沛於下，天地鬱蒸之氣渙然解散，此《解》之象也。眚災肆赦，『赦過』也。大司寇以獄之成告王，王命三公三聽之。三公以獄之成告於王，王三宥之，然後制刑宥罪也。蓋『赦過宥罪』，所以滌除堙鬱，回生枯槁，法雷雨時至，以解民於險也。」〔註107〕

初六：无咎。　《象》曰：剛柔之際，義「无咎」也。

述曰：「解者，解也。屯難盤結，於是乎解也。蹇難始解」〔註108〕，陽來

〔註103〕張獻翼《讀易紀聞》卷三《解》。其中，「天地解心也，雷雨作氣也，皆『甲拆』者，形也。《解》之雨即《屯》之雲」原出邵寶《簡端錄》卷二《易》，《讀易紀聞》不言係引用。

〔註104〕張獻翼《讀易紀聞》卷三《解》。原出崔銑《讀易餘言》卷三《解》。

〔註105〕趙汝楳《周易輯聞》卷四《解》。

〔註106〕此一節見張振淵《周易說統》卷六《解》，稱「洪覺山曰」。

〔註107〕按：王畿《大象義述》未見此語。

〔註108〕王《注》。

復中，為下卦之主。六陰柔弱，自下承之，〔註109〕故得「无咎」。《象》曰剛柔之際，剛指九二，謂初與二際而成得中之美也。〔註110〕劉牧曰：「為險者坎也，當蹇之時，初為難始。今遇解之時，初不能固其險以承乎剛，何咎之有？能速改過以遷善也。」〔註111〕石介曰：「陽爻皆能除難，初六有應於四而附近於二，故『无咎』也。」〔註112〕

薛溫其曰：「《屯》則剛柔始交，未相知會，動乎險中，故有難生之理。《解》之剛柔已相際接，動而出險，故義必『无咎』。」〔註113〕

九二：田獲三狐，得黃矢，貞吉。　《象》曰：九二「貞吉」，得中道也。

述曰：九二，六五所任以解險者。陽剛之才，處得其中，剛足制柔，中足正枉，以此解險，何險不除，故曰「田獲三狐」。《象旨》：「二於地稱田。《九家》：『坎為狐。』卦多陰，故象『三狐』。『黃矢』，互離為矢。居二為中。黃，中色。矢，直物，程《傳》：『獲謂能變化除去之，如田之獲狐也。』俞氏曰：『眾皆疑而我釋之，故言獲。』」〔註114〕陽剛中直，「黃矢」之象。所以「田獲三狐」者，蓋由於此，故曰「得黃矢，貞吉」。《象》曰：「得中道也」，即《彖傳》「來復」之「得中」也。〔註115〕

陰多黨類，隱伏而善疑。蹇難既解，陽來復中，其道在開解群陰而使之胥化，所謂「利西南」者正在於此。九二蓋用《泰》二之「朋亡」以消小人

〔註109〕熊過《周易象旨決錄》卷三《解》：「九二為下卦之主，而六陰柔弱，自下承之也。」

〔註110〕季本《易學四同》卷四《象象爻下傳》：「『剛』指九二。『際』，交接也，謂初與二相比也。」

〔註111〕李衡《周易義海撮要》卷四《解》。

〔註112〕李衡《周易義海撮要》卷四《解》。

〔註113〕李衡《周易義海撮要》卷四《解》。

〔註114〕熊過《周易象旨決錄》卷三《解》：

二於地稱田。「三狐」者，三陰。九二比初、比三、應五也。《九家》：「坎為狐。」虞翻曰：「變之互艮，為狐。二、三、五歷三爻，故『田獲三狐』也。」按：《既濟》坎亦取狐象，不必言變為艮。又其所歷有九四，九非陰，不得與三並稱狐。吳幼清曰：「下坎為狐，三、四、五又互坎，有三陰。」朱先生謂卦四陰，除五君位，餘三爻即三狐意。亦近之，而未盡矣。「黃矢」，互離為矢。居二為中。黃者，中之色。矢之齊，五分其金而錫居二。以柔濟剛，故《象》曰「得中道也」。俞氏曰：「眾皆疑而我釋之，故言獲。」中直則在我而已，故言「得」。

〔註115〕季本《易學四同》卷四《象象爻下傳》：「『得中道』，即《象傳》『來復』之『得中』也。」

朋比之私，用《豫》四之「勿疑」以釋群邪疑惑之情也。「吳氏謂『三狐皆為九二所獲，則陰之難解矣』。」〔註116〕卜子夏曰：「剛中而能濟難，眾之所附，初承以奉之，五正而應之。眾來附也，非我之求也。得中之道，正之吉也。」〔註117〕

孔《疏》：「狐是隱伏之物。三為成數，舉三言之，搜獲備盡。九二以剛居中而應於五，為五所任，處於險中，知險之情，以斯解險，無險不濟，故曰『田獲三狐』。黃中之稱，矢直也。田而獲三狐，得乎理中之道，不失枉直之實，能全其正者也，故曰『得黃矢，貞吉』。」

六三：負且乘，致寇至，貞吝。　《象》曰：「負且乘」，亦可醜也。自我致戎，又誰咎也？

述曰：解者，陽解陰也。九二「來復」「得中」，初居其下而得「无咎」。六三陰柔，位乎其上，負四乘二，為「負且乘」之象。負為人役。乘，民所載也。民役而為人載，忝位已甚，何以靖民難？解方始而小人竊位，且復召釁，致寇必矣，此有國家者之憂也。「貞吝」正九二「貞吉」之反。《象》曰「亦可醜也」，「『醜』即羞吝之意」〔註118〕，醜之使自解而貞。勢不能自還，至上而悖極，有射之已焉。劉濂曰：「坎，輿象，亦寇象。六三不中不正，居險之極而乘陽之剛，是為負乘。處非其分，必為寇盜所奪，此竊位之小人所當解者。」〔註119〕劉牧曰：「初、二、三俱為險難。初、二遇解時而應上，是不固其險也。三據險極，以柔乘剛，以陰居陽，是小人而乘君子之器也，而又不應於上，是固其險者也。險固不適，難何由解，故云『用射』之。」石介曰：「六者，小人之才。三者，君子之位。六之為小人也，乘非其位，而又上慢下暴，所以致寇也。以解為道，解緩也而不能應上，故曰上慢。以柔乘剛，故曰下暴。宜寇之來也。」王逢曰：「非止速寇伐，又起天下之戎也。」〔註120〕

九四：解而拇，朋至斯孚。　《象》曰：「解而拇」，未當位也。

述曰：王《註》：「失位不正，而比於三，故三得附之，為其拇也。」劉牧曰：「『朋』謂二也，與四同功，又俱陽爻，故謂之『朋』。二居險中，不固其

〔註116〕季本《易學四同》卷二《解》。原出吳澄《易纂言》卷二《解》。
〔註117〕李衡《周易義海撮要》卷四《解》。
〔註118〕季本《易學四同》卷四《象象爻下傳》。
〔註119〕劉濂《易象解》卷三《解》。（《四庫全書存目叢書》經部第4冊，第272頁）
〔註120〕上三則見李衡《周易義海撮要》卷四《解》。

險，亦應於上，是信而不違解也。」〔註121〕張獻翼曰：「解者，本合而離之也，必解拇而後朋孚。蓋君子之交，而小人容於其間，是與君子之誠未至也。小人情狀最為不一，狐以言其蠱惑，隼以言其鷙害，負乘以言其竊位，拇以言其附麗也。」〔註122〕孔《疏》曰：「若當位履正，即三為邪媚之身，不得附之也。既三不得附，四則無所解。須解拇，由不當位也。」

《象旨》：「『拇』，王弼謂三，李鼎祚曰『九四體震，為足。三在足下，為拇』，程、朱二先生謂初為拇。按：初『剛柔之際，義无咎』，不應解之。『朋至』，蘇氏謂九二，王弼謂初。按：朋，同類，四與二同功，皆陽，則蘇說是也。二、四俱為解主，四雖比三，然為震主，體動，有能解去之象，故二不致疑至而相孚也。解拇何以『未當位』？三以負為羞，知其不能承四之位當承也。」〔註123〕

六五：君子維有解，吉。有孚於小人。　《象》曰：「君子有解」，小人退也。

述曰：六五以柔居尊，正應九二，近比九四，陽剛為輔，是有君子之德。君子心本平易，事從解散，盡釋疑衷，以開群情，蕩然赦過宥罪之仁，廓然天地雷雨之解，曰「維有解」也。敬仲曰：「君子在位，無所不解。」〔註124〕則人心無復懷疑而吉。「有孚於小人」，小人即所解去者。質卿曰：「小人之退，不必只為身退方為退。能引發人之道心，消弭其人心，便是小人之退，便是小人之孚。」彭山所謂「化為君子，不敢為不善，猶言不仁者遠也」〔註125〕。

質卿曰：「『君子維有解』，只是自治，更不於小人身上求之便吉。我之有孚，自孚於小人，而皆輸其誠心。在小人惟有結，在君子『維有解』。『維有解』，而天下無不可化之人，無不可處之事。」

〔註121〕李衡《周易義海撮要》卷四《解》。

〔註122〕張振淵《周易說統》卷六《解》：

　　解者，本合而離之也，必解拇而後朋孚。蓋君子之交，而小人容於其間，是與君子之誠未至也。小人情狀最為不一，狐以言其蠱惑，隼以言其鷙害，拇以言其附麗，負乘以言其僭竊。

　　按：「解者，本合而離之也，必解拇而後朋孚。蓋君子之交，而小人容於其間，是與君子之誠未至也」，見程《傳》；「小人情狀最為不一，狐以言其蠱惑，隼以言其鷙害，拇以言其附麗，負且乘以言其僭竊也」，見胡廣《周易大全》卷十四《解》、洪鼐《讀易索隱》卷三《解》，稱「建安丘氏曰」。《讀易紀聞》引程《傳》、建安丘氏之說，而不言係引用。

〔註123〕熊過《周易象旨決錄》卷三《解》。

〔註124〕楊簡《楊氏易傳》卷十三《解》。

〔註125〕季本《易學四同》卷四《象象爻下傳》

上六：公用射隼于高墉之上，獲之，無不利。 《象》曰：「公用射隼」，以解悖也。

　　述曰：六以柔居卦上而稱公，高而無位，德盛而無為〔註126〕者也，故用能射隼。隼，鷙鳥，象為害之小人。〔註127〕「解之時，至於上六極矣，無所不解矣。而貪殘小人猶擁高位」〔註128〕，隼在高墉之上之象。上六居動之極，當解之成極而後動，成而後舉，故必「獲之」而「無不利」。《象》曰「以解悖也」，至解終而猶有未解者〔註129〕，悖之甚也。以大公而解荒悖，何不利之有？

　　彭山曰：「當解之時，至於六五，已能化小人為君子矣。」〔註130〕然或有悖者，國之讒慝、民之雄鷙也，則公為射而獲之。隼獲而君子攸寧，小人攸茈，「無不利」焉，解之盡也。「射，蓋示人以正，於力不勞，而夙在其中矣。言隼則亦治其首惡之意也。」〔註131〕

損☶ 兌下艮上

　　鄭玄曰：「艮為山，兌為澤，互體坤，坤為地。山在地上，澤在地下，澤自損以增山之高，猶諸侯損國之富以貢獻於天子。」〔註132〕

　　趙汝楳曰：「損下益上，卦之義也。上卦得益，則四『有喜』，五『元吉』，上正宜吉也。下卦當損，而初『酌損』，二『弗損』，所損者三而已。」〔註133〕

損：有孚，元吉，无咎。可貞，利有攸往。曷之用？二簋可用享。

《彖》曰：損，損下益上，其道上行。損而「有孚，元吉，无咎。可貞，利有攸往」。「曷之用？二簋可用享」，二簋應有時，損剛益柔有時。損益盈虛，與時偕行。

　　述曰：損之成卦，在三、上二爻。下兌之成兌，由六三之變也；上艮之成艮，由上九之變也。三本剛而成柔，上本柔而成剛。兩卦合體為損。兌澤之深，

〔註126〕「為」，底本殘，據四庫本補。
〔註127〕程《傳》：「隼，鷙害之物，象為害之小人。」
〔註128〕楊簡《楊氏易傳》卷十三《解》。
〔註129〕章潢《周易象義》卷三《解》：「小人為害，至解終而猶未之解，乃高墉之隼也。」
〔註130〕季本《易學四同》卷二《解》。
〔註131〕季本《易學四同》卷二《解》。
〔註132〕李鼎祚《周易集解》卷八《損》。
〔註133〕趙汝楳《周易輯聞》卷四《損》。

益民山之高，損下益上之義也。〔註134〕主三而言，故以損名卦。「有孚」，二、五中爻，虛實相應也。陸希聲曰：「下以剛中說於上，所以為損下；上以柔中止於上，所以為益上。下說而上不止，則無損於下；上止而下不悅，則無益於上。說而止，剛中而應，乃得『有孚，元吉』也。」〔註135〕王《註》：「『損剛益柔』，非以消剛；『損下益上』，不以盈上。損剛而不為邪，益上而不為諂，則何咎而可正？以斯而往，物無距也。」「行損以孚，『二簋』至薄，猶可用享，所謂『貞』者，貞此；『攸往』之『利』，亦利此。」〔註136〕「玩卦之三爻，有『二簋』之象。此卦原為《損》，此一爻故成損。」〔註137〕

孔《疏》：「損之為義，『損下益上』，『損剛益柔』。『損下益上』，非補不足者也。『損剛益柔』，非長君子之道也。若不以誠信，則涉諂諛而有過咎，故必『有孚』，然後大吉，无咎可正，而利有攸往矣。」李鼎祚曰：「損三而益上也。陽德上行，故曰『其道上行』矣。」〔註138〕朱震曰：「六爻皆應，『有孚』也。」〔註139〕荀爽曰：「居上據陰，故『元吉，无咎』。以未得位，嫌於咎也。」〔註140〕「艮男居上，兌女在下，男女位正，故『可貞』。」〔註141〕「利有攸往」，

〔註134〕程《傳》：

為卦艮上兌下，山體高，澤體深，下深則上益高，為損下益上之義；又澤在山下，其氣上通，潤及草木百物，是損下而益上也；又下為兌說，三爻皆上應，是說以奉上，亦損下益上之義。又下兌之成兌，由六三之變也；上艮之成艮，自上九之變也。三本剛而成柔，上本柔而成剛，亦損下益上之義。

〔註135〕李衡《周易義海撮要》卷四《損》。

〔註136〕張振淵《周易說統》卷六《損》：

程敬承曰：「損何以云有孚也，去浮存約，其實念也。始而權損之宜，則存一不忍多取之心，而下孚於民。既而酌損之用，則存一不忍多費之心，而上孚於神。是故四者之應，應其孚也。『二簋』之『享』，享其孚也。行損以孚，二簋至薄，猶可用享。所謂『貞』者，貞此；『攸往』之『利』，亦利此。」

按：此說見程汝繼（字敬承）《周易宗義》卷六《損》。（《續修四庫全書》第14冊第242頁）檢《周易宗義》，書中多引「潘雪松述曰」、「易述曰」。此處末數句亦當是敷衍潘說，而未明言。

〔註137〕章潢《周易象義》卷三《損》。

〔註138〕李鼎祚《周易集解》卷八《損》：「坤之上九下處乾三，乾之九三上升坤六，損下益上者也。陽德上行，故曰『其道上行』矣。」按：王豐先點校本改「上九」為「上六」，校記曰：「『六』，原作『九』，今據周本及曹校改。」

〔註139〕李衡《周易義海撮要》卷四《損》。原出朱震《漢上易傳》卷四《損》。

〔註140〕李鼎祚《周易集解》卷八《損》。

〔註141〕虞翻之說，見李鼎祚《周易集解》卷八《損》。

「謂陽利往居上。損者，損下益上，故利往居上」〔註142〕。崔憬曰：「『曷』，何也。言『其道上行』，將何所用？可用二簋而享也。以喻損下益上，惟在乎心，何必竭其不足而補有餘也？」〔註143〕

仲虎曰：「《損》之『元吉，无咎。可貞，利往』，占之辭，繁而不殺。自《坤‧彖》外，未有如此反覆詳悉者。損本拂人情之事也，損下未必大善而吉，未必無過，未必可固守，未必可有往。唯損其所當損，於理可行，而下信之，則其占可如此爾。」〔註144〕

《象旨》：「『損而有孚，元吉，无咎』，蘇氏曰：『為上卦言也。』『可貞，无咎，利有攸往。曷之用？二簋可用享』，蘇氏曰：『為下卦言也。』蘇意以損道上行，而舉而之上則無下，皆貞而不往則無上。『可貞，利有攸往。』有貞者，有往者，故曰『曷之用』。『曷之』者，擇之。『用』謂用損之道。俞氏指六三之偶，非也。『可用』者，答辭也。言可用者其為物薄適時之變，非其常也。兌本乾而九三獨上，故變為陰。初與二意，向之猶祭之，設簋精意以享之。我非實與，而神非實取也。」〔註145〕

「『其道上行』，自陽而言也。『二簋應有時』者，初九遄往而九二征凶，故二簋雖應而往有時也。《經》言『二簋用享』，吉乎其損也。《傳》言『應有時』，裁乎其物也。故不同也。『損剛益柔有時』，三益上之時，輔嗣以為『剛為德長，損之不可為常也』。『與時偕行』，通『損益盈虛』之時，輔嗣以為『自然之質，各有定分，損益之加，非道之常也』。《傳》凡三言時，蓋極論『損下益上』，『損剛益柔』。在損時則可，非其時有不必然者矣。」〔註146〕章氏曰：「惟時然後損，此所以備眾善也。」〔註147〕

王逢曰：「《損》生乎《泰》，泰，盛之始也；《益》生乎《否》，否，衰之始也。損《泰》之九三為《損》之上九，《泰》之上六為《損》之六三，故曰『損下益上』。損《否》之九四為《益》之初九，《否》之初六為《益》之六四，故曰『損上益下』。孔子曰：『損、益，盛衰之始也。』」〔註148〕

〔註142〕荀爽之說，見李鼎祚《周易集解》卷八《損》。
〔註143〕李鼎祚《周易集解》卷八《損》。
〔註144〕胡炳文《周易本義通釋》卷二《損》。
〔註145〕熊過《周易象旨決錄》卷三《損》。
〔註146〕熊過《周易象旨決錄》卷三《損》。
〔註147〕按：章潢之書未見此語。
〔註148〕李衡《周易義海撮要》卷四《損》。

蔡清曰：「『享』，祭享也。古人菲飲食而致孝乎鬼神，則祭享宜不可損者。今言『二簋可用享』，則其他無不在所損舉，重以見輕也。」〔註149〕「享禮：陳饋八簋為盛，四簋為中，二簋為薄也。」〔註150〕

象曰：山下有澤，損。君子以懲忿窒欲。

述曰：王《註》：「山下有澤，損之象也。可損之善，莫善忿欲也。」孔《疏》：「君子法此損道，以懲止忿怒，窒塞情慾。夫人之情也，感物而動，境有順逆，故情有忿欲。懲者息其既往，窒者閉其將來。忿欲皆有往來，懲窒互文而相足也。」

劉調甫曰：「山下有澤，其山日損。人有忿欲，其德日損。又忿者氣高，有山之象；欲者沉溺，有澤之象。『懲忿』如摧山，『窒欲』如防水，皆本卦自有之象。顧所謂懲窒者有道，禁於未發而已。君子有大忿，『行己有恥』之謂也。君子有大欲，欲『明明德』於天下之謂也。有大忿則小忿自懲，有大欲則小欲自窒。象山曰：『學者未知道，縱令懲窒得忿欲全無，亦未是學問。』此言當深味之。」〔註151〕

彭山曰：「忿欲皆因乾剛之本在三者而言。損以益坤之上則為止，止則能懲窒，所謂損也。」〔註152〕

《紀聞》曰：「『澤滅木』則大過者，澤也。上有澤則虛受者，山也；下有澤則損者，山也。風得雷則益者，風也。象各有所重。山澤二者，其氣相通。山體中虛而受潤，於是澤氣上通，而山上有澤，是為咸之象。山下有澤，則澤寇山而山塞澤，澤也日壅，山也日削，是為損之象。揚子雲曰『山殺瘦，澤增高』是已。卦名損，兌澤之深益艮山之高。損益並言，以見損下益上之意。此

〔註149〕蔡清《易經蒙引》卷六上《損》。
〔註150〕胡炳文《周易本義通釋》卷二《損》。
　　　　按：董真卿《周易會通·周易經傳集程朱解附錄纂註卷八·損》：「徐氏曰：『古者，享禮以四簋為中，陳饋八簋為盛。當損之時，二簋雖薄，而亦可用享也。』」
〔註151〕（明）劉元卿（字調甫）《大象觀》上篇。（彭樹欣編校《劉元卿集》，上海古籍出版社2014年版，第695～696頁）
　　　　另，（宋）陸九淵《象山先生全集》卷三十五《象山先生語錄》：
　　　　　　江泰之問：「某每懲忿窒慾，求其放心，然能暫而不能久。請教。」答曰：「但『懲忿窒慾』，未是學問事。便懲窒得全無後也，未是學。學者須是明理，須是知學，然後說得懲窒。知學後懲窒，與常人懲窒不同。常人懲窒只是就事就末。」
〔註152〕季本《易學四同》卷四《象象文下傳》。

云『山下有澤』，不復兼取益艮山之意矣。」〔註153〕

初九：已事遄往，无咎，酌損之。　《象》曰：「已事遄往」，尚合志也。

述曰：損以下陽益上陰也。初、四正應，而初以陽居陽則盈矣，四以陰居陰則虛矣。以己之盈益上之虛，初之事也。以為「已事」而速往以益之，則「无咎」。又因陽剛好進，初體輕銳，而戒以「酌損之」。仲虎所謂「當自酌其淺深之宜，而不自傷其本量。其所受隨器而止，酌之義也」〔註154〕。王介甫曰：「損己益上，不以『已事』出位者也。在下而剛不中，故可損之。損之已過，則亦不中，故當『酌損』。六四能納己者也，故曰『尚合志』。『遄往』，剛往也。」〔註155〕

漢上朱氏曰：「『已事』，止事也。事有當損於初，剛正決斷，如救焚拯溺，可也。事已成，則不可損。然過則非四所堪，不及則損之無益，尚合乎六四之志而已。事有當損，不損而至於敗，豈非志哉？『遄』謂如魯人慾以璵璠葬，夫子歷階而止之是也。」〔註156〕

九二：利貞，征凶。弗損益之。　《象》曰：九二「利貞」，中以為志也。

述曰：九二陽剛得中，貞也。所利在貞，則不待有所損。若有所往而著意於損，則失其貞正而凶矣。〔註157〕「『弗損益之』，不自損其剛貞，則能益其

〔註153〕張獻翼《讀易紀聞》卷三《損》。
　　　按：此一節自文首至「是已」糅合俞琰《周易集說》卷十二《象辭二》、崔銑《讀易餘言》卷三《損》，《讀易紀聞》引之，而不言係引用。同時，《讀易餘言》部分引用俞琰《周易集說》卷十二《象辭二》，亦不言係引用。錄如下：
　　　俞琰《周易集說》卷十二《象辭二》：
　　　　　夫山澤二者，其氣相通者也。山體中虛而受潤，於是澤氣上通，而「山上有澤」，是為咸之象；「山下有澤」，則澤寇山而山塞澤，澤也日壅，山也日削，是為損之象。揚子雲曰：「山殺瘦，澤增高」，其說是已。
　　　崔銑《讀易餘言》卷三《大象說》：
　　　　　「澤滅木」則大過者，澤也。上有澤則虛受者，山也。上有山則損者，澤也。風得雷則益者，雷也。象各有所重也。山下有澤，則澤寇山而山塞澤，澤日壅也，山日削也。揚雄曰「山殺瘦，澤增高」是也。
〔註154〕胡炳文《周易本義通釋》卷二《損》。
〔註155〕李衡《周易義海撮要》卷四《損》。
〔註156〕李衡《周易義海撮要》卷四《損》。原出朱震《漢上易傳》卷四《損》。
〔註157〕季本《易學四同》卷二《損》：
　　　　　九二陽剛得中，「貞」之所以為「利」者也。貞則不待有所損。若有所往而著意於損，則損之太過而反害於天理之正矣，所以凶也。弗損益之者，無所損而能益也。

上，乃益之也。」〔註158〕九二「當損剛之時，居柔而說體，上應六五陰柔之君」〔註159〕。若不守其剛貞，用柔說以奉說主，適足以損之而已，非損己而益上也。〔註160〕《象》曰：「九二『利貞』，中以為志也」，中則何所容損，所以弗損益之。初以剛居剛，而宜「酌損」，亦欲其得中耳。〔註161〕

《象旨》：「卦以損下為象，九二何以往凶也？五雖柔而居剛，非不足；二雖剛而居柔，非有餘。則二不可復往，故『利貞，征凶』。其跡不往，其心往也。『弗損』，《晁氏客語》為讀者。是初九之『遄往』，跡與心合，故曰『尚合志』。九二獨心向之耳，故曰『中以為志』。守其剛中，所以益柔中也。《傳》言『二簋應有時』謂此。」〔註162〕蘇氏曰：「夫以損己者益人，則其益止於所損。以無損於己者益人，則其益無方。故《損》之六三、《益》之六四皆以損己者益人，《損》之九二、《益》之六五皆以無損於己者益人。以其無損於己，故受其益者皆獲『十朋之龜』也。」〔註163〕

六三：三人行，則損一人。一人行，則得其友。　《象》曰：「一人行」，「三」則疑也。

述曰：《象旨》：「『三人』即下兌三爻。『一人』，六三也。『損一人』即一人行也。互震為大塗。三，人位，故曰『三人行，得其友』。虞翻『上據坤，應兌之三，兌為友，故稱得友』，是也。《本義》『一陽上而一陰下』，何以言損下哉？」〔註164〕

「六三，損之所以為損者，皆順其理之自然，而不容參以一毫人為之私也。三陽並進，則六三獨損之為陰，以兩而分一也；一人獨行，乃得上九為應，以一而成兩也。」〔註165〕仲虎曰：「損因三而成，故必損六三，然後一卦陰陽各

〔註158〕程《傳》。
〔註159〕程《傳》。
〔註160〕程《傳》：「若失其剛貞，而用柔說，適足以損之而已，非損己而益上也。」
〔註161〕章潢《周易象義》卷三《損》：
　　《象》曰：「九二『利貞』，中以為志也」，二本匪正而以中為志，則未有中而不正者矣。惟其中正，所以弗損益之。其視初之以剛居剛而宜於「酌損」者，有間也。
〔註162〕熊過《周易象旨決錄》卷三《損》。
〔註163〕蘇軾《東坡易傳》卷四《損》。
〔註164〕熊過《周易象旨決錄》卷三《損》。
〔註165〕章潢《周易象義》卷三《損》：
　　六三乃損之所以為損者，皆順理之自然，不容參以一毫人為之私也。下卦本乾，六三獨損之為陰，所謂「三人行，則損一人」，以兩而分一也。六

以兩而相與。」〔註166〕「《象》曰:『一人行,三則疑也』,正《繫辭》所謂致一之理也。一則得友,三則生疑,損益之道微矣。」〔註167〕

六四:損其疾,使遄有喜,无咎。　《象》曰:「損其疾」,亦可喜也。

述曰:六四以陰居陰,履得其位,在損之時而正應初剛,陰虛能納,以「損其疾」也。損柔之偏,以從剛也。損不善以從善也,疾何可久?〔註168〕「唯使之遄速,則有喜而无咎。」〔註169〕王介甫曰:「凡不得陰陽之中而有所偏者,皆謂之疾。以陰處陰,而承乘皆陰,所謂疾也。偏乎陰者,資之以陽,則其疾損而有喜矣。陰柔之弊,常失之緩,故『遄』乃『无咎』。」〔註170〕

蘇氏曰:「『遄』者,初九也。下之所損者有限,而上之求益者無已,此下之所病也。我去是病,則夫遄者喜我矣。自初言之,『已事遄往』,則四之求我也寡,故『酌損之』。自四言之,『損其疾』則初之從我也易,故『遄有喜』。」〔註171〕

六五:或益之十朋之龜,弗克違,元吉。　《象》曰:六五「元吉」,自上祐也。

述曰:《象旨》:「六五虛中損己,本受九二不損之益,而上九與之相比,故曰『或益之』。」〔註172〕莫知益之所自來,而益之者不一也。〔註173〕「『或益之』絕句。如《益》上九『莫益之』。」〔註174〕龜為靈物,「十朋之龜」為大寶,所以紹天明者。而五能受大益,心地靈通,神明其中,足以盡盈虛之理,

---

三一陰乃得上九為應,所謂「一人行,則得其友」,以一而成兩也。

〔註166〕胡炳文《周易本義通釋》卷四《損》。「與」,《周易本義通釋》作「資」。
〔註167〕章潢《周易象義》卷三《損》。
〔註168〕程《傳》:「四以陰柔居上,與初之剛陽相應。在損時而應剛,能自損以從剛陽也,損不善以從善也。」
〔註169〕程《傳》。
〔註170〕葉良佩《周易義叢》卷八《損》。
〔註171〕熊過《周易象旨決錄》卷三《損》。原出蘇軾《東坡易傳》卷四《損》。
〔註172〕熊過《周易象旨決錄》卷三《損》。原出俞琰《周易集說》卷七《損》,《周易象旨決錄》引之,而不言係引用。
〔註173〕(宋)李中正《泰軒易傳》卷四《損》:「『或益之』者,得之以無心,而益之者不一也。」
楊簡《楊氏易傳》卷十三《損》:「『或』者,不一之辭,益之者不一也。」
朱震《漢上易傳》卷四《損》:「『或益之』,言益之者不一也。」
李簡《學易記》卷四下《損》:「『或益之,謂來益之者不一,以見人從之多也。」
〔註174〕熊過《周易象旨決錄》卷三《損》。

達變化之機。雖朋龜獻兆，不能違之，其為益大矣。質卿曰：「夫土宇版章之益，益之昭昭之中，其益也，人可見，益之小也。慧知明通之益，益之默默之中，其益也，不可見，益之大也。故六五之吉為『元吉』。」

質卿曰：「人之益必有所自，六五之『元吉』為『或益之』，意者自上祐乎？思若啟之，行若翼之，其必有默感而默受者，天地鬼神所不能違也。」

王《註》：「獲益而得『十朋之龜』，足以盡天人之助也。」崔憬曰：「大龜背上有二十貝，曰『十朋』。」〔註175〕「龜之最神貴者以決之，不能違其益之義，故獲『元吉』。」〔註176〕劉牧曰：「五居尊而曰『上祐』，必天道也。」〔註177〕

《否》、《泰》之初上相易，故茅茹象同。《損》、《益》之二五相易，故龜朋象同。《未濟》之三、四相易，故鬼方象同。卦變之道，於是乎觀。〔註178〕

《爾雅》云：「十朋之龜謂神，靈攝寶，文筮山，澤水火。」〔註179〕

上九：弗損益之，无咎。貞吉，利有攸往，得臣無家。　《象》曰：「弗損益之」，大得志也。

述曰：上九乃受益之地。〔註180〕《彖》「損下益上，其道上行」，謂此也。陽剛在上，艮體不動，而比者應者咸受其益，故曰「弗損益之」。「凡損己益人者，所益有限；弗損以益人，則益無方矣。益不自留，故『无咎』，可『貞』而『吉』，『利有攸往』。」〔註181〕卦辭之善，咸備於斯。〔註182〕劉牧曰：「陽居六極而務益，非所宜也。得『无咎』，以其下濟也。」〔註183〕王肅曰：「上

〔註175〕熊過《周易象旨決錄》卷三《損》。「黃潤玉指大龜背中有二十貝，曰『十朋』。未詳孰是。」
〔註176〕崔憬之說，見李鼎祚《周易集解》卷八《損》。
〔註177〕李衡《周易義海撮要》卷四《損》。
〔註178〕此一節見邵寶《簡端錄》卷二《易》。又見張獻翼《讀易紀聞》卷三《損》，不言係引用。
〔註179〕孔《疏》：「馬、鄭皆案《爾雅》，云：『十朋之龜謂神、靈、攝、寶、文、筮、山、澤、水、火。』」
　　　　按：李鼎祚《周易集解》卷八《損》：「十謂神、靈、攝、寶、文、筮、山、澤、水、火之龜也，故『十朋之龜』。」
〔註180〕熊過《周易象旨決錄》卷三《損》：「上乃受益之地。」按：蘇軾《東坡易傳》卷四《損》：「上九者，受益之地。」
〔註181〕熊過《周易象旨決錄》卷三《損》。
〔註182〕按：自此一節文首「上九乃受益之地」至此，又見張振淵《周易說統》卷六《損》，稱「崔子鍾曰」。然崔銑《讀易餘言》未見此語。
〔註183〕李衡《周易義海撮要》卷四《損》。

據五應三，三陰上附，內外相應，上下交接，貞而吉也。」〔註184〕如此而往，亦無不利。陽稱君，陰稱臣。夫，剛物所歸也，剛長居上，眾陰仰戴而歸，有「得臣」之象。雖曰「得臣」，非己所有，蓋上處無位之地，贊成六五之治，〔註185〕而不自以為私也，故有「無家」之象。卜子夏曰：「高而無位，贊五之功，雖應得臣，無自有也。」〔註186〕

《象旨》：「俞氏曰：『《益》九五之君以益下為心，故大得志也。《損》上九乃臣也，亦大得志。然則君臣上下皆當以益下為心也。』」〔註187〕

九二爻，項氏曰：「損以有過與不及，故損一益一，以求中也。若九二、六五則既中矣，二非有餘，五非不足，一有增損，則反失其中矣。二當此時，守中則利，上往則凶，故爻曰『利貞，征凶』弗損益之；《象》曰『中以為志也』。六五本無待於補，九二亦不補之，而上九之陽忽補其上，補自上來者，神天之降祐，龜筮之弗違，蓋福祿之補，非損下補上之補也，故曰『或益之』，又曰『自天祐也』。」〔註188〕

六三爻，項氏曰：「六三、上九，成卦之爻也。六三損剛以補上，是《泰》之三陽損其一也，故曰『三人行，則損一人』。上九因六三之行，而得其友，既已得友，則不可復損矣，故曰『弗損益之』。損由六三之損而得名，故爻辭極論損之精義。上九受損之補者也，故爻辭極論損之成效。六三不可以不損，六三一損，而初二、四五、三上皆得成耦。六三不損，則三陰三陽皆成參雜。極天地男女之義，亦不過如此。此損之有孚而大善者也。」〔註189〕

上九爻，楊氏曰：「上九居損之終，則必變之以不損；位艮之極，則必止之以不損。當節損之世，下皆損己以益上，上又能不損其下，宜其『无咎』，宜其『正吉』，宜其『利有攸往』，宜其『得臣無家』，無往而不得志也，故曰『大得志也』。」〔註190〕得臣謂得天下臣民之心，無家謂無自私其家之意。如大禹菲食而天下無饑民，文王卑服而天下無凍老，漢文集書囊、罷露臺而天下

〔註184〕李鼎祚《周易集解》卷八《損》。

〔註185〕李衡《周易義海撮要》卷四《損》錄句徽之說：「雖曰『得臣』，非己所有，蓋上處無位之地，贊成六五之功，以四海為家。」

〔註186〕《子夏易傳》卷四《損》。

〔註187〕熊過《周易象旨決錄》卷三《損》。原出俞琰《周易集說》卷二十四《爻傳五》。

〔註188〕項安世《周易玩辭》卷八《九二　六五》。

〔註189〕項安世《周易玩辭》卷八《六三　上九》。

〔註190〕楊萬里《誠齋易傳》卷十一《損》。

有煙火萬里之富，其得損之上九之義也歟？〔註191〕

益☳☴震下巽上

《紀聞》曰：「《損》、《益》二卦之得名，只據見成卦體言，不必推原下卦本乾，上卦本坤；上卦本乾，下卦本坤。蓋艮兌合而為《損》，兌之所以為兌者，以其上畫陰；艮之所以為艮者，以其上畫陽也。兌上陰為虛為損，艮上陽為盈為益，卦體兌下而艮上，是為損下而益上。巽震合而為《益》，震之所以為震者，以其下畫陽；巽之所以為巽者，以其下畫陰也。震陽下實為益，巽陰下虛為損。卦體上巽而下震，是為損上而益下。」〔註192〕

按：卦以損四益初名。五、二中正相應，以為益者也。三孚二附四，四，巽主，附五而五孚之，乃大得其益下之志。初陽最下，能受上益也。陽亢居上，益之所不及也。

益：利有攸往，利涉大川。

《彖》曰：益，損上益下，民說無疆。自上下下，其道大光。「利有攸往」，中正有慶。「利涉大川」，木道乃行。益動而巽，日進無疆。天施地生，其益無方。凡益之道，與時偕行。

述曰：孔《疏》：「益者，增足之名。下已有矣，而上更益之，聖人利物之無已也。《損》卦則損下益上，《益》卦則損上益下，得名皆就下而不據上者。」向秀曰：『明王之道，志在惠下，故取下謂之損，與下謂之益。』既上行惠下之道，利益萬物，動而無違，何往不利？故『利有攸往』。以益涉難，理絕險阻，故『利涉大川』。」

陽本在上，損上卦四爻之陽為陰而成巽；陰本在下，益下卦初爻之陰為陽而成震。陰柔，民象。民得益，故「民說無疆」。上下定位，而以上之初爻下於下之下爻，「自上下下」也。天道下濟而光明，「其道大光」也，故為益。《益》以九五陽剛中正為主，六二以中正應之，以此攸往，利益天下，君臣慶會，而天下實同受其福慶矣。震、巽皆為木，震動為行，故曰「木道乃行」。〔註193〕

〔註191〕楊萬里《誠齋易傳》卷十一《損》：
大禹菲食而天下無飢民，文王卑服而天下無凍老，漢文集書囊、罷露臺而天下有煙火萬里之富，寔皆損之上九也。「得臣」謂得天下臣民之心，「無家」謂無自私其家之益。

〔註192〕張獻翼《讀易紀聞》卷三《益》。

〔註193〕章潢《周易象義》卷三《益》：

王《註》：「『木』者，以涉大川為常而不溺者也。以益涉難，同乎『木』也。」以卦德而觀人事，人心之陽剛震動於內，而行以卑巽，則日有進益，無疆限也。若動而驕亢，必得損矣，何能成大益？以卦象而觀造化，天以陽氣損而下施，而地順以生育，其利益萬物，無方所也。「有方所則有限量」〔註194〕，豈所以為天地之益？言無疆，言無方，益之為大如此。王《註》：「益之為用，施未足也。滿而益之，害之道也。故『凡益之道，與時偕行』。」趙氏曰：「損益盛衰，不能鈞等，損有餘，益不足，而後適中。益而無時，則過於益者必過於損。不足有餘，反覆仍在也。是以《損》、《益》二卦皆言時行。」〔註195〕

《臆說》〔註196〕曰：「『損益盈虛，與時偕行』，泛論其理而意歸於損。『凡益之道，與時偕行』，專論其理而言所當益。『其道上行』，利之歸於上也；『其道大光』，利之被於下也。」

象曰：風雷，益。君子以見善則遷，有過則改。

述曰：孔《疏》：「雷動於前，風散於後，然後萬物皆益。如二月啟蟄之後，風以長物，八月收聲之後，風以殘物。風之為益，其在雷後，故曰『風雷，益』也。」劉調甫曰：「風烈則雷迅，雷激則風怒，二物本相益也。君子觀象於風雷，而求所以益己者。『見善則遷』，無繫吝之心；『有過則改』，無遷延之意。雷屬風行，亦不過此。此舜之所以若決江河，子路之所以聞過則喜也。是可見君子所以受益，全在一見則遷，一有則改。若稍涉繫吝遲回，善不為，吾有過遂成吾過矣，何益之有？斯聖人所以取義於風雷也。雖然，善未易明，過亦未易知也。執焉者自以為善，而不知其善即過也，安望其能遷改乎？」〔註197〕

汝中曰：「六子皆有益於物，必曰『風雷』者，水火山澤，惟能結聚萬物，

《象》曰「益，損上益下，民說無疆」，蓋陽本在上，損下卦初爻之陽則陰矣，故為巽；陰本在上，益下卦初爻之陰則陽矣，故為震。陰柔居下，民之象也。益在乎下，故「民說無疆」。而四所以說者，何也？以其自上卦之初爻居下卦之初爻，故「自上下下」。天道下濟而光明，益之以道而無所與也，此益之所以為益也。『利有攸往』，中正有慶」，五以陽剛中正居尊，二亦以陽剛中正應五，以此攸往，利益天下，則天下受其福慶矣。「『利涉大川』，木道乃行」，巽為木也，如《渙》卦「乘木有功」、《中孚》「乘木舟虛」，皆「利涉大川」而險可濟矣。

〔註194〕程《傳》。
〔註195〕趙汝楳《周易輯聞》卷四《益》。
〔註196〕不詳。
〔註197〕劉元卿（字調甫）《大象觀》上篇。（彭樹欣編校《劉元卿集》，上海古籍出版社2014年版，第696頁）

散之動之，然後能增長，故歸之『風雷』。」〔註198〕章氏曰：「雷風一也，曷為有《恒》、《益》之分？蓋巽長女也，入而在內；震長男也，出而在外。陰陽各有定位，故為《恒》，而《大象》取不易之義。震本動也，入而從風；巽本入也，出而助雷。陰陽相與呼應，故為《益》，而《大象》取遷改之義。此《易》之所以變動不居也。」〔註199〕

初九：利用為大作，元吉，无咎。　《象》曰：「元吉，无咎」，下不厚事也。

述曰：「此卦損上之一陽而益下」〔註200〕，所謂「自上下下」也，「則初九一爻為一卦受益之最」〔註201〕。陽剛初動，震主也，所應則巽主也。震體能幹，巽權又能任之，宜為上興大益之事，利用為大作也。陽本大震在下，有大作之象。居下而得上之順，以行其志，必須所為大善而吉，乃無過咎。陽剛好動，動未協於其旋，則何以濟大事？大事不濟，何以塞己咎？以盡善之道，運正幹之才，事成而免於咎，蓋益之以德也。〔註202〕《象》曰「下不厚事也」，王《註》：「居下非厚事之地，在卑非任重之處，大作非小功所濟，故『元吉』乃得『无咎』也。」

陸希聲曰：「初處下體，為二陰之主，不宜厚事，以擅九五之民。惟志於奉上，乃『元吉，无咎』。」〔註203〕

《象旨》：「『大作』，虞翻、侯果皆本《繫辭》，以為耒耜之利。易道設虛以待有，不止於耒耜矣。朱《義》：『受上之益，不可無所報効』，易道屈伸自然之感，非論報施也。倒體卦《益》之下即《損》之上，皆正受益者也，故上九『利有攸往』，而初九『利用為大作』。上易有為，功則利倍，罪則責薄，故《損》之上僅能『无咎』而已，正且吉。下難有為，功則利歸於上，罪則

〔註198〕王畿《大象義述》（吳震編校整理《王畿集》，鳳凰出版社2007年版，第667頁）。

〔註199〕按：章潢之書未見此語。

〔註200〕楊簡《楊氏易傳》卷十四《益》。

〔註201〕楊簡《楊氏易傳》卷十四《益》。

〔註202〕章潢《周易象義》卷三《益》：

初九陽剛震動，當益下之時，受六四之益，所謂「自上下下」者也。際是時也，有是才也，可以運天下之大事，興天下之大利，而利用為大作也。豈可恃才妄動哉？必大善而吉，乃可无咎。夫以盡善之道，而運震陽之才，是乃性分之益，無所待於外者，何咎之有？震在初，有「大作」之象，陽本大也。《象》曰「下不厚事也」，在下不當任厚事，利大作，所以必得大吉，斯无咎也。「厚事」即「大作」，損上卦之陽以益初，而大作亦其分內者。

〔註203〕李衡《周易義海撮要》卷四《益》。

先受其責，故《益》之初至於『元吉』，然後『无咎』，其所居者，非厚事之地也。夫事之重厚者，猶《詩・北門》『王事敦我』之云。謂不當任厚事，非矣。」〔註204〕

六二：或益之十朋之龜，弗克違，永貞吉。王用享於帝，吉。 《象》曰：「或益之」，自外來也。

述曰：二居益下之時，虛中能受，不獨受上益也，故曰「或益之」。〔註205〕《子夏傳》曰：「柔得其位，受上之益，得中之道，能精意以奉五，通於人而信於神也，故自來非常之祐。」〔註206〕十朋之龜不能違，〔註207〕與《損》之六五同矣。其位臣也，故以「永貞」，於五為吉。「夫陰之所利，在於永貞，而二能盡之。」〔註208〕王者用以享上帝，亦吉也。《家語》曰：『賢者，神明之主。』〔註209〕王者薦於上帝，使之主祭，帝必享而受之。」〔註210〕「永貞吉」，德日益也。「享帝吉」，受帝益也。

漢上朱氏曰：「『或益之』者，益之不一，天下之善皆歸之也。天地、鬼神、人道貴謙得益如此，故十朋之龜不能違受。益者當守而勿變，愈久而不厭，則

〔註204〕熊過《周易象旨決錄》卷三《益》。「下難有為，功則利歸於上，罪則先受其責」，《周易象旨決錄》作「下難有為，功歸於上，罪先受其責」。
按：《讀易述》所引「功則利歸於上，罪則先受其責」出蘇軾《東坡易傳》。此外，《周易象旨決錄》亦引用了《東坡易傳》卷四《益》。其文曰：
《益》之下，《損》之上也，故知《損》則知《益》矣。逆而觀之，《益》之初九，則《損》之上九也。自初已上，無不然者。惟其上下、內外不同，故其跡不能無少異。若所以盡初之情，處事之宜，則損益一也。《損》之上九，《益》之初九，皆正受益者也。彼之所以自損而專以益我者，豈以利我哉？將以厚責我也，我必有以塞之。故上九「利有攸往」，而初九「利用為大作」。上之有為也，其勢易，有功則其利倍，有罪則其責薄，故《損》之上九僅能「无咎」而已，正且吉矣。下之有為也，其勢難，有功則利歸於上，有罪則先受其責，故《益》之初九至於「元吉」，然後「无咎」。何則？其所居者，非厚事之地也。
〔註205〕熊過《周易象旨決錄》卷三《益》：
「或」指初，以非正應，稱「或」。二虛中能受，居益下之時，不獨受上益也。
〔註206〕《子夏易傳》卷四《益》。
〔註207〕《子夏易傳》卷五《益》：「雖訪諸十朋之龜，不能違也。」
〔註208〕《子夏易傳》卷四《益》。
〔註209〕王肅《孔子家語》卷三《辯政第十四》：「夫賢者，百福之宗也，神明之主也。」
〔註210〕張獻翼《讀易紀聞》卷三《益》：
王者用以薦於上帝，使之主祭，帝必享而受之吉也。……《家語》曰：「賢者，神明之主。」亦謂用以享神，神咸享之也。

來益者無窮矣。」〔註211〕

《象旨》：「王輔嗣曰：『帝者，生物之主，興益之宗，出震而齊巽者也。六二居震之中而應於巽，故享。帝之美，在此時也。』二，地上也。祭天者掃地而行禮，因吉土以享也。」〔註212〕王逢曰：「為臣若是，王者用之，可享上帝」〔註213〕，是已。

六三：益之用凶事，无咎。有孚中行，告公用圭。 《象》曰：「益用凶事」，固有之也。

述曰：當益下之時，以陰居陽，不能謙退，在上而益之嘉寵，斯謂美疢損矣。三本多凶，益之用凶事者，處震之極，震動警省，乃所以益之也，如此然後可以无咎。彭山曰：「『有孚』者，誠合於六二中正之德也。」〔註214〕「中行」謂上盈宜損，下虛宜益。以中道行者，三本不中，由受凶事之益而「有孚中行」，乃可「告公用圭」。「公」謂六四。三「居下之上，宜承上者也，安得自任而擅為益？」〔註215〕告公以取中，用圭以示信，明益民安國之事，可執以見天子而告成功，象符瑞之信也。六二得中，與五為中正之慶，而三與合德見同，此益民之本。六四巽主在卦，操益下之權，而三為通信見同，此益民之志也。「不曰告王而曰告公，公事公言之，又益下以大公為德也。」〔註216〕

益之上，來益三也。三以陰居陽，上以陽居陰，皆不中失正，而三居受益之地，上當益人之任，「故有益之用，『凶事』之象」〔註217〕。虞翻所謂「三上失位當變」〔註218〕，是矣。又三居震極，有震動恖恖不寧之意。上巽，躁卦。極則反常，益用凶事。凶害，非常之事也。易道百物具備，卦「損上益下」，最吉有益。「用凶事」者，益之無方也。《繫辭》：「益長裕而不設。」

益道無方，顧其位何如耳。二居中正之位，以履順為益。三居多凶之位，

〔註211〕朱震《漢上易傳》卷四《益》。
〔註212〕熊過《周易象旨決錄》卷三《益》。
〔註213〕李衡《周易義海撮要》卷四《益》。
〔註214〕季本《易學四同》卷二《益》。
〔註215〕伊川之說，見李衡《周易義海撮要》卷四《益》。原出程《傳》：「三居下之上，在下當承稟於上，安得自任，擅為益乎？」
〔註216〕張振淵《周易說統》卷六《益》：
　　　張陽和曰：「天心仁愛人君，則時出災異以儆之。大君仁愛人臣，則或用凶事以益之。禮之用圭也，卒事則反之，故圭非所以為賄，所以致信也。不曰告王而曰告公，公事公言之，益下以大公為德耳。」
〔註217〕葉良佩《周易義叢》卷八《益》。
〔註218〕李鼎祚《周易集解》卷八《益》。

以應變為益；故《象》曰「益『用凶事』，固有之也」。

《象旨》：「三多凶，稱『凶事』。《說文》：『凶，象地穿交陷其中。』三互坤而震極，未有不陷，所以為凶事之象也。『无咎』者，干寶以為『處震之動，懷巽之權』者，蓋言其時位矣。『有孚』謂二，以非正應，故曰『孚』。『中』如『中行獨復』之『中』。震，大塗，有行象。二、五之中，自貞悔言；三、四之中，自一卦言，非其中爻不備也。六三之用凶事，无咎矣。然四者，益下之權在焉，而又近五，為公象。虞氏謂三伏陽為公，五可為王，則三為公；楊敬仲曰上九；皆非也。震善鳴，有『告』象。」〔註219〕

六四：中行告公從，利用為依遷國。　《象》曰：「告公從」，以益志也。

述曰：《象旨》：「『中行』謂三。益下之權在四，故三告而四從之。四，成巽之主，有順從象。」〔註220〕彭山曰：「以中道而論，陰當益也，陽當損也。二、五皆以中正之德相應。」〔註221〕三孚二而以中行告，四承五而以中行從，上下同志，何往不利？「利用為依遷國」，遷陽於下，遂成益民之事矣。遷國必有所依，陽自四遷初，則當以依於二為當。二，臣之正位，王用享帝者依之以遷夫，是故定國而奠民，所以利也。陽在四，不中不正，當損而為益，則得為中行，與二、五中正有慶合意矣。

孔《疏》：「六四居益之時，處巽之始，體柔當位，在上應下，卑不窮下，高不處亢，位雖不中，用中行者也，故曰『中行』也。以此中行之德，有事以告於公，公必從之，故曰『告公從』也。用此道以依人而遷國者，人無不納，故曰『利用為依遷國』也。遷國，國之大事，明以中行，雖有大事，而無不利。」

薄氏曰：「三、四『告公』，不告王者，事有繁細，義有緩急。至於上施不廣，故聖人許下之行，不拘以義也。」〔註222〕

張氏曰：「遷，重大也，遷國猶可。凡當損上以益下、合於中行者皆是也。」〔註223〕姚氏曰：「凡遷國必有依也。周之遷也依晉、鄭，邢、衛之遷也依齊，得其所依也。許之遷也依楚，蔡之遷也依吳，失其所依也。」〔註224〕故「古

〔註219〕熊過《周易象旨決錄》卷三《益》。
〔註220〕熊過《周易象旨決錄》卷三《益》。
〔註221〕季本《易學四同》卷二《益》。
〔註222〕李衡《周易義海撮要》卷四《益》。
〔註223〕不詳。
〔註224〕項安世《周易玩辭》卷八《為依》。

者遷國以益下，必有所依，然後能立」〔註225〕。《象》止釋「告公從」，謂「告公而獲從者，告之以益天下之志也。志苟在於益天下，上必信而從之」〔註226〕。遷國出於不得已，故不釋焉。

九五：有孚惠心，勿問，元吉。有孚惠我德。　《象》曰：「有孚惠心」，「勿問」之矣。「惠我德」，大得志也。

　　述曰：人君施惠於民，不必求諸物，不必損於己，惟求諸心，而惠自下於下矣。九五操利益天下之權，而陽剛中實，故曰「有孚惠心」。夫中心無為，以守至正，乃膏澤下民之本原，此之謂至誠，此之謂天德，其為惠也，豈顧問哉？如天施焉，不問其施；如地生焉，不問其生。王人者導利，而布之上下，則此其大善而吉者矣。以中感中，以正感正，遂得六二之「有孚惠我德」，惠我中正之德也，則五之能益二也。《傳》稱「中正有慶」以此。而三之孚、四之從，皆在惠德之中矣。《象》曰「『有孚惠心』，『勿問』之矣」，惠施於政而有跡可得，而問惠出於心而無方，又何問焉？「『惠我德』，大得志也」，吾之德孚於臣下，而益下之志不於是大遂也哉？

　　益道以孚為本。二中正，三孚，二、四從三，皆以益民之志上承於五，而五剛中正，「有孚惠心」，真誠所溢，交信無間，臣下用告而君上「勿問」之矣，孚之至也。此自上下之本，所以「元吉」也。

　　紫溪曰：「『益』字俱從實心做出來，故『中行』曰『有孚』，『惠心』亦曰『有孚』。不孚而中，只是一箇遷就之為〔註227〕，己則何補？不孚而惠，只是一箇功利之私，人則何濟？此脩身平天下所以起於誠意也。」〔註228〕

上九：莫益之，或擊之。立心勿恒，凶。　《象》曰：「莫益之」，偏辭也。「或擊之」，自外來也。

　　述曰：「五以中正，人皆歸之。極亢乘尊，過求莫附，雖有其應，豈附之哉？求多於人，人所忿也。益窮反損，故有『或擊之』者。」〔註229〕「『莫益之』，偏辭也」，言眾心所不與也。〔註230〕「『或擊之』，自外來也」，言非所料

〔註225〕朱熹《本義》。
〔註226〕程《傳》。
〔註227〕「為」，《生生篇》作「學」。
〔註228〕蘇濬《生生篇・益》。
〔註229〕《子夏傳》之說，見李衡《周易義海撮要》卷《益》。
〔註230〕董真卿《周易會通・周易經傳集程朱解附錄纂註卷八・益》：「董氏曰『利無獨專之理，謂可獨專而不必益人者，一偏之辭，眾心所不與。』」

而自至也。〔註231〕「震巽為恒，巽震則非恒矣，故有『勿恒』之象。」〔註232〕「《損‧彖》曰『損剛益柔有時』，損下之道，時暫而已。《益‧彖》曰『日進無疆』，『其益無方』，益下之道，則宜恒久，故上九『立心勿恒』有『凶』象。」〔註233〕

《象旨》：「上處巽之成，進退無常；當益之極，益終當變。不能益三，非四、五之志，故『擊之』者至。三、四、五互艮。艮，手，有擊象。四、五非上應，故稱『或』。位則不能安其身，時則不能易其心，應則不能定其交，其『立心勿恒』矣。」〔註234〕

蘇氏曰：「上者獨高之位，下之所疾也。而莫敢吾擊者，畏吾與也。莫益之則無與矣。孔子曰：『無交而求，則民莫與。』莫之與，則傷之者至矣，故『擊之』。」〔註235〕「立心勿恒，凶」，戒詞也。「眾莫不益下，恒義也。我獨『立心勿恒』，『凶』其宜矣。」〔註236〕

《紀聞》曰：「『或益之，自外來也』，人皆得以益之也。『或擊之，自外來也』，人皆得以擊之也。孔子讀《易》至《損》、《益》，喟然而歎，子夏避席而問。答曰：『夫自損者益，自益者缺，吾是以歎也。』」〔註237〕

紫溪曰：「益下之益，非自益也，始於有孚中行也，則忠信以得之之驗也；莫益之損，非自損也，始於立心勿恒也，則驕泰以失之之驗也。」〔註238〕此《益‧大象》「見善則遷，有過則改」，即誠意之學。豈有不務身心之益，而能為天下之益者哉？〔註239〕

仲虎曰：「上下經陰陽各三十畫，然後為《否》、《泰》，為《損》、《益》。《咸》，男女之交，變而《損》則不交。《恒》，男女之不交，變而《益》則交。《咸》者，夫婦之情，情之感也，極必《損》。《恒》者，夫婦之道，道之久也，

〔註231〕楊簡《楊氏易傳》卷十四《益》：「莫之與，則『或擊之』矣，自外來言，非所料而自至也。」
〔註232〕章潢《周易象義》卷三《益》。「象」，《周易象義》作「義」。
〔註233〕熊過《周易象旨決錄》卷三《益》。
〔註234〕熊過《周易象旨決錄》卷三《益》。
〔註235〕蘇軾《東坡易傳》卷四《益》。
〔註236〕蘇軾《東坡易傳》卷四《益》。
〔註237〕按：張獻翼《讀易紀聞》未見此語。孔子讀《易》之事見劉向《說苑》卷十《敬慎》。
〔註238〕蘇濬《生生篇‧益》。
〔註239〕蘇濬《生生篇‧益》：「自古未有身心之害，而不為天下之害；亦豈有身心之益，而不為天下之益者哉？」

極必《益》。然損三益上為損，初二上而為四五者不謂損；損四益初謂之益，上五下而為三二不謂益。《益》在下，卦之下，民爻也。下之上，容可損，下之下為民，決不可損也。故《損》之釋《彖》曰『損下益上』而不言損民。《益》之釋《彖》曰『損上益下，民說無疆』，則其為益民也可知矣。」〔註240〕

《象》曰：「益，損上益下。」按：《損》、《益》二卦，凡物以下為本，故損下則謂之損，益下則謂之益，而上之損益皆不與焉。草木之根，牆屋之基，人之氣血皆然。凡稱『損益盈虛』者，皆以下言也。『山下有澤，損』，山非不實也，上實而下虛，故其卦為損。『風雷，益』，風非不散也，外散而內盈，故其卦為益。皆主下卦言之也。山吸澤之氣，亦損下也。風動雷之威，亦益下也。觀《損》、《益》之卦，而聖人之行事見矣。」〔註241〕

按：《益》「諸爻无无益者，獨上九一爻无益之者，故曰『偏辭也』，言在益之時，獨不受益也。『或擊之』，《小象》恐人以為六三，故以『自外來』釋之，言上動則坎來也。『莫益之』一句乃指六三。初與四、二與五皆以正相交，故能為益；三與上以不正相交，故不能為益。謂上九為無交，而六三之益稱『固有』之明，亦不能益也」〔註242〕。

九五爻，梅氏《古易考原》曰：「二為五之正應，五當心位，言二孚而益之之心，不問可知其吉也。然二不但孚於九五而惠五之心，又孚於初九而惠初九之德。初為卦主，故稱『我』。二、五應遠，故曰『惠心』。初剛實，為二所食，又相比近，故曰『惠德』。六二亦言受九五之益，而又得初九之弗違，與此爻辭意正相同。此因言五之所應，而並言所應之所比；彼因言二之所應，而並言六二之所比。」〔註243〕

〔註240〕熊過《周易象旨決錄》卷三《益》。按：原出胡炳文《周易本義通釋》卷二《益》：

上下經陰陽各三十畫，然後為《泰》、《否》為《損》、《益》。《咸》，男女之交，變而《損》則不交；《恒》，男女之不交，變而《益》則交。《咸》者，夫婦之情，情之感也，極必損；《恒》者，夫婦之道，道之久也，極必益。然損九三益上六為損，初九上而為四為五，胡不謂之損？損九四益初六謂之益，上九下而為三為二，胡不謂之益？益在下，卦之下，民爻也。下之上，容可損。下之下為民，決不可損也。故《損》之釋《彖》曰「損下益上」而不言損民。《益》之釋《彖》曰「損上益下，民說無疆」，則其為益民也可知矣。

〔註241〕項安世《周易玩辭》卷八《損益》。

〔註242〕項安世《周易玩辭》卷八《上九》。

〔註243〕梅鷟《古易考原》卷三《卦主》。(《四庫全書存目叢書》經部第3冊第178頁)

夬☰乾下兌上

孔《疏》：「夬，決也。此陰消陽息之卦也。陽長至五，五陽共決一陰，故名為『夬』也。」

夬：揚于王庭，孚號有厲。告自邑，不利即戎，利有攸往。

《彖》曰：夬，決也，剛決柔也。健而說，決而和。「揚於王庭」，柔乘五剛也。「孚號有厲」，其危乃光也。「告自邑，不利即戎」，所尚乃窮也。「利有攸往」，剛長乃終也。

述曰：五陽正長，一陰獨在上，有「揚於王庭」之象。五陽剛實，有「孚」之象。兌為號令之象。兌口在上，為「告自邑」之象。剛長必消陰，有利往之象。〔註244〕

「夬之訓決，以決柔也。」〔註245〕內健則無情慾之牽，外說則無忿戾之跡，以此而決，則決而和矣。決小人之善道也〔註246〕。《象旨》：「五互體乾，為君，又居尊位，『王庭』之象。乘一陰，居五陽之上，又與五同體，故曰『柔』。乘五剛，兌說小人在君側，善固結彌縫而君不疑，『揚于王庭』，肆於君側也。」〔註247〕李舜臣曰：「『孚號有厲』，『有』之為言，不必然之辭也。五陽相信而不忘於號令，知其危而戒之，斯有萬全之勢，無一跌之虞矣。」〔註248〕程《傳》：「君子之治小人，以其不善也，必以己之善道勝革之，故聖人誅亂，必先修己。『邑』，私邑。告自邑，先自治也。以眾陽之盛決一陰，力固有餘，然不敢極其剛至於太過，如《蒙》上九之為寇也。『不

〔註244〕此一節出章潢《周易象義》卷三《夬》，曰：

　　一陰獨在上爻，有「揚于王庭」之象。五陽剛實，有「孚」之象。兌為號令之象。兌口在上，為「告自邑」之象。剛長乃終，有利往之象。

〔註245〕趙汝楳《周易輯聞》卷五《夬》。

〔註246〕薛瑄《讀書錄》卷四：「內健則有必去之志，外說則無悻悻之色，決小人之善道也。」

〔註247〕熊過《周易象旨決錄》卷三《夬》。

〔註248〕胡廣《周易大全》卷十五《夬》。

　　按：馮椅《厚齋易學》卷二十二《易輯傳第十八·夬》、董真卿《周易會通·周易經傳集程朱解附錄纂註卷八·夬》所引略有不同，曰：

　　上下無陰，則一陰者眾陽之所與也。上六雖處至窮之勢，然九五與之為比，九三與之為應，九四與之同體，其與之敵者，獨初九、九二耳。又遠於上六，雖欲決之，其勢有所不及，故曰「有厲」、「有戎」、「有凶」。「有」之為言，不必然之辭也。五陽相信而不忘於號令，知其危而戒之，斯有萬全之勢，而無一跌之虞矣。

利即戎』，『即』，從也。從戎，尚武也。」「即戎以除君側，未有不亂者。夬之所尚在決，不可施之君側，故窮。」〔註249〕應大猷曰：「陽剛雖盛，尚有一陰，是剛長尚未終，未可遽止，故曰『利有攸往』。往而決盡一陰，為純陽，剛長乃為終極。」〔註250〕

徐進齋曰：「夬以盛進之五剛決衰退之一柔，其勢若甚易。然而聖人不敢以易而忽之，故於《夬》之一卦丁寧深切。其道貴審而不貴廹，所以周防戒備者無所不至，俾小人自知惡大罪積，不可久居其上，而甘心於退屈。眾剛從而決之，則不勞餘力，一決而為乾矣。故虞朝之去四凶，周室之誅三監，藹藹賢才之盛，無復貞勝之憂，是得決之義也。後世眾賢在位，得時得君，其始未嘗不欲去小人，以除君側之惡。大抵不知夬夬之義，而勇於一決，機失事敗，禍亂相尋，卒貽眾君子之害，而家國從之者何可勝數，可不戒哉！」〔註251〕

質卿曰：「天地間只是陰陽二氣流行，其盛衰有漸，其消息有時，此正淑慝之分而君子小人之介也。故陰之進而盛也，其勢必剝乎陽；陽之進而盛也，其勢必決乎陰。聖人於《剝》，欲其觀象而止；於《夬》，欲其健決而和；意深遠矣。」

趙汝楳曰：「剛長始於一陽，至《臨》有八月之凶，《泰》有復隍之懼，《大壯》有羸角之憂。積至《夬》，良不易易，而一陰猶在，使不遂芟夷之，寧保不復出為惡？五剛猶唐五王，一柔猶一武三思在宮中也。不幸而薛季昶之言中惜哉！是以利於有終。」〔註252〕

彭山曰：「《夬》五陽長而一陰未盡，將決去之，故曰『夬』。『揚』，高舉在上也。五為王居而一陰在五陽之上，『揚于王庭』之象，言一陰尚顯揚於上而未盡也。先儒以揚為正名，其罪則為興戎之道矣。」〔註253〕「健而說」，卦德也。「決而和」，德之用也。決陰之道，主於自治之嚴，順陰已退之勢，而待其自消，所以其決為和。孚，誠也。號，呼也。「『孚號』，眾陽使之一德，而常有危厲之心。」〔註254〕然後萬全而無害，「其危乃光也」。告即號也。所謂

〔註249〕熊過《周易象旨決錄》卷三《夬》。
〔註250〕（明）凌迪知《萬姓統譜》卷五十七：「應大猷，字邦升，仙居人。正德辛巳進士，歷官刑部尚書，時年九十六。隆慶、萬曆兩詔存問。」或即其人。
〔註251〕胡廣《周易大全》卷十五《夬》。
〔註252〕趙汝楳《周易輯聞》卷五《夬》。
〔註253〕季本《易學四同》卷二《夬》。
〔註254〕季本《易學四同》卷四《彖象爻下傳》。

「孚號」，但「告自邑」，而「不利即戎」。〔註255〕若謂吾勢已盛，彼勢已衰，恃其剛而快於一逞，所尚乃窮。夬之所尚者決，一決而趨於窮，不利莫甚焉，如是而「利有攸往」。往則決盡一陰而為純乾，「剛長乃終也」。君子道長，至於終克已焉盡之矣。

《象》曰：澤上于天，夬。君子以施祿及下，居德則忌。

述曰：「澤上于天」，取潰決之義。「澤本下也，氣騰而上於天，勢必決而下，為雨露之澤」〔註256〕，未有積於天而不下者。天下以貢賦供一人，非澤之上於天乎？君子觀象「以施祿及下」，惠於臣工，徧於萌隸，如澤決而下，天道自然之施也。宜施而施，天無留澤之理。上重積而不散，居其有而屯其膏，忌矣。「決附之義，利施而不利居也。」〔註257〕

張希獻曰：「『雲上于天，需』，澤不及下。『澤上于天，夬』，則天之所以澤萬物者，決矣。居則積而不流，德斯匱矣，故忌。」〔註258〕《紀聞》曰：「乾，下施者也，故雨施德施皆於乾言之。《夬》以乾為下卦，故《大象》曰『施祿及下』。《姤》以乾為上卦，故《大象》曰『施命誥四方』。以坎遇乾，彼此皆陽，故坎水之氣上騰於天，則未能成雨，是謂《需》之待。兌，陰卦也，以兌遇乾，陰陽和合，故兌澤之氣上騰於天，則成雨而下降，是為《夬》之決也。」〔註259〕

〔註255〕季本《易學四同》卷二《夬》：
　　蓋九五陽剛中正，能以「孚號」「告自邑」，而「不利即戎」者也。
〔註256〕趙汝楳《周易輯聞》卷五《夬》。
〔註257〕熊過《周易象旨決錄》卷三《夬》：「決附之時，利施而不利居，故曰『居德則忌』，言不居其德也。」
〔註258〕張獻翼《讀易紀聞》卷三《夬》。
　　按：胡廣《周易大全》卷十五《夬》：
　　中溪張氏曰：「『雲上于天，需』，則澤不及下。『澤上于天，夬』，則天之所以澤萬物者決矣。君子觀澤決於上而注於下之象，則施布其祿，澤以及於下也。居者，止也。若自止其德而澤不下施，則非夬決之義矣，故忌。」
〔註259〕張獻翼《讀易紀聞》卷三《夬》。
　　按：此說敷衍俞琰《周易集說》卷十三《象辭三》之說，曰：
　　高莫高於天，卑莫卑於澤，澤安得上於天？而《夬》之《象辭》乃云「澤上于天」，何也？曰：「澤上于天」，謂澤之氣上騰於天也。《夬》與《需》下卦皆乾也，坎則乾上則為《需》之待，《兌》在乾上則為《夬》之決，又何也？曰：乾，陽卦也。坎亦陽卦也。以坎遇乾，彼此皆陽，故坎水之氣上騰於天，則油然作雲，未能成雨，是為《需》之待。兌，陰卦也。以兌遇乾，陰陽和洽，故兌澤之氣上騰於天，則成雨而下降，是為《夬》之決也。且夫《需》之為卦，下乾天，上坎水，中互兌澤離日，初、二、三、四亦有夬之象，而

初九：壯于前趾，往不勝，為咎。　《象》曰：「不勝」而往，「咎」也。

述曰：《象旨》：「吳幼清曰：『初為趾，四在下卦三陽之前，與初同位，前趾謂四也。丁氏易東曰：四陽為壯，五陽為決。《大壯》初曰壯趾，此因《大壯》初趾而加前以別之。非矣。初居卦下，而欲急進，超升《大壯》四陽之位，近九五以決上六，故『壯前趾』之象也。』」〔註260〕「不勝，為咎」，呂仲木曰：「位卑而無應，言之無與為倡，行之無與為隨。以其憤心而往，不惟決其前趾矣。』『為咎』者，其咎乃自為之也。」〔註261〕

《紀聞》曰：「《夬》五陽，由四陽之《壯》而成，故初與三猶存壯之名。《壯》之初而『壯于趾，征凶，有孚』，《夬》之初而『壯于前趾，往不勝』，宜矣。李仲永云：『一是當壯之初，而戒其用壯；一是當決之初，而戒其好勝。』〔註262〕」〔註263〕

孔《疏》：「初九居《夬》之初，須當審其籌策，然後乃往。而體健處下，徒欲果決壯健，前進其趾，以此而往，必不克勝，非夬之謀，所以『為咎』。」

其義不為決而為待者，天上猶有日，而為雨未成；《夬》之為卦，則乾天之上純是兌澤，其決也沛然下雨，故其義不為待而為決也。

〔註260〕熊過《周易象旨決錄》卷三《夬》。按：原出吳澄《易纂言》卷二《夬》：

丁氏易東曰：「四陽為壯，五陽為夬。《大壯》初九曰『壯于趾』，此曰『壯于前趾』，因《大壯》而言也。」澄案：初為趾，四在下卦三陽之前，而與初趾同位，前趾謂四之位也。初九居一卦之下，急於前進，以決上六之陰，故用其勇壯，欲超升《大壯》四陽之位，以近九五而決上六也，故曰「壯于前趾」。

另，丁易東《周易象義》卷六《夬》：

四陽為《大壯》，五陽為《夬》。《大壯》初九曰「壯於趾」，此曰「壯于前趾」，因大壯而言之也，猶言壯于前四陽之趾也。

〔註261〕熊過《周易象旨決錄》卷三《夬》。

按：（明）呂柟《周易說翼》卷二《夬》：

「不勝」而「咎」者何？曰：位卑而無正應，言之無與為倡也，行之無與為隨也。以其憤心而往，豈惟蹶其前趾，將終身俱僕矣，則何益哉？

〔註262〕馮椅《厚齋易學》卷二十二《易輯傳第十八·夬》：

李氏曰：「『壯于止，征凶』，當《壯》之初而戒其用壯也；『壯于前止，往不勝，為咎』，當《夬》之初而戒其好勝也。」

〔註263〕張獻翼《讀易紀聞》卷三《夬》。

按：《讀易紀聞》引用了胡炳文《周易本義通釋》卷二《夬》之說，而未加注明。《周易本義通釋》曰：

五陽之《夬》由四陽之《壯》而成，故初與三猶存壯之名，而初《象》又與《壯》同。《壯》之初而「壯于趾，征凶，有孚」，《夬》之初而「壯于前趾，往不勝」，宜矣。

王註《象》曰「『不勝』而往，『咎』也」，「不勝之理，在往前也。」

質卿曰：「初九當夬之時，見勢在君子而可乘，去小人而可決，卻只見其前，不見其後，不知新進後生養既未充，見又不定，何敢輕於舉動。且彼當權之人，取諸物也弘，植其根也固，何能為汝而動搖。故為『壯于前趾』，往必不勝矣。夫其不勝也，是初之咎也，不足惜也。不知舉動，輕於一擲，利害及於眾朋，未免徒張小人之威權而費君子之調劑，其為咎也大矣。」

九二：惕號，莫夜有戎，勿恤。　《象》曰：「有戎，勿恤」，得中道也。

述曰：九二處中，《象》所謂「孚號」、「告自邑」者，此爻得之。當眾陽決一陰之時，志不忘決，而善用其剛，內懷兢惕，外嚴戒號，自治之密也。小人陰類，陰謀不測，意外之變，卒然而起，為「莫夜有戎」之象，「勿恤」可也。「莫夜」、「戎」皆上六，陰象。能靜而不忘徹，有徹而不優恤，「得中道也」。汝吉曰：「中無定體時，其決即惕號。為中，故曰『得中道』。」質卿曰：「二之所得，正初之所失也。二進而上，居位也隆，在卦之中，秉權也正，又剛而得中，才足以行，而德足以運，目中可以無小人也。然猶不敢逞於一決，惟惕惟號，常恐為謀之不固，是以莫夜之戒始可勿恤。古君子之老成經國類如此，豈少年喜事之人所能知哉？」

九三：壯于頄，有凶。君子夬夬，獨行遇雨，若濡有慍，无咎。　《象》曰：「君子夬夬」，終「无咎」也。

述曰：九三以陽居陽，在乾體之上，而處不得中，過剛者也，故有「壯于頄」之象。與小人處，而剛壯見於顏面，有凶道矣。〔註264〕「壯頄」非夬道也。九三乾乾君子，剛斷在心，「棄夫情累，決之不疑」〔註265〕，能「夬夬」者，故雖「獨行遇雨，若濡有慍」，而終以此道決去小人，何咎之有？諸爻皆無應，而三獨應上，上成兌之主雨者，和於兌之象。「遇」言其適然，爻位所值也。「遇雨」疑於濡，故曰「若濡」。「若濡」則必有慍者矣，而終「无咎」，蓋「君子夬夬」斷於義，不動於氣。「獨行」則不必諧眾而違正應之情，「遇雨」則不必自暌而生不和之端。「若濡」不恤污跡，「有慍」不避違言，其用益密，其夙夜警惕有出於尋常孚號之外，而未嘗少露其幾，正與「壯頄」之象相反，

〔註264〕丁易東《周易象義》卷六《夬》：「九三以剛居剛，剛壯見於顏面者也。」
　　　　季本《易學四同》卷二《夬》：
　　　　　　九以陽居陽，在乾體之上，而處不得中，決之過剛者也，故有「壯于頄」之象。欲去小人，而剛壯見於顏面，則小人必疑，而禍將及於善類，所以凶也。
〔註265〕王《注》。

所謂「決而和」也。

王介甫曰:「頄在上而見於外,體之無能為者也。九三體乾之上,剛亢外見,『壯于頄』者也。陽未上行,未可以勝陰之時也。應在上六,未可以決之之位也。『夬夬』者,必乎夬之辭也。必乎夬與『壯于頄』何異?以其能待時而動,知時之未可而不失其和也。應乎上六而與之和,疑於污也,故曰『若濡』。君子之所為,眾人固不識。『若濡』則有慍之者也。和而不同,有夬夬之志焉,何咎之有?然君子與之和也偽歟?曰誠信而與之和,何偽焉?使彼能遷善以從己,與之和同而無夬矣。」〔註266〕

《紀聞》曰:「《復》六四曰『獨復』,陰處陰中,『獨復』以應陽,捨小人,從君子。《夬》九三陽處陽中,『獨行』以應陰,捨君子,從小人。故皆言獨。獨者,違眾自立之辭。〔註267〕『壯于頄』則『有凶』,而和以決之,乃『无咎』也。」〔註268〕

「夬夬」,深勉九三之辭。言當夬而又夬,不可繫累於陰也。質卿曰:「九三當夬之時,內之不足,遂『壯于頄』,則事未形而幾先露,必有凶矣。若君子之夬其夬者,自有獨行之法,觀之於時,審之於心,籌之於夙夜,而斷之於幾微,其心思所運有已知之人不得而知之。獨行如此,雖『遇雨』可也,『若濡』可也,『有慍』可也,而終則无咎。」汝吉曰:「夫不信於心而苟同於人者,惑也。不白其心而求白其跡者,淺也。皆不得言『夬夬』也。微不以形跡自絕,不以形跡自明者,宜不能及此矣。」

九四:臀无膚,其行次且。牽羊悔亡,聞言不信。 《象》曰:「其行次且」,位不當也。「聞言不信」,聰不明也。

述曰:九四,兌下之爻,與陰同體,外剛而中柔,非能決者,其象如此。「臀无膚」,孔《疏》所謂「四據下三陽,位又不正,下剛而進,必見侵傷」,是也。臀之無膚,行不前進,故曰「其行次且」,非以居則不安,行則不進對言。決柔以剛為主,四居柔,失其果決,而乘九三之剛,又居兌下,毀折傷而

〔註266〕李衡《周易義海撮要》卷五《夬》。
〔註267〕按:以上乃引建安邱氏之說而不言,見胡廣《周易大全》卷十五《夬》,曰:「《復》六四處五陰之中,與初九應,故爻言『獨復』。《夬》九三處五陽之中,與上六應,故爻言『獨行』。『獨』者,違眾而自立之辭也。陰處陰中,『獨復』以應陽。陽,善也,則為捨小人,從君子。陽處陽中,『獨行』以應陰。陰,惡也,則為捨君子,從小人。聖人於此爻故以『獨』言之。」
〔註268〕張獻翼《讀易紀聞》卷三《夬》。

不良於行也。「牽羊悔亡」,《說卦》:「兌為羊」,〔註269〕上六之陰,如羊之在前也。凡牽羊者,縱之使前,則行若自前,而力挽之則反不進,象兌陰不可力去,惟順其已退之勢。四與三陽從下而進,則決陰之功可成,而悔可亡矣。「兌為口舌,故曰『聞言』,即『告自邑』之言也。」〔註270〕同體兌說,故以「聞言不信」戒之。

質卿曰:「當決陰之時,在三陽之上,時可以乘而剛斷不足,蓋大臣依違怯懦而不能決去小人者。夫三陽已進,勢不能止矣;一陰在前,有必消之漸矣。於此效牽羊者,從容和緩,遜其先而隨以進,則悔可亡。只是他聞言而決,不能信也。時之能競人也如此,氣之難自克也如此。天下之事,何嘗不壞於此等輩之人。時之難乘而易失,功之難成而易敗,機括在此。」

九五:莧陸夬夬,中行无咎。 《象》曰:「中行无咎」,中未光也。

述曰:「莧陸,草之柔脆者也,決之至易。」〔註271〕九五以剛尊之主,而決一陰如莧陸然,特懼心有所繫而不能決,故策之曰「夬夬」。蓋九五原為上六所深入,《彖》所謂「揚于王庭」者,所以要夬而又夬,始為「中行」而得「无咎」。《象》又破九五尚未有慊之心,以其平素相入之深,今雖以義不可而決之,其心未能無繫,谷永所謂「公志未專,私好頗存」者也,是得為中正之盡乎?得為陽德之光乎?故曰「中未光也」。〔註272〕

《象旨》:「『莧』,虞翻本作『莧爾』之『莧』,陸、蜀才同;虞翻作『睦』,謂和睦也。明以識焉,蓋兌說有莧睦之象。」〔註273〕按:「莧睦」過於和,「壯頄」過於剛,「決而和」,此臣之事而非君之德。君德貴剛,宜以大義斷。《象》取莧睦,則兌說之體也。近習易昵,甘言易暱,雖剛中之主,猶若有所繫者,

〔註269〕熊過《周易象旨決錄》卷三《夬》:
　　　　四本外剛中柔,志非能決,乘九三之剛,其下不柔,又居兌下,毀折傷而不良於行也。「牽羊悔亡」,《說卦》:「兌為羊。」
〔註270〕熊過《周易象旨決錄》卷三《夬》。
〔註271〕王《注》。
〔註272〕部分借用了張獻翼《讀易紀聞》卷三《夬》,曰:
　　　　九五原為上六所深入,聖人正恐其繫而不決,故策之曰「夬夬」。「夬夬」只是去其人,而九五本身所行向被牽誘,流於私邪,仍要自身所行,悉由中正之道,不復牽繫於私乃可,故又曰「中行」,《象》是破九五尚有未慊之心,非追議向日相比之心也。夫向日雖有所比,今能根心決去,則自不失為光大矣。特以其平素相入之深,今雖能決去之,而行由乎中,顧其心猶未釋然,谷永所謂「公志未專,私好頗存」者也,故謂其有「未光」。
〔註273〕熊過《周易象旨決錄》卷三《夬》。

故必夬而又夬，自勝其私，始為合乎「中行」而得「无咎」。勉之「夬夬」，其行得中，但可補過而已，未盡中正之道也，故曰「中未光也」。

《易》中於陽德贊其光明、光大，此云「未光」，朱子所謂「這是說那微茫間有箇意思斷不得」〔註274〕，蓋陽剛中正之體，如日月之光，不著纖毫。若一有繫即私，一有向即欲，豈夬夬自克、中行獨復之謂哉？上與三應而專，五與上比而昵，故皆以「夬夬」言之。

上六：无號，終有凶。　《象》曰：「无號」之「凶」，終不可長也。

述曰：彭山曰：「『無號』謂不以孚號自治也。如此則陰道終難盡去，而小人之禍胚猶在，故『終有凶』。當夬之終，一陰將盡，恐君子不知危懼而有所忽也，故以此戒之。」〔註275〕湛原明曰：「何以為『終不可長也』？當夬之終，不可使一陰之復長也。陽盛而陰將盡，豈能有復長之理？聖人於《夬》終為之戒，慎終保治之道也。」

蔡汝枬曰：「《夬》決去小人，初恃剛長，二須戒備，三戒壯頄，所以責小臣。四之不剛，非能決小人者，然公議不可不從也，故示隨人，所以責大臣。五於陰，為近君所狎暱，不無繫愛，然大義不可不斷。示之『夬夬，中行』，所以責君。凡小人在朝，繫戀於君，依違於柄臣，而小臣動戾機宜未有能去者，故備著之。」〔註276〕

邵寶曰：「五君子而去一小人，何其難也。五君子者，初有志，二有謀，三有術，四有恥，五有德。有志者病於躁，有謀者病於疑，有術者病於勞，有恥者病於怯，有德者病於繫，其位使之然也。去其所病，而剛道成矣。」〔註277〕

姤䷫巽下乾上

張清子曰：「一陰方決於上，而一陰已生於下，陽不擬陰之來而與之邂逅，故名曰『姤』。」〔註278〕

蘇氏曰：「姤者，乾之末，坤之始，故《彖傳》言『天地相遇』。」〔註279〕

〔註274〕黎靖德《朱子語類》卷七十二。
〔註275〕季本《易學四同》卷二《夬》。
〔註276〕蔡汝枬《說經箚記》卷一《易經箚記・夬卦》。（《四庫全書存目叢書》經部第149冊，第31頁）
〔註277〕邵寶《簡端錄》卷二《易》。
〔註278〕胡廣《周易大全》卷十六《姤》。
〔註279〕蘇軾《東坡易傳》卷五《姤》。

王世貞曰：「剝，亂成也。姤，亂萌也。聖人不憂剝而憂姤。」〔註280〕

姤：女壯，勿用取女。

《彖》曰：姤，遇也，柔遇剛也。「勿用取女」，不可與長也。天地相遇，品物咸章也。剛遇中正，天下大行也。姤之時義大矣哉！

述曰：虞翻曰：「消卦也，與《復》旁通。巽，長女。『女壯』，傷也。陰傷陽，柔消剛，故『女壯』也。」〔註281〕《象旨》：「『女壯』謂巽為長女，初比二，故四勿取。朱先生《註》曰：『一陰而遇五陽，則女德不貞』，其說本鄭玄『一女當五男』之意，而實不然。卦義本謂所遇而合無所應，安在其為當五陽哉？一陰方生而以為壯，程子所謂『漸壯而敵陽者』也。」〔註282〕劉濂曰：「《姤》纔一陰而遽曰『女壯』，積而至於坤，皆初六之為也。『女壯』則男弱。」〔註283〕「取以自配，必害乎陽。」〔註284〕

彭山曰：「姤以柔遇剛，而為剛遇，幸陰之得所制也。先儒以邂逅不期為說，則似非姤義之所切耳。『長』，『消長』之『長』。陰長則陽消矣，故陽之於陰，當有以制之，不可使長也。『天地相遇』，亦以柔遇剛言。」〔註285〕孔《疏》：「天地若各亢所處，不相交遇，則萬品庶物，無由彰顯。」李舜臣曰：「《姤》巽下乾上，有以《坤》之初變《乾》初九之義，是為『天地相遇』之象。以畫觀之，則一陰之生，建午之月也。萬物『相見乎離』，而蕃育於大夏，非『品物咸章』而何？」〔註286〕「剛遇中正」，瞿玄曰：「剛謂九五，遇中處正，教化大行於天下也。」〔註287〕《姤》本以柔遇剛成卦，而謂「剛遇中正，天下

〔註280〕王世貞《弇州四部稿》卷一百三十九《說部·箚記內篇一百三十六條》。
〔註281〕李鼎祚《周易集解》卷九《姤》。
〔註282〕熊過《周易象旨決錄》卷三《姤》。
〔註283〕劉濂《易象解》卷三《姤》，《四庫全書存目叢書》經部第4冊，第274頁。
　　　　按：此非劉濂創論。胡廣《周易大全》卷十六《姤》：
　　　　　中溪張氏曰：「《姤》一陰方生，始與陽遇，而遽曰『女壯』，何也？蓋陰
　　　陽往來，機不容息，未有剝而不復者，亦未有夬而不姤者。夫一陰方決於上，
　　　而一陰已生於下，陽不擬陰之來，而與之邂逅，故名曰『姤』。自《姤》以往，
　　　為《遯》，為《否》，為《觀》，為《剝》，為《坤》，皆初六之為也，非女壯而
　　　何？女壯則男弱，故以勿用取女戒之也。」
〔註284〕朱熹《本義》。
〔註285〕季本《易學四同》卷四《彖象爻下傳》。
〔註286〕董真卿《周易會通·周易經傳集程朱解附錄纂註卷九·姤》、胡廣《周易大全》
　　　　卷十六《姤》。其中，「建午之月也」，《周易會通》、《周易大全》均作「是為
　　　　五月。五月在辰為午，南離之光所照耀者也」。
〔註287〕李鼎祚《周易集解》卷九《姤》。

大行」，《易》之貴陽也如此。吳幼清曰：「《彖辭》雖慮小者之始生而勢漸盛，《彖傳》又喜大者之居尊而道得行。」〔註288〕李元量曰：「《夬》之一陰不為主者，陰往而窮也，故曰『剛決柔』。《姤》之五陽不為主者，陰來而伸也，故曰『柔遇剛』。月建一陰曰蕤賓，則陰為主，而陽已為之賓矣，是《姤》主陰遇陽而為言也。」〔註289〕

「天地相遇，品物咸章」者，《九家易》曰：「陽起子，運行至四月，六爻成乾，巽位在巳，故言『乾成於巽』。既成，轉舍於離，坤出於離，與乾相遇。」〔註290〕南方夏位，萬物明章也，蓋本「相見乎離」之意。蘇氏曰：「『剛』者，二。『中正』者，五。陰之長，自九二之亡而後為遯，始無臣也；自九五之亡而後為剝，始無君也。姤之世，上有君，下有臣，君子之欲有為，無不可也。」〔註291〕程先生二、五皆中與正〔註292〕，俞氏謂剛為四〔註293〕，皆非象旨。

《象》曰：天下有風，姤。后以施命誥四方。

述曰：趙汝楳曰：「乾為天，巽為風，上乾下巽，是為『天下有風』。此與『風行地上』義頗不同。姤為太虛之風，自上而下；觀為地上之風，旁行而徧歷。太虛之風，吹號萬籟，后之誥命象之。後王尊居，難與民接，雖清問諮訪，何能家至而戶曉？唯敷言下逮，而後君民之情始遇。」〔註294〕《象旨》：「乾為施，巽為申命。『誥四方』者，所謂夏至之日，施令命誥四方，所以助微陰也。」〔註295〕張希獻曰：「風者，天之號令，所以鼓舞萬物。命者，君之號令，所以鼓舞萬民。」〔註296〕

〔註288〕吳澄《易纂言》卷四《彖下傳》。
〔註289〕董真卿《周易會通·周易經傳集程朱解附錄纂註卷九·姤》、胡廣《周易大全》卷十六《姤》。
　　　　另外，此處吳澄、李元量之說，並見張獻翼《讀易紀聞》卷三《姤》。其中，李元量之說僅引無「月建一陰曰蕤賓，則陰為主，而陽已為之賓矣」。
〔註290〕李鼎祚《周易集解》卷九《姤》。
〔註291〕蘇軾《東坡易傳》卷五《姤》。
〔註292〕程《傳》：「五與二皆以陽剛居中與正，以中正相遇也。」
〔註293〕俞琰《周易集說》卷十八《象傳五》：「剛蓋指九四。」
〔註294〕趙汝楳《周易輯聞》卷五《姤》。
〔註295〕熊過《周易象旨決錄》卷三《姤》。
〔註296〕胡廣《周易大全》卷十六《姤》、張獻翼《讀易紀聞》卷三《姤》。
　　　　另，林栗《周易經傳集解》卷二十九《姤》：「風者，天之所以鼓舞萬物者也；命者，君之所以鼓舞萬民者也。」

初六：繫于金柅，貞吉。有攸往，見凶。羸豕孚蹢躅。 　《象》曰：「繫于金
柅」，柔道牽也。

　　述曰：巽為繩，有「繫」之象。「金柅」指九二。《九家易》曰：「絲繫於
柅，猶女繫於男，故以喻初宜繫二也。」〔註297〕彭山曰：「陰以從陽為正，故
曰『貞吉』〔註298〕，謂「專心順二」〔註299〕也。『有攸往，見凶』，初為二
所據，應四則見凶。」〔註300〕章氏曰：「『往，見凶』者，往在陰，則凶在陽
也。陰性甚躁，壯必傷陽，如豕雖羸，已信其壯之蹢躅，陰之不可與長有如此。」
〔註301〕二泉曰：「『金柅』、『羸豕』，象也。『貞吉』、『往凶』，占也。觀象者可
以得一陰躁進之狀，玩占者可以得五陽制靜之幾矣。」〔註302〕

　　《象旨》：「『豕』，豚類，巽象陰躁。『蹢躅』，巽為股、為進退，股而進退
則蹢躅也。初應於四，為二所據，不得從應，故有為所孚者。『蹢躅』之象即
所謂『有攸往，見凶』也。初六在下尚微，不必以剛制二。先生以柅為止車物
〔註303〕，非『柔道牽』矣。」〔註304〕

　　王《註》：「『金』者，堅剛之物。『柅』者，制動之主。初六處遇之始，以
一柔而承五剛，體夫躁質，得遇而通，散而無主，自縱者也。柔之為物，不可
以不牽。臣妾之道，不可以不貞。故必『繫于金柅〔註305〕』，乃得『貞吉』也。
若不牽於一而『有攸往』，行則唯凶是見矣。『羸豕』，牝豕也。猳強而牝弱，
故謂之『羸豕』。夫陰質而躁恣者，羸豕特甚焉，言以不貞之陰，失其所牽，
其為淫醜，若羸豕之孚務蹢躅也。」

〔註297〕李鼎祚《周易集解》卷九《姤》。
〔註298〕季本《易學四同》卷二《姤》。
〔註299〕李鼎祚《周易集解》卷九《姤》：「《九家易》曰：『若能專心順二，則吉，故
　　　　曰貞吉。』」
〔註300〕熊過《周易象旨決錄》卷三《姤》。
〔註301〕章潢《周易象義》卷三《姤》：「『見凶』者，往在陰，則凶在陽也。初雖未凶，
　　　　已見其凶。雖未蹢躅，已信其蹢躅，不可與長有如此。」
〔註302〕邵寶《簡端錄》卷二《易》。
〔註303〕按：「先生」前，《周易象旨決錄》有「朱」字。朱子《本義》：「『柅』，所以
　　　　止車，以金為之，其剛可知。」
〔註304〕熊過《周易象旨決錄》卷三《姤》。
　　　　按：李鼎祚《周易集解》卷九《姤》：
　　　　　　宋衷曰：「『羸』，大索，所以繫豕者也。巽為股，又為進退，股而進退則
　　　　蹢躅也。初應於四，為二所據，不得從應，故不安矣。體巽為風，動搖之貌
　　　　也。」故知《周易象旨決錄》引用了宋衷之說，而未注明。
〔註305〕「金柅」，王《注》作「正應」。

蔡汝楠曰：「《姤》得《坤》之初爻，《復》得《乾》之初爻，故謹《復》之道，當如初九之『潛』，以待其盛；察《姤》之幾，當如初六之『履霜』，以謹其始。」〔註306〕

九二：包有魚，无咎，不利賓。 《象》曰：「包有魚」，義不及賓也。

述曰：《象旨》：「魚，陰象。巽為魚，故初六得稱魚。姤者，主求民之時，近而先者則得之，不論其應否。嫌若有咎，故曰『无咎』。朱先生謂『不制而使遇眾，害由是廣』〔註307〕，此可謂治姤之道，而非二相姤之情矣。『不利賓』，《姤》以初為成卦之主，四，對初之賓也。賓主相對為正，二以近比而姤初，則初不復應四矣。」〔註308〕此豈四之利哉？

初六以陰居下，當遇之始，適遇九二之剛中，陽大陰小，以陽包陰，故為「包有魚」之象。雖非正應，惟在遇時，以遇為主，遇則親焉，故「无咎」。在常時則為不正，難免於咎。「二近四遠，一陰不能兼二陽」〔註309〕，近者利，則遠者不利，此義理之自然，勢之必至也，故曰「義不及賓也」。

漢上朱氏曰：「一民不可有二君。古者有分土，無分民，得道則歸往，失道則掉臂而去。初無遠近內外之間，顧遇民之道如何耳。」〔註310〕敬仲曰：「得民心而有之，民為文王武王所有，則紂不得而有之矣。得小國而有之，鄭在晉則不在楚，在楚則不在晉矣。得賢才而有之，齊有管夷吾，則他國不得而有之；士會入晉，則秦不得而復有之矣。」〔註311〕

九三：臀无膚，其行次且，厲，无大咎。 《象》曰：「其行次且」，行未牽也。

述曰：程《傳》：「二與初既相遇，三說初而密比於二，非所安也，又為二所忌惡，其居不安，若臀之无膚也。既處不安，則當去之，而居姤之時，志求乎遇，一陰在下，是所欲也，故處雖不安，而其行則又次且也。『次且』，難進之狀，謂不能遽舍也。然三剛正而處巽，有不終迷之義。若知其不正，而懷危懼，不敢妄動，則可以无大咎也。非義求遇，固已有咎矣；知危而止，則不至

〔註306〕蔡汝楠《說經箚記》卷一《易經箚記》未見此語，俟考。
〔註307〕朱熹《周易本義》：「若不制而使遇於眾，則其為害廣矣。」
〔註308〕熊過《周易象旨決錄》卷三《姤》。
〔註309〕胡廣《周易大全》卷十六《姤》：
　　　　中溪張氏曰：「當遇之時，二近四遠，一陰不能兼二陽，揆之於義，則『不及賓也』。」
〔註310〕朱震《漢上易傳》卷五《姤》。
〔註311〕楊簡《楊氏易傳》卷十四《姤》。

於大咎。」

徐進齋曰：「《夬》一陰在上，故下之五陽皆趨而上；《姤》一陰在下，故上之五陽皆反而下。其陰陽相求之情則然也。夫九三之志，亦在乎初。初比二應四，與三無繫，三乃介乎其間，求與之遇，而承乘皆剛，進退不能，故曰『臀无膚，其行次且』。」〔註312〕

「《夬》四《姤》三各以同體『次且』，然四位柔而又處上柔之下，故牽而不決；三位剛而又處初柔之上，故不遇而未牽也。」〔註313〕《象旨》：「九三過剛不中而無所遇之象，『行未牽』，與『柔道牽』相反，以其未牽於初而不行也。」〔註314〕

九四：包無魚，起凶。　《象》曰：「無魚」之「凶」，遠民也。

述曰：九四本與初應，當相遇者也。今既相遇乎二矣，則初非四有，故為「包無魚」之象。〔註315〕德不中正，位又相遠，失德而遠民，凶於是乎起矣。〔註316〕「《象》曰『遠民也』，陽為君，陰為民，陽既遠乎陰，雖欲包之而不可得；君自遠乎民，民其有不離心者乎？」〔註317〕《易》象或以陰為小人，以為小人，遠之可也；或以為民，以為民，民不可遠也。〔註318〕

二剛得中，以比近而得初之從；四剛不中正，以位遠而失初之應。「民可近，不可遠，其義於是著。」〔註319〕「遇之道，君臣、民主、夫婦、朋友皆在焉。四以下睽，故主民而言。為上而下離，必有凶變。『起』者，將生之謂。民心既離，難將作矣。」〔註320〕

〔註312〕胡廣《周易大全》卷十六《姤》。按：先見熊良輔《周易本義集成》卷二《姤》，「故曰『臀無膚，其行次且』」作「故其象如此」。

〔註313〕章潢《周易象義》卷三《姤》。

〔註314〕熊過《周易象旨決錄》卷三《姤》。

〔註315〕程《傳》：「四與初為正應，當相遇者也，而初已遇於二矣，失其所遇，猶包之無魚，亡其所有也。」
章潢《周易象義》卷三《姤》：「九四本與初正應，但遇非正道，而初陰已為二所包矣，故為『包無魚』之象。」

〔註316〕章潢《周易象義》卷三《姤》：「德不中正，位又相遠，是以民不我歸，而凶於是乎起矣。」

〔註317〕章潢《周易象義》卷三《姤》。

〔註318〕胡炳文《周易本義通釋》卷四《象下傳》。又見張獻翼《讀易紀聞》卷三《姤》，不言係引用。

〔註319〕楊簡《楊氏易傳》卷十四《姤》。

〔註320〕程《傳》。

張氏曰：「《剝》五陰，曰『貫魚』；《姤》一陰，但曰『魚』。『包』如『包苴』之『包』，容之於內而制之，使不得遇之於外也。《姤》之有魚，將為《剝》之『貫魚』矣。李去非曰：『貫魚、包有魚皆陽能制陰，故《剝》無不利，此亦无咎。』」〔註321〕「初六取象不一，於本爻則曰豕，於二、四則曰魚，於九五則曰瓜，皆取陰物而在下之義，明其勢之將躪躅。義之不及賓，終必至於大潰也。」〔註322〕以杞包之，則不使及賓，而不至躪躅矣。「不利賓」，恐其失之疎。「含章」，恐其失之激也。

九五：以杞包瓜，含章，有隕自天。　《象》曰九五「含章」，中正也。「有隕自天」，志不捨命也。

述曰：九五陽剛居尊，為治姤之主。初陰最小，五陽最高，本不相及。而以大包小，有「以杞包瓜」之象。五月瓜始生，故以「瓜」象初。「二與初遇，故『包有魚』。五與初無相遇之跡，猶以高大之杞包在地之瓜，瓜雖始生而必潰。」〔註323〕九五剛健中正，斂其陽光，自嚴自防，靜以制之，為「含章」之象。一陰午中，起於重淵，象「有隕自天」，然豈可以意及哉？豈可以意防哉？蓋陽極必生陰，陰長必消陽，命也。「九五『含章』」，盡中正之道，雖陰陽迭勝之命，必不可常然。中正之道盡已，無毫髮之媿，而後可以言命〔註324〕，故曰「『有隕自天』，志不捨命也」。

汝吉曰：「以杞包瓜，此漢祖封吳濞、唐宗防女主時也，而釁孽實自致之。唐虞之包朱均，周公之包管、蔡，微乎微乎，勒天於時，幾基命於宥密，所謂『含章，中正』、『志不捨命』如斯矣。」

上九：姤其角，吝，无咎。　《象》曰：「姤其角」，上窮吝也。

述曰：汝吉曰：「姤思下遇而剛在上，象『角』。然剛極而亢，與初相遠，何遇之得當哉？當遇之世，處於上窮而遇其角，所以『吝，无咎』者，陰方長遇而失正，不免陰邪之害咎矣。上無所遇，而亦不近陰邪，可免於咎也。」

孔《疏》：「『角』者，最處體上，上九進之極，無所復遇，遇角而已，故曰『姤其角』。角非所安，與無遇等，故獨恨而鄙吝也。然不與物爭，其道不害，故無凶咎也。」

〔註321〕張獻翼《讀易紀聞》卷三《姤》。
〔註322〕張獻翼《讀易紀聞》卷三《姤》。
〔註323〕胡炳文《周易本義通釋》卷二《姤》。
〔註324〕楊簡《楊氏易傳》卷十五《姤》：「人道已盡，己無毫髮之愧，而後可以言命也。」

　　仲虎曰：「九三以剛居下卦之上，於初陰無所遇，故雖『厲』而『无大咎』。上九以剛居上卦之上，於初陰亦不得遇，故雖『吝』而亦『无咎』。遇本非正，不遇不足為過咎也。」〔註325〕

　　趙氏曰：「當姤之時，小人固不可使之進。為君子計，亦不可無以蓄小人。故聖人既戒初六之不可往，又於二、四、五言所以包制之道。三重剛不中，上以剛居一卦之極，故『厲』而『吝』，然皆『无咎』者，以陰不相遇，不與其進也。」〔註326〕

　　《剝》一陽窮於上，忽下生而為《復》；《夬》一陰窮於上，忽下生而為《姤》。一消一息，必然之理。陰始生，遇剛而止，不進迫以害陽，故言「繫於金柅」，剛繫柔以為用也。天地相遇，陽得陰而品物章也；剛遇中正，剛善用柔以含其章也。故曰「天下大行」，生育之功成矣。九二「包有魚，无咎」，九四「包無魚，起凶」，陽之不可無陰，猶君之不可無民也。上九「姤其角」，則亢陽之極而吝，失其所以為姤遇者，益見九五剛遇中正之善也。

〔註325〕胡炳文《周易本義通釋》卷二《姤》。張獻翼《讀易紀聞》卷三《姤》引之。
〔註326〕馮椅《厚齋易學》卷二十三《易輯傳第十八》、董真卿《周易會通‧周易經傳集程朱解附錄纂註卷九‧姤》、胡廣《周易大全》卷十六《姤》。

讀易述卷八

萃䷬坤下兌上

劉濂曰：「萃，聚也。坤順兌說，上以說感，下以順應，又澤上於地，物所萃聚，故為萃。」〔註1〕

趙汝楳曰：「土無二王，尊無二上。《比》唯一陽，故九五為『顯比』之主。《萃》之九五，群陰所萃也，九四或貳之。一則聚，二則分，故初之『亂萃』，二之引；三之『嗟如』，以見下之萃於上為難；五之『永貞』，上之『涕洟』，以見上之萃其下為不易。然諸爻皆得无咎者，萃雖難，而志不分也。」〔註2〕

萃：亨。王假有廟。利見大人，亨，利貞。用大牲，吉，利有攸往。

《彖》曰：萃，聚也。順以說，剛中而應，故聚也。「王假有廟」，致孝享也。「利見大人，亨」，聚以正也。「用大牲，吉，利有攸往」，順天命也。觀其所聚，而天地萬物之情可見矣。

述曰：孔《疏》：「萃，聚也，聚集之義也。能招民聚物，使物歸而聚也，故名為萃。壅隔不通，無由得聚。聚之為義，其道必通」，故「亨」。「王假有廟」，『假』，至也。天下崩離，則民怨神怒，雖欲享祀，與無廟同。王至大聚之時，孝德乃洽〔註3〕，始可謂之有廟矣。聚而無主，不散則亂。惟有大德之人能弘正道，乃得常通而利正，故曰『利見大人，亨，利貞』。大人為主，聚道

〔註1〕劉濂《易象解》卷三《萃》。(《四庫全書存目叢書》經部第4冊，第274頁)
〔註2〕趙汝楳《周易輯聞》卷五《萃》。
〔註3〕「洽」，孔《疏》作「昭」。

—353—

乃全，以此而用大牲，神明降福，故曰『用大牲，吉』。」〔註4〕「聚道不全而用大牲，神不福也。」〔註5〕「民聚神祐，何往不利，故曰『利有攸往』。」〔註6〕

萃，聚也。眾柔萃於陽剛，此萃之得名也。眾不易聚，卦德內體坤順，而行以和說，九五剛中，二以柔中應之，故聚也，聚於五也。王《註》：「但『順而說』，則邪妄之道也。剛而違於中應，則強亢之德也。何由得聚？順說而以剛為主，主剛而履中，履中以應，故得聚也。」「王格〔註7〕有廟」，陸績曰：「『王』，五。『廟』，上。聚百物以祭其先於廟，五親奉上也。」〔註8〕《註》所謂「聚全乃得」，致其孝之享也。「利見大人，亨」，大人體中正者也，以正而聚，聚道乃全。若四之不正，非所聚也，故卦詞謂之「利貞」。物聚可以備禮，故「用大牲，吉」；人聚可以集事，故「利有攸往」；皆歸重在五。〔註9〕姚麟曰：「『大牲必聚而後有聚，則可以有所往』〔註10〕，乃萃之時當然，豈徼福妄動哉？若夫《損》之時『用大牲』，《剝》之時『有攸往』，則逆天命矣。」孔《疏》：「天之為德，剛不違中。今『順以說』，而以剛為主，是『順天命也』。動『順天命』，可以享於神明，無往不利。凡物之所以得聚者，由情同也。情志若乖，無由得聚。」蘇氏曰：「不期而聚者，必至情也。」〔註11〕惟剛中則順說而得其所聚之正，「天地萬物之情」在是矣。徐幾曰：「天地萬物，高下散殊，《咸》則見其情之通，《恒》則見其情之久，《萃》則見其情之同。不於其聚而觀之，情之一者不可得而見之矣。」〔註12〕

程《傳》：「群生至眾也，而可一其歸仰。人心莫知其鄉也，而能起其誠敬。鬼神之不可度也，而能致其來格。古今〔註13〕萃合人心，總攝眾志之道非一，

〔註4〕孔《疏》。
〔註5〕王《注》。
〔註6〕孔《疏》。
〔註7〕按：「格」，當作「假」。
〔註8〕李鼎祚《周易集解》卷九《萃》：「陸績曰：『王，五。廟，上也。王者聚百物以祭其先，諸侯助祭於廟中。假，大也。言五親奉上矣。』」
〔註9〕章潢《周易象義》卷三《萃》：
　　　若四之不正，非所聚也，故卦辭謂之「利貞。用大牲，吉，利有攸往」，皆歸重在五。無非因時物以致豐，而物聚可以備禮；緣人心以利往，而人聚可以集事。
〔註10〕朱熹《本義》之語。
〔註11〕蘇軾《東坡易傳》卷五《萃》。
〔註12〕董真卿《周易會通·周易經傳集程朱解附錄纂註卷九·萃》、胡廣《周易大全》卷十六《萃》。
〔註13〕「古今」，程《傳》作「天下」。

其至大莫過於宗廟，故王者萃天下之道，至於有廟，則萃道之至也。」

　　蘇氏曰：「『用大牲』者，猶曰用大利祿云爾。《易》曰：『何以聚人曰財。』所聚者大，則所用者不可小矣。天之命我，為是物主，非以厚我也，坐而享之則過矣，故『利有攸往，順天命也』。」〔註14〕劉牧曰：「人之來聚，聚於貨食也。人君聚而能散之謂仁，散而能節之謂政。且天道惡盈，物又不可以終聚，故聚而能散，散而能節，斯順天命也。」〔註15〕

　　《象旨》：「蘇氏曰：『萃未有不亨，而其未見大人也，則亨而不正者，爭非其有也。五能萃二，四能萃初。近四而無應，則四萃三；近五而無應，則五萃上。從我者納之，不從者付之。其所欲從此大人也，故曰利見大人，亨，聚以正也。』」〔註16〕

　　汝吉曰：「萃坤合兌，母合少女，情至篤不解者。德順以說，為聚人至德。卦主陰，廟象。坤牛、兌羊、澤豕，大牢象。卦二陽而五尊，王大人象。」張氏曰〔註17〕：「『國之將興，其君齋明衷正，精潔惠和，其德足以昭其馨香，其惠足以同其人民，神享而民德，民神無怨』〔註18〕，假廟用牲之謂也。『饗者，鄉也，鄉之然後能饗焉。』〔註19〕『孝德尊祖愛親，守其所以生者也。』〔註20〕『孝在三德之下，三行之上，德有廣於孝而行莫尊焉。』〔註21〕『潔爾牛羊，以往蒸嘗，或剝或亨，或肆或將』〔註22〕，『用大牲』也。『神保是

〔註14〕蘇軾《東坡易傳》卷五《萃》。

〔註15〕李衡《周易義海撮要》卷五《萃》，注「王牧」，非「劉牧」。而葉良佩《周易義叢》卷九《萃》引作「劉牧」。

〔註16〕熊過《周易象旨決錄》卷三《萃》：
　　　蘇氏曰：「萃未有不亨，而其未見大人也，則亨而不正者，爭非其有也。五能萃二，四能萃初。近四而無應，則四萃三；近五而無應，則五萃上。從我者納之，不從者付之。其所欲從此大人也，故『順以說，剛中而應』，二與五而已。」
　　　按：原出蘇軾《東坡易傳》卷五《萃》，語序不同，曰：
　　　盡取其爻而觀之，五能萃二，四能萃初。近四而無應，則四能萃三；近五而無應，則五能萃上。此豈非其交爭之際也哉？……「順以說，剛中而應」者，二與五而已，而足以為萃乎？曰：足矣，有餘矣。從我者納之，不從者付之。其欲從此大人也，故萃有二亨。萃未有不亨者，而其未見大人也，則亨而不正。不正者，爭非其有之謂也，故曰「利見大人，亨，聚以正也」。

〔註17〕按：此張氏不詳。

〔註18〕《國語‧周語上》。

〔註19〕《禮記‧祭義第二十四》。

〔註20〕《周禮‧地官司徒‧均人》鄭玄《注》。

〔註21〕《周禮‧地官司徒‧均人》。

〔註22〕《小雅‧楚茨》。

格』〔註23〕，神嗜飲食，神其萃止，「皇尸載起」〔註24〕，非『孝享』而能然耶？」

章氏曰：「坤、兌皆陰，故《萃》卦『假有廟』，『用大牲』，二爻『利用禴』，象皆有取於祀典者，陰幽之義也。何必謂其互艮互巽而伏坎耶？凡象義不原本卦，皆妄也。」〔註25〕

《萃》以兌、坤成卦，秋成則萬物畢聚，故可以「假有廟」，「用大牲」。合全卦「用大牲，吉」，二以坤中則「利用禴」，用各有攸當也。

《象》曰：澤上於地，萃。君子以除戎器，戒不虞。

述曰：澤水之鍾也，宜在地中。今上於地，乃萃盛之象。水聚而不防則潰。民聚而不戒備，亂之所生，即伏於此。聖人有深慮，故曰除戎器，戒不虞。除者，修治以去敝惡也。王《註》：「聚而無防，則眾心生。」《象旨》：「俞氏曰：『兌，西方，殺氣，屬金，故言戎器。互巽工〔註26〕，故除。坤藏而不露，故言不虞。兌為口，故言戒。』」〔註27〕

趙汝楳曰：「兌為澤，坤為地，凡陂澤雖眾水所聚，然其形勢高於平地，為『澤上於地』之象。水聚則決，必有以防之，水乃瀦。人聚則亂，必有以制之，人乃定。『除』，修治也。『戎器』，兵械也。『不虞』，不慮度也。萃聚之時，宜謹慎防危〔註28〕，故慮有所不及。君子體水聚之義，方國力富盛，有申警軍實之資，除治兵械，以備不虞，所以保其聚。《抑》之詩曰：『弓矢戎兵，用戒不虞』，蓋古人之常訓。夾谷衣裳之會也，夫子具左右司馬以行，卒卻萊夷之兵，『戒不虞』之謂乎？」〔註29〕

初六：有孚不終，乃亂乃萃。若號，一握為笑，勿恤，往无咎。　《象》曰：「乃亂乃萃」，其志亂也。

述曰：初六正應。「有孚」，其初心之誠。然「柔而不堅，弱而不固，有初而無終，有『有孚不終』之象」〔註30〕。心懷疑貳，則情意迷亂。二陰為比，

〔註23〕《小雅・楚茨》。
〔註24〕《小雅・楚茨》。
〔註25〕按：章潢書中未見此語。
〔註26〕「工」，《周易集說》、《周易象旨決錄》均作「體」。
〔註27〕熊過《周易象旨決錄》卷三《萃》。原出俞琰《周易集說》卷十三《象辭三》。
〔註28〕「宜謹慎防危」，《周易輯聞》作「居安則忘危」。
〔註29〕趙汝楳《周易輯聞》卷五《萃》。
〔註30〕楊簡《楊氏易傳》卷十五《萃》。

萃不以禮，「乃亂乃萃」矣。〔註31〕「亂者，萃之反。」〔註32〕陰柔雜聚，悲喜無常，故有「若號，一握為笑」之象。言笑號雜也，此「其志亂也」。「居萃之初，萃雖未成，而上有正應，勿恤陰類，往應四陽，因四萃五」〔註33〕，則可補過而无咎。

坤順之始，有信者也。未及於中，誠信未定，故「不終」也。〔註34〕「『乃亂』者，退而亂於三陰之中。『乃萃』者，欲進而與四相萃。其志惑亂不定，是以『有孚不終』。若四在上號召之，三陰不正，惡初之往合於四，有『一握為笑』之象。『一握』謂聚而為笑也。萃聚之世，上下相求，以陰從陽，動而得正，何恤小人之笑而不往哉？自古不知堅守其節，從應以動，捨君子之正義，畏小人之非笑，相率陷於非義，皆不知萃之道。」〔註35〕汝吉曰：「萃不自亂，『其志亂也』，堅其孚而往，則志治矣。卦惟二陽，初應四，二應五，皆堅其孚以尊陽。」

六二：引吉，无咎。孚乃利用禴。 《象》曰：「引吉，无咎」，中未變也。

述曰：「六二正得臣位，故正言事君之道。」〔註36〕初、三二陰皆已萃於四，己獨守中，與五為應，復在坤體，志於靜退，與眾異操，不為苟就，必待五引之而後從得其吉矣，何咎之有？五以陽居陽，必須同德之輔。二以陰居陰，正無自進之理，引而後為萃，萃之正也。中德有孚，誠之謂也。禴，祭之簡薄者。菲薄而祭，不尚備物，薦其誠而已。「孚乃利用禴」，謂有孚則可，不用文飾，專以至誠交於上也。蓋其中實者，不假飾於外，用禴之義也。孚者，萃之本也。〔註37〕夏物未備，惟以聲樂交於神明，故夏祭名禴。〔註38〕

〔註31〕孔《疏》：「既心懷嫌疑，則情意迷亂，奔馳而行，萃不以禮，故曰『乃亂乃萃』。」
〔註32〕趙汝楳《周易輯聞》卷五《萃》。
〔註33〕熊過《周易象旨決錄》卷三《萃》。
〔註34〕李衡《周易義海撮要》卷五《萃》：「坤順之始，有信者也，未及於中，故『不終』也。」注「陸」，即陸希聲。
〔註35〕朱震《漢上易傳》卷五《萃》。
　　　　按：李衡《周易義海撮要》卷五《萃》先引伊川之說，次引朱震之說。其中，「『一握』謂聚而為笑也」係伊川之說。檢程《傳》：「『一握』，俗語一圍也，謂眾以為笑也。」
〔註36〕楊簡《楊氏易傳》卷十五《萃》。
〔註37〕程《傳》：
　　　　「孚乃利用禴」，「孚」，信之在中，誠之謂也；「禴」，祭之簡者也。菲薄而祭，不尚備物，直以誠意交於神。「孚乃」者，謂有其孚則可，不用文飾，專以至誠交於上也。以禴言者，謂薦其誠而已。上下相聚而尚飾焉，是未誠也。蓋其中實者，不假飾於外，「用禴」之義也。孚信者，萃之本也。
〔註38〕季本《易學四同》卷二《萃》：「禴，夏祭。夏物未備，故禴為祭之薄者。」

《象》曰「中未變也」，二居中得正，雖與群陰同處，而中德不為所變，此所以「引吉，无咎」也。〔註39〕

蘇氏曰：「陰之從陽，以難進為吉。六二得位而安其中，不急於變，志以從上者也，故九五引之而後從。引之而後從，則其聚也固，是以吉而無復有咎。『禴』者，禮之薄者也，故用於既信之後。上以利祿聚之，下豈以利祿報之哉？故上用大牲而下用禴，以為有重於此者矣。」〔註40〕

六三：萃如，嗟如，無攸利。往无咎，小吝。　《象》曰：「往无咎」，上巽也。

述曰：《象旨》：「『萃如』者，六三之本志；『嗟如』，上六不應，故『無攸利』。『往』，往從四也。四與五比，陽為陰歸，故得所萃而无咎，但有『小吝』耳。『吝』者，不足之詞。《象》曰『上巽也』，三、四、五互體巽順，不至相忤，故往亦无咎。俞氏曰：『孔子於此文明，以互體示人。王弼輩不取互體，殆未深究耳。』」〔註41〕虞翻曰：「失正，故『無攸利』。動得位，故『往无咎』。」〔註42〕「動之四，故『上巽』。」〔註43〕

九四：大吉，无咎。　《象》曰：「大吉，无咎」，位不當也。

述曰：《象旨》：「九四近臣，居多懼之地，非其位而有聚物之權，咎之所歸也。以其體兌，能部率三陰，順而萃五，故有『大吉，无咎』之象。朱《義》謂九四『上比九五，下比三陰，故得所聚』，不然也。」〔註44〕夫萃

〔註39〕章潢《周易象義》卷三《萃》：

《象》曰「中未變也」，柔中應剛中，二本有中正之德，雖與群陰同處，不為所變，此所以能相引成萃而「吉，无咎歟？

〔註40〕蘇軾《東坡易傳》卷五《萃》。

〔註41〕熊過《周易象旨決錄》卷三《萃》：

「萃如」者，六三之本志；「嗟如」，上六不應，故「無攸利」。然三、四、五互體巽順，不至相忤，故往亦「无咎」，但有「小吝」。而「吝」者，小疵。……俞氏曰：「孔子於此文明，以互體示人。王弼輩不取互體，殆未深究耳。」

其中，楊簡《楊氏易傳》卷十五《萃》：「『萃如』，六三之本志；『嗟如』，以上六之不應，故『無攸利』。雖『無攸利』，然往亦無怨咎，有『小吝』。『吝』者，不足之詞。」《周易象旨決錄》引《楊氏易傳》之說，而未注明。

另外，俞氏之說見俞琰《周易集說》卷二十四《爻傳五》。

〔註42〕李鼎祚《周易集解》卷九《萃》，注六三爻辭。

〔註43〕虞翻之說，李鼎祚《周易集解》卷九《萃》，注六三《象》辭。

〔註44〕熊過《周易象旨決錄》卷三《萃》。

按：蘇軾《東坡易傳》卷五《萃》：「非其位而有聚物之權，五之所忌也，非大吉，則有咎矣。」

另，所引朱熹之說，見《本義》，曰：「上比九五，下比眾陰，得其萃矣。」

人心者，九五之尊，而九四位不當也。德匪中正，萃匪正道，非大吉，何能免於咎哉？〔註45〕

「九四無它辭，而直謂『大吉，无咎』者何？顯戒之也。夫萃之世，弱趨於剛，闇依於明。四臣位也，陽處之始，以說以澤，而接三陰，民樂歸之者也。若不專君惠，吉非大者乎？五得貴位，惠未孚而民不趨，萃道固鬱矣。」〔註46〕五志之「未光」由此也。「故九四必能『大吉』然後為『无咎』。」〔註47〕

一說「『大』指九五言，謂陽剛中正，發用者大，而大其吉也。待大者吉，而四之咎始可以無見，四之時猶不免於咎也」〔註48〕。

九五：萃有位，无咎。匪孚，元永貞，悔亡。　《象》曰：「萃有位」，志未光也。

述曰：《象旨》：「卦以二陽萃陰，五萃之有位者也，有位而得民之萃，豈有咎哉？呂仲木曰『萃位非萃德』者，不然。陽剛中正，不謂德乎？九四比群陰，在下以分其萃，而五不得專，故有『匪孚』者，此必然之象。朱《義》謂『若有未信』，以疑辭明實象，殆不然矣。五志則何以未光，以四之分其萃而有『匪孚』者也。俞氏曰：『《比》唯九五一陽，天下皆知比於五，故元永貞言於《彖》。《萃》有二陽，天下莫知所萃，故元永貞言於五。』」〔註49〕「比天下之道與萃天下之道皆在此三者。」〔註50〕

程《傳》：「以陽居尊，有位矣。得中正之道，無過咎矣。如是而有不信而未歸者，當自反以修其德。所謂德，『元永貞』之道也。『元』，首也，長也，

〔註45〕章潢《周易象義》卷三《萃》：
　　　九四以剛柔下比三陰，可謂得所萃而吉矣。但以陽居陰，得匪中正，萃非正道，故雖獲所萃，必得大吉。而群陰之萃於我者，無一毫意必固我之私；我之所以萃群陰者，適得乎大吉駢臻之道，然後无咎。《象》曰：「位不當也」，居非其位而群下歸之，非大吉，其能免於咎哉？
〔註46〕李衡《周易義海撮要》卷五《萃》錄孫坦之說，曰：
　　　九四無它辭，而直謂「大吉」然後「无咎」者何？顯戒之也。夫萃之世，弱趨於剛，闇依於明，四臣位也，陽處之始，以說以澤，而接三陰，民樂歸之者也。若不專君惠，吉非大者乎？嗚呼！王得貴位，惠未孚而民不趨，萃道固鬱矣。
〔註47〕程《傳》。
〔註48〕季本《易學四同》卷二《萃》。
〔註49〕熊過《周易象旨決錄》卷三《萃》。其中，俞氏之說見俞琰《周易集說》卷七《萃》。
〔註50〕程《傳》。

為君德。『首出庶物』，君長群生，有尊大之義焉，有主統之義焉，而又恒永貞固，則通於神明，光於四海，無思不服，乃『无咎，匪孚』而其『悔亡』也。所謂『悔』，志之未光，心之未慊也。」

彭山說萃，聚德之義也。聚德即所以立誠。「王假有廟」，言其精誠之聚者如此也。〔註51〕九五陽剛中正，其所萃者為大人之德矣，天下之所利見，正「用大牲」、「利攸往」之時，故曰「萃有位」。聚之貞也，故得「无咎」。「匪孚」，非謂民心之不孚也，以格廟孝享之義推之，猶恐其誠之不至，不免於悔。勉之以「元永貞」，而悔可亡矣。蓋大人之德以貞而萃，苟有未萃，則永貞而已。至誠無息之道也，此終《象》「利貞」之意，六四所謂「大吉」也。〔註52〕

「乃亂乃萃」，不肯萃也。「萃如嗟如」，不能萃也。「志亂」者，謂其孚之不終也。「未光」者，謂其心之匪孚也。中未變則孚有終，而志已光矣。

上六：齎諮涕洟，无咎。　《象》曰：「齎諮涕洟」，未安上也。

述曰：《象旨》：「『齎』，將也。『諮』，依虞翻、陸希聲作『資』。上變乾，為玉為金，『資』象也。上以陰居外，而下無正應，『齎資涕洟』而急萃於五，故《象》以『未安上』明之。」〔註53〕

王《註》：「處聚之時，居於上極，五非所乘，內無應援。處上獨立，近遠無助，危莫甚焉。『齎諮』，嗟歎之辭也。若能知危之至，懼禍之深，憂病之甚，至於涕洟，不敢自安，亦眾所不害，故得『无咎』也。」

三、上不應，皆處卦極。三失萃而「嗟」，所謂庶婦覊臣「靡室靡家」〔註54〕者也。以順體而比陽剛，故決其往亦「无咎」，即「小吝」，非咎矣。上六

〔註51〕季本《易學四同》卷二《萃》解《大象》：

「萃」，聚德之義也。先儒以聚群生之眾為說，蓋本《序卦傳》，非經意矣。「萃」下舊本有「亨」字，程子、朱子皆以為衍文，草廬吳氏刪去，今從之。「王假有廟」，義與《家人》九五「王假有家」同，言天子至於宗廟，以祭其祖考，見其精誠之聚者如此也。

〔註52〕季本《易學四同》卷二《萃》解九五爻辭：

五為尊位，大於發用之時也。有位難於萃，萃於有位，則為大人之德矣。九五陽剛中正，聚之貞也，故得「无咎」。德不固，則有萃。萃者，立誠之事也，故雖至於九五，而亦或恐其未誠。故「匪孚」者，非謂民心之不信也，謂己有不誠則當以元永其貞，而悔自亡矣。蓋大人之德以貞而萃，苟有未萃，則永其貞而已。此終《象》「利貞」之意，即六四所謂「大吉」也。不言吉者，因六四而見之。

〔註53〕熊過《周易象旨決錄》卷三《萃》。

〔註54〕《小雅・采薇》。

無位失萃，而「齎咨」永歎，「涕洟」其漣，此孤臣孼子操心危慮患深〔註55〕
者也。以兌體象，悅極而悲，不得其萃，憂戚如此，故「无咎」。當萃之時，
以萃為時用也。

項氏曰：「大抵萃聚之道，陽以溥為貴，陰以專為美。四之志亂，乃得『无
咎』；五中不變，反為『未光』；皆貴其溥也。初六求四，雖號『无咎』；六二
從五，以引為吉；皆美其專也。」〔註56〕

項氏曰：「『齎咨』，兌口之歎也。『涕洟』，兌澤之流也。上以無應之故，
至於『齎咨涕洟』，若可羞矣。而聖人乃以為无咎者，蓋以當萃之時，孤特無
與，雖在上位，豈得自安？故《萃》之六爻，皆不嫌於求萃，然則為上計奈何，
曰不安於上而萃於五。五易上為《晉》，則五光而上安矣，故五曰『未光』，上
曰『未安』，皆非決辭，明有可變之理也。」〔註57〕「九四位不當，而受三陰
之萃；上六當位，而無所萃。此所謂受天命也。然四必『大吉』而後『无咎』，
上雖『未安』而固『无咎』，聖人之意深歟！」〔註58〕

升☷☴巽下坤上

趙汝楳曰：「巽由坤索，坤母在上，長女歸之，於升為宜，故卦名『升』。」
〔註59〕「卦以初得名。陰陽之性，合則配，不合則忌，柔欲升而剛當道，其有
不尼之者乎？唯二應乎五而三從之，是以在四為『岐山』，在五為『升階』，而
上升之志得行，至上則時位皆極。」〔註60〕

升：元亨。用見大人，勿恤。南征吉。

《彖》曰：柔以時升。巽而順，剛中而應，是以大亨。「用見大人，勿恤」，有
慶也。「南征吉」，志行也。

述曰：「『升：元亨』，自下升上，有大通之道也。」〔註61〕「用見大人，
勿恤。南征吉」，謂升之時，當見大德之人，宜適陽明之方，若以陰之陰，彌

〔註55〕《孟子・盡心上》：「孟子曰：『人之有德慧術知者，恆存乎疢疾。獨孤臣孼子，
　　　　其操心也危，其慮患也深，故達。』」
〔註56〕項安世《周易玩辭》卷九《初六　九四》。
〔註57〕項安世《周易玩辭》卷九《六三　上六》。
〔註58〕項安世《周易玩辭》卷九《九四　上六》。
〔註59〕趙汝楳《周易輯聞》卷五《升》解卦名。
〔註60〕趙汝楳《周易輯聞》卷五《升》解卦辭。
〔註61〕章潢《周易象義》卷三《升》。

足其闇也，故「南征吉」。〔註62〕《象旨》：「《升》之『見大人』，不言『利』而言『用』，何也？俞氏曰：『利見者，宜見之。用見者，將變動而有為則見之。』陸德明曰：『本或作利見』，非也。項氏《玩辭》：『《萃》與《升》皆剛中而應，《萃》剛中在上，其眾必聚；《升》剛中在下，其勢必升。故《萃》以五為大人，《升》以二為大人。』『南征吉』，巽東北之卦也，又升則益南，故謂之『南征』。」〔註63〕

《象旨》：「『柔』謂巽。陸績曰：『柔本不能升，故曰時。』按：巽之升，非以其附陽，以其遇坤也。其升有時，故謂之『時升』耳。其不言坤升者，卦主巽，且言其自下而升；坤在上，則無所於升。而《說卦》但曰『坤者，地也』，本不可以方言。俞氏並指坤為南方之卦，殆亦不然矣。」〔註64〕

柔升而元亨者，卦下巽上順，二剛中而五應之，是初柔內巽，陽剛外遇坤母，剛柔正合，一氣相招，以此而升，故得大吉也。趙汝楳曰〔註65〕：「初為升主位，下而中隔二陽，或憂其有所疑阻，故言『用見大人，勿恤』。」『大人』，九二、六五之所應者，上得升階之主，下與天下之賢同升諸公。初與比近而用見之，則勿優恤。君臣會合，福慶大來，其升必矣。「南征吉」亦主巽言。王《註》：「以柔之南，麗乎大明。」或謂「自巽進坤，涉乎正南」〔註66〕。虞翻曰：「二之五成離，故『南征』。」皆非也。「南征」者，由巽位而適乎坤也。「吉」者，志行之謂也。世道陞於大猷，主德陞於明聖，故曰「志行」。〔註67〕

蘇氏曰：「《彖》曰『巽而順，剛中而應，是以大亨』，而六五為『升階』，由此觀之，非獨巽之上即坤，亦坤之下援巽也；巽之求坤，坤之求巽，皆會於

〔註62〕孔《疏》：「非直須見大德之人，復宜適明陽之地。若以陰之陰，彌足其闇也。南是明陽之方，故云『南征吉』也。」

〔註63〕熊過《周易象旨決錄》卷三《升》。所引分見俞琰《周易集說》卷八《升》、陸德明《經典釋文》卷二《周易音義》、項安世《周易玩辭》卷九《萃升》。

〔註64〕熊過《周易象旨決錄》卷三《升》。

〔註65〕按：趙汝楳《周易輯聞》未見此語。

〔註66〕趙汝楳《周易輯聞》卷五《升》。

〔註67〕張振淵《周易說統》卷六《升》：

崔子鍾曰：「初為升主，位下而中隔二陽，或憂其有所疑阻。近九二之大人而用見之，與之同升，以上事升階之主，何用優恤？而君臣會合，福慶大來，其升必矣。『南征』亦主巽言，由巽位而適乎坤也。『吉』者，志行之謂也。世道陞於大猷，主上陞於明聖，故曰『志行』。」

按：然崔銑《讀易餘言》未見此語。

南而往吉。二者相求之謂也。」〔註68〕

質卿曰:「升非難在於知時,時非難在於用柔。柔心之人從容和緩,退藏之心常能勝其上人之心,故能量可而進不失其時,此元亨之本也。況又『巽而順,剛中而應』,其『大亨』無疑。『有慶也』、『志行也』,皆『元亨』之實,要皆以柔道得之。仕進之途絕無利於用剛者。」

《象》曰:地中生木,升。君子以順德,積小以高大。

述曰:汝中曰:「地中生木,長而上升,升之象也。因其生理之自然而無容私焉之謂順。木之生,自毫末以至於尋丈,人莫見其升之跡者,以順積而致之耳。此『行遠自邇,登高自卑』之意。『順德』,坤地之象。『積小以高大』,巽木之象。」〔註69〕

質卿曰:「君子知晉之道惟用於『明德』,則光昭之體自著;知升之道惟用於『順德』,則高大之積必升。易道存乎所用。」

初六:允升,大吉。　《象》曰:「允升,大吉」,上合志也。

述曰:初六為巽之主也。巽二陽而居其下。凡剛柔居下者,勢必上進。以柔之體,處升之初,得坤之援,允矣其上升也,吉孰大焉!《象旨》:「所以為升者在巽,所以為巽者在初,故言『允升』。徐進齋曰:『《晉》下三柔與五同志,故六三言眾允,而釋之以志上行;《升》下一柔與四合志,故初言允升,而釋之以上合志。』朱《義》誤因《九家》『初與二陽合志,俱升五位』之語,非也。『上』謂六四。」〔註70〕巽坤本合體,雖同柔爻,而稱「合志」。

九二:孚乃利用禴,无咎。　《象》曰:九二之「孚」,有喜也。

述曰:「二、三之剛聯比,乘初之上」〔註71〕,而初柔巽剛,剛亦順柔,無相間阻,故能聯比以升。「九二:孚乃利用禴」,以剛居中而獲上之象。《注疏》:「與五為應,往必見任。體夫剛德,進不求寵,閑邪存誠,志在大業。」〔註72〕「用心如此,乃可薦其省約於神明矣。」〔註73〕下伸其悃,上享其誠,

〔註68〕蘇軾《東坡易傳》卷五《升》。
〔註69〕王畿《大象義述》(吳震編校整理《王畿集》,鳳凰出版社2007年版,第667～668頁)。
〔註70〕熊過《周易象旨決錄》卷三《升》。
〔註71〕趙汝楳《周易輯聞》卷五《升》。
〔註72〕王《注》。
〔註73〕孔《疏》。

雖非其位，得其道也，故「无咎」。此初能附之以升也。《象詞》「『用見大人，勿恤』，有慶」，全重九二之孚。其曰「有喜」者，君臣道合，剛柔交濟，初喜於遂升，五喜於得初之升，獨二之喜也與哉？〔註74〕

《象旨》：「『用禴』與《萃》二同。六二求萃於上九，二亦求陞於上也。《萃》先『无咎』而後『孚』，《升》先『孚』而後『无咎』，所應剛柔之異也。呂仲木曰：『主升之君而才弱，當升之臣而質剛，天下之所疑也。孚而用禴，質諸鬼神且不疑，而況於人乎！喜而後可知也。』」〔註75〕當升之世，以剛德有為之臣輔柔順，謙沖之主中誠相感，虛實相應，故曰「孚」也。惟孚乃可盡其誠，以大有為而盡去外飾之虛文。楊廷秀所謂「臣有所當然〔註76〕，則遂事而不為專；上有所重發，則衡命而不為悖；皆用禴之義也」〔註77〕。

九三：升虛邑。　《象》曰：「升虛邑」，無所疑也。

述曰：三之言升，即初之柔升而至此。三為陽所宅，得位有應，二既上應，三亦同體，剛正而巽，以廣同升之途。初於是進臨坤地，前無難之者，直達無礙，有「升虛邑」之象。坤象國邑，坤體虛，「虛邑」象。二爻，初「用見大人」；此爻，初之「南征」。《象》曰「無所疑也」，剛在上而不疑，間乎柔；柔順剛而無疑，畏於剛。此巽道之極也。

《象旨》：「晁以道曰：『四邑為丘，四丘為虛，非室虛也。』馬云：『丘虛得之。蓋易之言邑者多坤，而坤未嘗以虛言邑。自三升四，故得言虛邑矣。』朱先生曰：『陽實陰虛。』」〔註78〕

六四：王用亨于岐山，吉，无咎。　《象》曰：「王用亨于岐山」，順事也。

述曰：四居下卦之上，近君之地，在升之時，無可復升。其體坤也，其位柔也，陰居柔位能止，其所以順事乎上，得臣道之正，即文王三分天下有其二、以服事殷周之德，可謂至德也已，故為「王用亨于岐山」之象。「程子曰：『止其分，升其德』」〔註79〕，深得此爻之義。夫順乃吉道，而略無情繫。夫固守正順，事厥德不回，無所畔援歆羨者也，此所以吉无咎。「亨」即四之

〔註74〕趙汝楳《周易輯聞》卷五《升》：「五方疑二，而二能交孚，則初喜於遂升，五喜於得初，二亦喜於免咎也。」

〔註75〕熊過《周易象旨決錄》卷三《升》。呂仲木之說見呂柟《周易說翼》卷二《升》。

〔註76〕「然」，《誠齋易傳》作「為」。

〔註77〕楊萬里《誠齋易傳》卷十二《升》。

〔註78〕熊過《周易象旨決錄》卷三《升》。

〔註79〕崔銑《讀易餘言》卷二《升》。

升也。〔註80〕

　　仲虎曰：「《隨》『王用亨于西山』，本兌言；此曰『王用亨于岐山』，本坤言。山皆在上卦取象。」〔註81〕

　　王者升中祀天，登高望秩於天下名山大川，不偏祀一山也。文王帥彼天常，但修祀事於岐山，是文王不敢有妄升也。「吉」者，得臣道之純；「无咎」者，無僭分之失。〔註82〕質卿曰：「《易》之道，順之則吉，逆之則凶。君子順易道而進之於德，即為『順德』。用易道而行之於事，即為『順事』。一不順便乖，所以天地聖人皆以順事。」

六五：貞吉，升階。　　《象》曰：「貞吉，升階」，大得志也。

　　述曰：「五君位，以陽居之宜也。」〔註83〕今柔處之，然履得其中，虛而能納，委心剛德，秉志不二，是謂貞固而得其吉，為巽所由以升之階也。若非六五貞吉，則信賢不篤，任賢不終，〔註84〕二雖見援而上無迪知忱恂之主，初安能有所據而升哉？「『階』，堂之陛，人所由升者。」〔註85〕

　　《象旨》：「五貞於二而應之，巽因以升，故六五有階之道。君臣一心，賢才並進，由是而致治，故五『大得志也』。荀爽曰：『陰正居中，為陽作階。』」

〔註80〕此一節敷衍章潢《周易象義》卷三《升》：
　　　　六四坤體本順，且居柔位，順之至也，位之正也。守正以順事其君，即文王三分天下有其二、以服事殷周之德，可謂至德也矣。「亨」，通也，故為「王用亨于岐山」之象。程子曰：「止其分，升其德」深得此爻之義。夫順乃吉道，而略無情繫。夫固守正順，事厥德不回，無所畔援歆羨者也，此所以「吉，无咎」歟？「岐山」取象坤土。「亨」即四之升也。
〔註81〕胡炳文《周易本義通釋》卷二《升》：
　　　　《隨》上體兌，兌正西，羑里視岐山為西方，故曰「西山」。此卦上體坤，坤位西南，故只曰「岐山」。山皆以在上卦取象。
　　　　按：馮椅《厚齋易學》卷二十三《易輯傳第十九‧升》：
　　　　案：象與《隨》上六相似，特西為岐耳。《隨》上體兌，兌正西，故曰「西山」。此卦上體坤，坤位西南，羑里視岐其方也，故曰「岐山」。山皆以在上卦取象。
　　　　據此，可知《周易本義通釋》係引用馮椅之說，而未加注明。
〔註82〕張獻翼《讀易紀聞》卷三《升》：
　　　　天子望秩天下名山大川，諸侯祭其封內山川。若岐山者，周封內也。惟文王帥彼天常，但修祀事於岐山，是文王不敢有妄升也。六四實象之「吉」者，得臣道之純；「无咎」者，無僭分之失。
〔註83〕趙汝楳《周易輯聞》卷五《升》。
〔註84〕程《傳》：「若不能貞固，則信賢不篤，任賢不終，安能吉也？」
〔註85〕趙汝楳《周易輯聞》卷五《升》。

今朱《義》謂五『升而居尊位』，恐於《象傳》不愜矣。」〔註86〕

上六：冥升，利于不息之貞。　《象曰》：「冥升」在上，消不富也。

　　述曰：上六處升之極，進而不息者也。進而不息，故雖冥，猶升也。升道本無已極，故六四之「順事」，臣道之貞也，其何息之有？惟反用冥照緝熙，此心不息，於正則利矣，不正則不利，消之道也。「坤極則冥卦，至上則消」〔註87〕，是以《象》曰「『冥升』在上，消不富也」。「蓋非陽爻，無陽明之德，所以『消不富也』。」〔註88〕郭雍曰：「『不富』，無復增益也。消息一理耳，息則富，消則不富。」〔註89〕

　　《象旨》：「《豫》上六『冥豫，道之渝』；《升》上六『冥升，道之貞』。《豫》上體震動，因其動心而欲變其豫；《升》上體坤順，順其進心而欲移於貞。《序卦》云：『升而不已必困』，故上六『消』而『不富』也。」〔註90〕

　　《紀聞》曰：「初『允升』，言『合志』；二言『孚』，三言『無所疑』，四言『順事』，五言『正』，六言『不息之貞』，可見聖賢不求陞於升，而求陞於己。凡志之不合與有疑與不順、不正、不恒者，皆不足以進德，不足以立位。雖升，非《易》之所謂升也。」〔註91〕

　　九二爻，項氏曰：「《萃》與《升》相反，而『孚乃利用禴』皆在下卦之中爻，何哉？蓋禴所以享上也，六二求萃於上，九二亦求陞於上，故其義相同。然小有異者：《萃》之六二自下萃上，上喜而引之，固已『吉』而『无咎』矣。而又於其時，義當用大牲，惟二之事五可以不用，故以『无咎』之下別明此義也。《升》之九二自下升上，非上之所樂。必如二、五之『孚，有喜』而無忌，乃可用情於五而『无咎』也。苟上下之間未能以情相與，而強干之，豈所謂『巽而順』乎？故此句在『无咎』之上，為本爻之主意也。『孚』者，五用情於二。『禴』者，二用情於五。」〔註92〕「『禴』，夏祭也，即『南征』之義。《萃》

〔註86〕熊過《周易象旨決錄》卷三《升》。
〔註87〕章潢《周易象義》卷三《升》。
〔註88〕石介之說，見李衡《周易義海撮要》卷五《升》。
〔註89〕胡廣《周易大全》卷十六《升》。又見張獻翼《讀易紀聞》卷三《升》，不言係引用。
　　　　按：原出郭雍《郭氏傳家易說》卷五《升》，曰：「蓋『冥升』不已，為消之漸，而在消息之理，息則富，而消則不富故也。」
〔註90〕熊過《周易象旨決錄》卷三《升》。
〔註91〕張獻翼《讀易紀聞》卷三《升》。
〔註92〕項安世《周易玩辭》卷九《孚乃利用禴》。

之六二，坤之中爻也。《既濟》之六二，離之中爻也。故皆稱『綸』。《既濟》九五爻辭，正指六二言之。」〔註93〕

上六爻，按：《升》之六爻，「下三爻皆方升之人，上三爻皆受其升者。凡陽之升，皆非陰之所樂，惟九二與六五以中相孚，乃能不以外物相責望。『乃』者，難辭。以九二之孚僅得无咎，其難可知。九三雖與上六正應，然亦乘其虛空消盡之時而入之，始無所疑。使當其富貴之時，能無疑乎？惟初六一爻與六四合志而相允，且不獨四也。凡上三陰皆與之合，故其升也，上皆允之。所以在六爻之中，獨為『大吉』。」〔註94〕「由初視四，其勢遠絕，故如升山，自下干上，疑若不順。然欲其誠意，以感通之，乃順以事上，非干上也，故有福而无咎。此舜尚見帝之時也。既已至四，其勢平矣，故二之升五，止如升階。二、五相交而正，故曰『貞吉』。此堯遜舜之時也。既已至五，無所復升，惟有默升此道而已，故曰『冥升』。九三自巳向申，盈變為虛；上六從申入亥，虛變為冥。此乾居西北之時也，故曰『貞』。自物言之消而息，謂之『不富』。自道言之，貞復為元。《坤》之上六，乾實居之，何不利之有？故曰『利不息之貞』。」〔註95〕

困 ䷮ 坎下兌上

彭山曰：「『困，剛揜也』，坎陽為二陰所揜蔽也。以二體言，坎以陽卦處兌陰之下，故成乎困，則坎中一陽受困之主也。先儒兼取上六在二陽之上，亦有剛揜之義而為困，則兌以一陰在上，豈能揜四、五之二陽乎？」〔註96〕

仲虎曰：「卦名困，以剛為柔所困也。爻論困義，非特剛困，柔亦困矣。『困于株木』、『困于石』、『困于葛藟』，所困者，槎枿之木、纏繞之艸，『于石』則又甚焉。剛之因於飲食、於金車、於赤紱，皆美物也。六爻別而言之，崇陽抑陰之意也。」〔註97〕

〔註93〕項安世《周易玩辭》卷九《南征　綸享》。
〔註94〕項安世《周易玩辭》卷九《下三爻》。
〔註95〕項安世《周易玩辭》卷九《上三爻》。
〔註96〕季本《易學四同》卷四《困》：
　　　　「剛」者，坎中之陽為上下二陰所揜蔽也。德之困而不通者，其象如此。然亦坎以陽卦處兌陰之下，故成乎困，則坎中一陽受困之主也。先儒兼取上六在二陽之上，亦有剛揜之義而為困，則兌以一陰在上，豈能揜四五之二陽乎？
〔註97〕胡炳文《周易本義通釋》卷二《困》。

困：亨。貞，大人吉，无咎。有言不信。

《彖》曰：困，剛揜也。險以說，困而不失其所「亨」，其唯君子乎？「貞，大人吉」，以剛中也。「有言不信」，尚口乃窮也。

　　述曰：坎險兌說，處險而說，困而亨也。因亨困而能亨，必是履正之人。虞翻曰：「處困無應，宜靜，故曰『貞』。」〔註98〕此指九二。「大人」，九五也。大人能濟乎困，然後得吉而无咎。坎中陽實，「信」象。兌上口不掩，「有言」象。「有言不信」，坎兌相睽也。

　　「困，剛揜也」，坎陽為二陰所掩，成困之義。剛見揜而不失中，所以「亨，貞」。《彖旨》：「龍仁夫讀『困而不失其所』絕句，『亨』自為句。《屯》、《蹇》皆以坎為險，而皆在外。《困》坎在內，欲動如《屯》，止為《蹇》，不可得矣。唯說而順受，則不失其所而亨。」〔註99〕趙汝楳曰：「其唯君子乎」，以「貞」故也。「不撓而折於困，不躁而重其困，斯剛中之為善處。」〔註100〕以其德蘊於中，則曰「君子」；以其德位兼盛，則曰「大人」。〔註101〕九二剛中不困於險，所以為「貞」；九五剛中得位，所以為「大人」。「若正而不大，未能濟困。處困能濟，濟乃得吉，故曰『大人吉，以剛中也』。」〔註102〕剛中之德，不言而信，所以能通。「《困》，修德之卦也。」〔註103〕「尚口乃窮」，無可通之理矣。王《註》：「處困而言，不見信之時也。非行言之時，而欲用言以免，必窮者也。其吉在於『貞，大人』，口何為乎？」荀爽曰：「兌口為『有言』，失中為『不信』。動而乘陽，故曰『尚口乃窮』也。」〔註104〕

《象》曰：澤無水，困。君子以致命遂志。

　　述曰：「澤必資水，以利萬物。水在澤下，是水漏於下而澤枯矣〔註105〕，何以資物，故為困。體坎陷以致命，體兌說以遂志。」〔註106〕「致命」，猶言

<hr/>

〔註98〕李鼎祚《周易集解》卷九《困》：
　　　　虞翻曰：「『貞，大人吉』，謂五也。在困無應，宜靜則无咎，故『貞，大人吉，无咎』。」
〔註99〕熊過《周易象旨決錄》卷三《困》。
〔註100〕趙汝楳《周易輯聞》卷五《困》。
〔註101〕季本《易學四同》卷四《象象爻下傳》：
　　　　以其德蘊於中而言，則曰「君子」；以其德顯於位而言，則曰「大人」。
〔註102〕孔《疏》。
〔註103〕季本《易學四同》卷四《象象爻下傳》。
〔註104〕李鼎祚《周易集解》卷九《困》。
〔註105〕「矣」，《讀易餘言》、《讀易紀聞》均作「乏」。
〔註106〕崔銑《讀易餘言》卷三《困》。又見張獻翼《讀易紀聞》卷三《困》，不言係引用。

至於命也。「遂志」，直遂其志，只是不失其所。質卿曰：「『致命遂志』，捨此則苟道。『命』者，天所付授於我之全理，即我之所以蘊之而為志者也。命不致，志如之何？其能遂致，如致齋三日之致，保全恭敬，遑遑然惟恐殞越之，則外面之艱難險阻一任其天之自定，而我不知焉。志不期遂而自遂，是處困之大法。」

初六：臀困于株木，入于幽谷，三歲不覿。　《象》曰：「入于幽谷」，幽不明也。

述曰：處困之時，陰爻失位，「最居窮下，沉滯卑困，居無所安」〔註107〕，若臀之困於株木也。「人之體，行則趾為下，坐則臀為下。初六困而不行，此坐困之象也。」〔註108〕既不獲安其居，宜迴心嚮明，則近亨。坎谷流下，動則轉之幽暗，是愈遠所亨，故曰「入于幽谷」。「三歲」，數之成也，久也。求亨而入幽暗之所，雖久無所覿矣。〔註109〕

程《傳》：「陰柔之人，非能安其所遇，既不免於困，則益冒險妄動，入於深暗。『幽谷』，深暗之所也。方益入於困，無自出之勢，故至於『三歲不覿』。」王《註》：「有應在四而二隔之，居則困株，進不獲拯，故曰『入于幽谷』。困之為道，不過數歲者也。以困而藏，困解乃出，故曰『三歲不覿』。」〔註110〕

《象旨》：「干寶曰：『兌為孔穴，坎為隱伏。隱伏在下而漏孔穴，臀之象也。』臀奚為困於株木？四互巽，為木，木中曰株。四，互巽之中也。四欲拯初而初入幽谷，坎為陷、為溝瀆、為隱伏，有入幽谷之象也。」〔註111〕「『三

另，吳澄《易纂言》卷六《象下傳》：「水在澤之下，是水漏於下，而澤無水也。」

〔註107〕王《注》。

〔註108〕胡廣《周易大全》卷十七《困》，稱「中溪張氏曰」。

〔註109〕李衡《周易義海撮要》卷五《困》錄劉牧之說，曰：
初居下處，困未通必，至以求安臀者，坐之任也。「株木」，槎枿之木，其形凹，坎之象。坐槎木而不安，遂退矣。求遷於中，則近亨。坎谷流下，退則轉之幽暗，是愈遠所亨，故曰「入於幽谷」。「三歲」，數之成也，久也。求亨而背馳，雖久無所覿矣。

〔註110〕王《注》：
最處底下，沉滯卑困，居無所安，故曰「臀困於株木」也。欲之其應，二隔其路，居則困於株木，進不獲拯，必隱遯者也，故曰：「入於幽谷」也。困之為道，不過數歲者也。以困而藏，困解乃出，故曰「三歲不覿」也。

〔註111〕熊過《周易象旨決錄》卷三《困》。其中，干寶之說見李鼎祚《周易集解》卷九《困》。

歲不覿』，自初至四，歷三爻，故以為數焉。」〔註112〕言久而不能自拔，以出於困，而上覿四之正應也。〔註113〕

九二：困于酒食，朱紱方來，利用亨祀。征凶，无咎。　《象》曰：「困于酒食」，中有慶也。

述曰：彭山曰：「『困于酒食』，與『需於酒食』義同，謂當以飲食俟時，而不可強求其通也。蓋困之可為者，惟致命而已。若其通，則豈人力所能為哉？九二方在困中，而剛中之德能安，俟其至者，故有此象。」〔註114〕

「坎為酒，兌為食。二處坎中而應兌之中」〔註115〕，「酒食」象。「酒以養陽，食以養陰。」〔註116〕生人之常，曷言困也？九二為陰柔所揜，時雖困矣，而日用飲食，不失其所，曰「困於酒食」，心亨之象也。「朱紱」，命服，恩澤，象心亨之人福祿自臻。以其在困，故曰「方來」。當困之時，在利用亨祀。亨祀之道，七日戒，三日齋，精白一心，以通神明，不敢輕動。若征行則非其時，故凶。謂不以酒食俟時，急於求通，則祇甚，其困凶斷至矣。然九二剛中之德，非妄行者，故得「无咎」也。

王《註》：「居險之時，處得其中。體夫剛德，而用中履謙，應不在一，心無所私。夫謙以待物，物之所歸；剛以處險，難之所濟。履中則不失其宜，無應則心無私恃，以斯處困」，亨莫大焉，故有「困于酒食，朱紱方來」之象。

程《傳》：「『亨祀』，以至誠通神明也。在困之時，利用至誠，如亨祀然，其德既誠，自能感通於上。自昔賢哲困於幽遠，而德卒升聞，道卒為用者，唯自守至誠而已。若不至誠安處以俟命，往而求之，則犯難得凶。」

章氏曰：「『需於酒食』，自養以需時也。『困於酒食』，困而不失其所自養也。」〔註117〕「『征凶』與『困於酒食』相反。」〔註118〕「《象》曰：『困於酒食，中有慶也』，二有中德，所謂困而不失其所者。」〔註119〕「慶」，君臣慶會之慶。二雖以五不應而困，然五為同德，時方在困，相求之切，所必至者，故有「朱紱方來」之慶。

〔註112〕王昭素之說，見李衡《周易義海撮要》卷五《困》。

〔註113〕吳澄《易纂言》卷二《困》：「幽谷之中，雖三歲之久，不能上覿四之正應也。」

〔註114〕季本《易學四同》卷二《困》。

〔註115〕熊過《周易象旨決錄》卷三《困》。

〔註116〕李中正《泰軒易傳》卷五《困》。

〔註117〕趙汝楳《周易輯聞》卷五《困》。

〔註118〕季本《易學四同》卷二《困》。

〔註119〕章潢《周易象義》卷三《困》。

六三：困于石，據于蒺藜，入於其宮，不見其妻，凶。　《象》曰：「據于蒺藜」，乘剛也。「入于其宮，不見其妻」，不祥也。

述曰：《困》之為卦，初既以柔揜剛矣。六三陰柔，不中不正，自恃其險，以揜九二之剛，剛非所困而困焉，如石之堅，不可轉移，益自困耳，「困于石」也。「蒺藜」，刺，不可據之物。三以不善之德，居九二剛中之上，其不安猶藉刺，「據于蒺藜」也。「宮」，其居所安也。「妻」，所安之主也。危困已甚，而欲安其居，則失其所安矣。此失位無應之象。〔註 120〕無應而入，安得配偶？不祥莫大焉。「『祥』，善也，吉也，必有凶也。」〔註 121〕

《象旨》：「陰柔不中正，承乘皆剛，而無應與之象。兌為剛鹵，亦有石象，謂四也。《荀九家易》：『坎為蒺藜』，謂二也。三內體，固言『宮』。上，兌女，三坎男之妻。三夫位而才柔，雖有離目，然妻在離之外，二柔不相應，則隔絕而不見。朱先生以妻為六，恐不然也。」〔註 122〕

九四：來徐徐，困于金車，吝，有終。　《象》曰：「來徐徐」，志在下也。雖不當位，有與也。

述曰：受困者二也。二方掩於上下兩陰之中，至四甫出坎險，幸困有說通之機，故曰「來」。已交說體，不能遽通，故「來徐徐」。而未以說言，蓋處困之時，陽剛難於自拔如此。「金車」，象大臣任載之重。金，剛物；車，載物。四之志，欲下得九二同德之助，以其「來徐徐」而未即來，四方困於無與也，雖居高位，而志不克舒，徐不克遂，「困于金車」之象，所以為「吝」。「有終」，終之必來而困可亨也。

諸家以爻言「來」者內辭，故皆以四下就初為來，似為援初之險而發，則所謂「有終」、「有與」者，又何干於四也？況初六方「困株木」、「入幽谷」，何足為九四之與，而九四當困時顧欲藉之有終耶？故知「來徐徐」主二之來也。

〔註 120〕程《傳》：

　　六三以陰柔不中正之質，處險極而用剛。居陽用剛也，不善處困之甚者也。「石」，堅重難勝之物。「蒺藜」，刺，不可據之物。三以剛險而上進，則二陽在上，力不能勝，堅不可犯，益自困耳，「困於石」也。以不善之德，居九二剛中之上，其不安猶藉刺，「據於蒺藜」也。進退既皆益困，欲安其所，益不能矣。「宮」，其居所安也。「妻」，所安之主也。知進退之不可而欲安其居，則失其所安矣。進退與處皆不可，唯死而已，其凶可知。

〔註 121〕李衡《周易義海撮要》卷五《困》引孔《疏》。按：孔《疏》「必有凶也」之前有「不吉」。

〔註 122〕熊過《周易象旨決錄》卷三《困》。

《象》曰「志在下者」，四在上位，其志則下求二以為援助，四以二為與，猶「大蹇朋來」以三為朋，皆陽也。凡陽之困於陰者，力不足以勝，而又無與。有與則非困矣。故困之道必求其與。「志在下」，雖「來徐徐」，必來也。九四雖不當位，而有剛德之與，終能就五以成亨困之功也。

九五：劓刖，困于赤紱，乃徐有說，利用祭祀。　《象》曰：「劓刖」，志未得也。「乃徐有說」，以中直也。「利用祭祀」，受福也。

　　述曰：彭山曰：受困者，九二也。九五所謂「大人吉」者。而言「劓刖」，則本二剛為上下兩陰所掩之象。〔註123〕五以剛德居尊位，以濟天下之困，須二為助，而二遭困若此，五上則不能引氣，下則不能有行。曰：「劓刖」也，志能有得乎？曰：「困於赤紱」，五之困於無助也。「赤紱，臣下之服。」〔註124〕赤紱、朱紱，不必分別，總為命服。自九二在困中，而必為九五所用，則曰「朱紱方來」；自九五推本九二之方困而已，不得通，則曰「困于赤紱」。〔註125〕五，說體也。二困則五志不得，何能有說？五剛中而正，終能合九二之中，以「來徐徐」，未可遽合，「乃徐有說」也。「有說」則情通志投，歡欣交通而困亨矣。「利用祭祀」者，言五感說之道，必須盡其至誠，如祭祀之通神明，則天下並受其福也。

　　五居尊，「二不應己，困無由濟，故曰『困于赤紱』」〔註126〕。兩剛不相應，而在困，特同德相求，五以說感，二將必來而合，故象曰「乃徐有說」。朱氏曰：「五居中而正，動以直行，中則思慮精審，直則其行不撓，如是則君臣相說之志久而必通，豈能間之，故曰『乃徐有說，以中直也』。」〔註127〕

　　程《傳》：「祭祀之事，必致其誠敬，而後受福。人君在困時，宜念天下之困，求天下之賢，若祭祀然，致其誠敬，則能得天下之賢，濟天下之困。」故曰「受福也」。「二之『享祀』，人臣竭誠事上之象。五用『祭祀』，人君致敬御下之象。」〔註128〕

〔註123〕季本《易學四同》卷二《困》：「截鼻曰劓，傷於上也；去足曰刖，傷於下也。謂初三兩陰揜九二之剛也。」
〔註124〕季本《易學四同》卷二《困》。
〔註125〕季本《易學四同》卷二《困》：「蓋自九二期待九五之通困而言，則曰『朱紱方來』；自九五推本九二之方困而言，則曰『困於赤紱』。」
〔註126〕劉牧之說，見李衡《周易義海撮要》卷五《困》。
〔註127〕朱震《漢上易傳》卷五《困》。
〔註128〕張獻翼《讀易紀聞》卷四《困》。

處困之道，惟陽剛者能亨，陰柔觀其所附而已。初三附於坎陷，故皆入困。上附於說，則可動矣。陽剛則無所動心，而俟黨與之至，故二、四皆言來，而五言徐說也。「乃徐有說」，當困時不可求亟通也。〔註129〕

剛爻「困于酒食」，「无咎」；「困于金車」，「有終」；「困于赤紱」，「有說」。陽剛受困，皆非自取，困而亨也。柔爻則「困于株木」者，「不覿」；「困於石」者，「不見」；「困于葛藟」者，僅許其「有悔，征吉」。所謂「有悔」者，取其悔掩剛之過也。〔註130〕

上六：困于葛藟，于臲卼，曰動悔。有悔，征吉。 《象》曰：「困于葛藟」，未當也。「動悔，有悔」，吉行也。

述曰：《象旨》：「虞翻曰：『巽為草莽。稱『葛藟』，謂三也。』五居互巽之上，既高而不安。上在五上則愈危，故蒙上文而不復出『困』字，止稱『臲卼』也。三柔而牽己，五剛而難乘，『曰』者，兌為口舌，故自訟也。蘇氏曰：『上六，困之極而不能去，則謀全之過也。曰不可動，動且有悔，而不知其不動乃所以有悔也。上無撓我者，則吉莫如徵也。』」〔註131〕爻至此有變通之義。陰柔能悔而不能決疑，動得悔而不翻然變動，終有悔矣，故勉之以「征吉」。《象》曰「『困于葛藟』，未當也」，陰柔疑慮之過也，居至困之地，正謀通之時，而柔懦不斷，葛藟滋蔓，處於臲卼而不能去，斯非謀而未當乎？惟能斷然「曰動悔。有悔」，悔不可再，一脫其纏繞之非而去之則吉矣。

陸希聲曰：「君子之窮，動則生悔。天地之道，困極必通。不可以動而輒悔，遂窮不思變。知將有悔，思變而行，困窮而通，理當獲吉，所謂『吉凶悔吝生乎動』者也。知吉而行，故曰『吉行』。行而獲吉，故曰『變乃通也』。」〔註132〕趙氏曰：「物無終困之理，久則必亨。未可行而躁動，則激而益其困。時可行而不動，亦終於困而不得伸矣。」〔註133〕

上之一爻，有處一卦之上者，有處一卦之外者。處上則為尊高之極，

〔註129〕熊過《周易象旨決錄》卷四《困》：
　　　　予觀處困之道，惟陽者能亨，陰柔觀其所附而已。初、三附於坎陷，故皆入困。上附於說，則可動矣。陽剛則無所動心，而俟黨與之至，故二、四皆言來，而九五言徐說也。方徐之云，當困時不可求亟通也。
〔註130〕此一節見張獻翼《讀易紀聞》卷四《困》。
〔註131〕熊過《周易象旨決錄》卷四《困》。
〔註132〕李衡《周易義海撮要》卷五《困》。
〔註133〕趙汝楳《周易輯聞》卷五《困》。

《乾》之上九是也。處外則為吉凶之輕，《困》之上六是也。諸卦繫祭祀之詞者四：《渙》、《萃》之義大矣，《隨》之上六誠之極也，《困》之九五如之，其九二中實，有積誠之象焉。《觀》之盥，《損》之簋，《既濟》之禴，雖非為祭而吉，然得之亦吉。《觀》以敬，《損》以儉，《既濟》以中虛。虛，誠也。〔註134〕

「『尺蠖之屈，以求伸也。龍蛇之蟄，以存身也。』〔註135〕君子窮不易德，困不變常，屈伸卷舒，由諸道也。讀《困》卦者至矣夫。」〔註136〕

九二爻，項氏曰：「九二在下，未得行道，以酒食而自娛，此所謂困也。『朱紱方來』，君道將應，此所謂亨也。利用亨祀，誠以感神，忠以達上，此所謂『貞，大人吉』也。循此而行，萬一不利，雖凶亦無可咎，此所謂『无咎』也。九二成卦之主，故爻辭與卦辭相通。」〔註137〕

六三爻，按《下三爻》：「初六在坎之下，故為『入於幽谷』，即《坎》之初爻『入於坎窞』也。九二在坎之中，故為『困於酒食』，即《需》之九五『需於酒食』也。六三在坎之上，進則困於九四之石，退則據於九二之蒺藜，動而入巽，則為《大過》之『棺槨』，不復與上相見。三者無一可居，此即《坎》六三『來之坎坎，險且枕』也。」〔註138〕

九四爻，楊氏謂：「應不在初六而在九二，以類相從。九二徐徐而來，隔於六三之閡，其前如金車之堅而不可卻，然陽進而不止，陰止而不進，吝於始，必通於終。四之志在於二，二雖不當初之位，當困之世，君子類苟同矣，應不在近；志苟通矣，來不在速，期於終不為小人所掩而已。」〔註139〕

九五爻，項氏曰：「困上加『劓刖』二字，指九二也。二方掩於二陰之中，

〔註134〕 此一節見張獻翼《讀易紀聞》卷四《困》。但自文首至「《困》之上六是也」，出楊萬里《誠齋易傳》卷十三《困》，《讀易紀聞》不言係引用。

〔註135〕 《繫辭下》。

〔註136〕 此一節見李衡《周易義海撮要》卷五《困》，乃薄洙之說。

〔註137〕 項安世《周易玩辭》卷九《九三》。

〔註138〕 項安世《周易玩辭》卷九《下三爻》。

〔註139〕 楊萬里《誠齋易傳》卷十三《困》：

《困》之九四，其應不在初六而在九二者，類也。九四為上六所掩，其望九二之應，如乞師於鄰國，以解入郭之圍也。而九二徐徐而來者，隔於六三之閡其前，如金車之堅而不可卻也。然陽進而不止，陰止而不進，吝於始，必通於終。蓋四困於三之隔，然四之志乎二則不渝也；二雖不當初之位，然二之與乎四則必應也。當困之世，為君子者，類苟同矣，應不在近；志苟通矣，來不在速，期於終不為小人所掩而已。

上為三所剸，下為初所刖，故曰『剸刖』。五有賢臣，而未得其用，故曰『困於赤紱』，言臣道未應也。『乃徐有說』，猶九四之『徐徐』而『有終』也。初在卦之始，以得上卦為『有終』；二在坎之中，以得兌為『有說』。二稱『亨祀』，享主天，祀主人，下自中而進上也。五稱『祭祀』，祭祀而祀天人，言上下皆受其福也。二、五本非正應，特以中相得，故二之《象》曰『中有慶也』，五之《象》曰『以中直也』。」〔註140〕以「紱」言者，「程子謂『主於行』，蓋困塞之時，以得行為亨，故六爻多以行取義。初言臀，二、五言蔽膝，四言車，皆行具也。色之赤黃者為朱。朱，君紱也。赤，臣紱也。二、五無應，而以中相應，故以君臣言之。至三、上無應，則直謂之『不見其妻』云」〔註141〕。「志皆謂所應。四志在初而未得，故『來徐徐』。五志在二而未得，故『乃徐有說』。」〔註142〕

　　上六爻，項氏曰：「六三非其所當牽而牽之，故為『困於葛藟』。九五非所當乘而乘之，故為困『於臲卼』。此《小象》所謂『未當也』。所處如此，徒用兌口御人，以動而生悔為辭，不肯決然捨去，則又可悔之甚也。此《象》所謂『尚口乃窮也』。若能斷葛藟而不牽，辭臲卼而不居，行而去之，吉孰加焉！上六徒動而不去則成《訟》，故自謂『動悔』。若去而之初則為《漸》之吉，志在必行，而不在徒動，故曰『吉行也』。」〔註143〕

井☵☴巽下坎上

　　鄧伯羔曰：「坎上巽下。坎，水。巽，入。『巽乎水而上水』，井也。謂『木上有水』可，謂『風上有水』亦可，木與風總是巽，總是入耳。入者何物？缾也，甕也，皆陶器，非木器也。」

　　謝枋得曰：「《困》、《井》相表裏，《困》為塞，《井》為通。《困》，澤中無水，《井》，木上有水。《困》有未濟，《井》有既濟也。」〔註144〕

　　孔《疏》：「井者，物象之名也。古者穿地取水，以瓶引汲，謂之為井。此卦明君子修德養民，有常不變，終始無改，養物不窮，莫過乎井，故以修德之

<hr>

〔註140〕項安世《周易玩辭》卷九《九五》。
〔註141〕項安世《周易玩辭》卷九《紱》。
〔註142〕項安世《周易玩辭》卷九《志在下也　志未得也》。
〔註143〕項安世《周易玩辭》卷九《上六》。
〔註144〕董真卿《周易會通·周易經傳集程朱解附錄纂註卷九·升》、胡廣《周易大全》卷十七《升》。

卦取譬，名之『井』焉。」

井：改邑不改井，無喪無得，往來井井。汔至，亦未繘井，羸其瓶，凶。

《彖》曰：巽乎水而上水，井。井，養而不窮也。「改邑不改井」，乃以剛中也。「汔至，亦未繘井」，未有功也。「羸其瓶」，是以凶也。

　　述曰：「張希獻曰：『邑居其所而能聚，可改而就井。井居其所而有常，不可改而就邑。』自古國邑之建，必先視其泉之所在，是以公劉創京於豳之初，相其陰陽，觀其流泉，先卜其井泉之便，而後居之。」〔註145〕「邑雖遷移，井體無改。」〔註146〕「井以不變為德也。」〔註147〕惟井之不變，「故終日引汲，未嘗言損；終日泉注，未嘗言益，『無喪無得』也」〔註148〕。「汲者往而來者汲」〔註149〕，不撓不汩，潔淨之體自如，「井井」也。《彖傳》但言其體，而用已該矣。」〔註150〕「『汔』，幾也。」〔註151〕「至」，謂至井而及泉也。「『繘』，汲水之綆。『亦未繘井』，謂繘在井而未收也。」〔註152〕程《傳》：「井道以濟用為功，水出乃為用，未出則何功也？瓶所以上水而致用也，羸敗其瓶，則不為用矣，是以凶也。」陰中有陽，故為泉出於井之象。統觀全卦，有「井」字之象。細分三奇三耦，有「井井」之象。「繘井」有巽入之象，「羸瓶」有坎險之象。〔註153〕

〔註145〕張獻翼《讀易紀聞》卷四《升》。
　　　　按：胡廣《周易大全》卷十七《升》：
　　　　　　中溪張氏曰：「井，德之地也，而以不變為德。下體本乾，上體本坤，初、五剛柔相易而成井。坤為邑，變坤為坎，改邑也。坎水為井。五以剛居中而不變，是不改井也。邑居其所而能聚，可改而就井。井居其所而有常，不可改而就邑。汲之而不竭，故無所喪。不汲之而不盈，故無所得。剛往居五，柔來居初。往者得水而上，來者求水於下。往來皆井，其井則無飢渴之害矣，故曰『往來井井』。」
〔註146〕孔《疏》。
〔註147〕王《注》。
〔註148〕孔《疏》。
〔註149〕季本《易學四同》卷二《升》。
〔註150〕胡炳文《周易本義通釋》卷十二《彖下傳》。
〔註151〕虞翻之說，見李鼎祚《周易集解》卷十《升》。
〔註152〕季本《易學四同》卷二《升》。其中，俞琰《周易集說》卷八《升》：「『汔』，幾也。『繘』，汲水之綆。」
〔註153〕章潢《周易象義》卷四《井》：
　　　　　　上坎水，下巽木，故為水上於木之象。陰中有陽，故為泉水於井之象。統觀全卦，有井字之象。細分二之奇耦，有「井井」之象。……「繘井」有巽入之象，「羸瓶」有坎險之象。

《象旨》:「《周禮》:『四井為邑。』《春秋井田記》曰:『同井而市,交易而退。』是邑有改象,以《井》、《困》倒體明之。巽為邑,《升》下卦,《无妄》互體見之。向在上之兌,今改為巽邑,然在上在下皆此坎爾,是井不改也。即井為革者,濬其泉而已,所謂我固有之也。六三往上,九四來下,則坎水在上;六四來下,九三往上,則坎水在下;故曰『往來井井』。」〔註154〕

周宴曰:「坎體在上,常盈而不竭;巽體在下,巽水而上出;是『巽乎水而上水』也。『巽乎水而上水』,則其出有源,其用無窮,故曰『井,養而不窮』。巽取本義,不取木義。」章氏曰:「『改邑不改井,以剛中也』,剛中指九五,即泉出於中之象。《困》反為《井》,坎位下,今位乎上,在上在下不同,而中爻陽剛不動,是邑改而井不改也,故曰『乃以剛中』。」〔註155〕王《註》:「以剛處中,故能定居其所而不變也。」彭山曰:「二之德雖亦剛中,但『無喪無得,往來井井』則九五成功之事也。二尚未能有此,未有功也。」〔註156〕「『汔至,亦未繘井』,則人未獲其井養之利,故未有功也。巽以入井,值坎之險,則並其瓶而羸之,『凶』也。」〔註157〕

仲虎曰:「澤無水為困,命也。澤雖無水而井則有水,性也。知困之義,則知安命。知井之義,則知盡性。《易》,性命之書,而言之明且切者,莫《困》、《井》二卦若也。『改邑不改井』,井之體也,性靜而定也;『無喪無得,往來井井』,井之用也,性動亦定也。『汔至,未繘井』而『羸其瓶』,人之於性知之,行有未盡者,其猶是乎?」〔註158〕

蔡汝楠曰:「剛中養德,有定體也。未有功且凶,臨事不善用也。所用一非所養,並其所養敗於此矣,故戒懼之學不可以不密。」〔註159〕

〔註154〕熊過《周易象旨決錄》卷四《升》。
〔註155〕章潢《周易象義》卷四《井》:
　　　「『改邑不改井』,乃以剛中也」,「剛中」指九五,即泉出於中之象。《困》、《井》本相反也。坎雖在上在下不同,而中爻陽剛未嘗改也,故曰「乃以剛中」。
〔註156〕季本《易學四同》卷四《象象爻下傳》。
〔註157〕章潢《周易象義》卷四《井》。
〔註158〕胡炳文《周易本義通釋》卷二《井》。
　　　其中,馮椅《厚齋易學》卷二十四《易輯傳第二十·井》引「鄭舜舉曰」:「澤無水為困,此命也;澤雖無水而井則有水焉,此性也。」《周易本義通釋》引之而不注明。
〔註159〕蔡汝楠《說經箚記》卷一《易經箚記·井卦》(《四庫全書存目叢書》第149冊,第33頁。)

象曰：木上有水，井。君子以勞民勸相。

述曰：「木上有水」，即「巽乎水而上水」之象，所以為井。「井，養而不窮」，君子體之，以勞來其民，而勸勉輔相以相生之道。周宴曰：「『勞民』者，以君養民。『勸相』者，使民相養，則所以為養者無窮矣。」汝中曰：「此即同井相助相交之義，所謂五家相保，五比相愛，五閭相葬，五族相求，五黨相賙，五州相賓是也。」〔註160〕巽在下，井水濬深而上出，入於深而達於上，故取「木上有水」之象，非謂「木器承水而上之，汲水之象」也。〔註161〕

王介甫曰：「荀子曰：『不足者，天下之公患也。』苟知勞民勸相之道，而以不足為患者，未之有也。」〔註162〕

初六：井泥不食，舊井無禽。　《象》曰：「井泥不食」，下也。「舊井無禽」，時舍也。

述曰：《象旨》：「此陰居下而無應之象。干寶曰：『體本土爻。』舊井在下未濬，不能汲而日新，是以為舊井也。坎失前禽，故『無禽』。長寧周氏謂井旁餘瀝，禽來飲食者。禽無飲井，其言是矣。『不食』者，遠於兌口，其始無人，其終無禽，則所以為井者亡矣，故時皆舍之謂。『時舍』者，明非初罪，時止在此耳。程先生作上讀，與《乾》『時舍』義異，是矣。三濬而四甃，非他井也。井亦未嘗變，變者時耳。」〔註163〕

王《註》：「最在井底，上又無應，沉滯滓穢，故曰『井泥不食』也。井泥而不可食，則是久井不見濬治者也。久井不見濬治，禽所不向，而況人乎？一時所舍也。井者，不變之物，居德之地，而處窮下，物無取也。」

九二：井谷射鮒，甕敝漏。　《象》曰：「井谷射鮒」，無與也。

述曰：程《傳》：「二雖陽剛之才而居下，上無應而比於初，不上而下之象也。井之道，上行者也。澗谷之水，則旁出而就下也。居井而就下，失井之道，乃井而如谷也。井上出，則養人而濟物。今乃下就污泥，注於鮒而已。如水之

〔註160〕王畿《大象義述》（吳震編校整理《王畿集》，鳳凰出版社2007年版，第668頁）。
〔註161〕季本《易學四同》卷四《彖象爻下傳》：
　　　　　入於深而達於上，木之性也。井水自深而上出，與木性同，故取「木上有水」之象。程子謂「木承水而出之，乃器汲水而出井之象」，是以木為器也，則《象》、爻何以不言木器而言瓶甕乎？意古人之汲水，必未有木器之制也。
〔註162〕李衡《周易義海撮要》卷五《井》。
〔註163〕熊過《周易象旨決錄》卷四《升》。

在甕，本可為用。」而甕破敝，不足以上水而反漏乎水也。〔註164〕《象》曰「無與也」，若上有與之者，則汲引而上，成井之功矣。〔註165〕

《象旨》：「無應於上而下比之象。《井》二自謂谷、鮒，皆指初。谷，《說文》：『泉出通川之稱。』鄭玄曰：『艮為山，山下有井，必因穀水所生』，是也。鮒，魚，陰蟲。巽為魚。初處井下體，又陰爻，鮒之象也。初在陰，為泥。二，陽爻，剛土在井，甕象也。井底周圍，障土儲水如甕然。鄭云停器也，《說文》謂汲瓶，非『敝漏』者。九二剛畫，象水實甕中。初偶，象甕之敝舊下漏。又互兌，為毀折，二也。」〔註166〕

石介曰：「喻中人之性不能應上，從師友之訓，而反習於下，自敗其材器之象。」〔註167〕

九三：井渫不食，為我心惻。可用汲，王明，並受其福。 《象》曰：「井渫不食」，行惻也。求「王明」，受福也。

述曰：九三居得其正，巽入之功已畢，故渫然在下之上，不得其中，非井邑所會之地也，有「不食」之象。上與之有應，故為之「心惻」。上比於五，其力可以汲三，故「可用汲」。五在坎中，自三至五為互離，故為「求王明」。五居井之上，有出水之才焉。水渫有必出之理，王明則汲之理以及物，故為並「受其福」。〔註168〕項氏曰：「上六之心惻，非為私應也。行者皆惻，吾安得不惻？此以明好賢之公心也。九三求王明，非為三也，將使上下並受其福，此以明慕君之本心也。」〔註169〕「爻言『心惻』，象言『行惻』，辟〔註170〕奇寶橫道而不收，則行道之人皆歎息之矣。況在上而為之應者，能不動心乎？故《象》以『行』言之，所以深明其當然也。」〔註171〕

〔註164〕程《傳》：「乃破敝而漏之，不為用也。」
〔註165〕程《傳》：「若上有與之者，則當汲引而上，成井之功矣。」
〔註166〕熊過《周易象旨決錄》卷四《升》。
〔註167〕李衡《周易義海撮要》卷五《井》。
〔註168〕熊過《周易象旨決錄》卷四《升》：

　　九三居得其正，巽入之功已畢，故渫然在下之上，不得其中。上雖有應，而非用事。既井井邑所會之地，又居兌口之下，有不食之象。「我」，三自謂。為我惻者，上坎加憂也。「王」謂五，離為明。行謂四也。五在坎中，四汲三而成互離，為「求王明也」。以非正應，故稱「行」。稱求井何以求食？不食存乎人，所以為井者存乎己。行人惻之，非自惻並者，普物之稱也。

〔註169〕項安世《周易玩辭》卷九《九三小象》。
〔註170〕「辟」，《周易玩辭》無。
〔註171〕項安世《周易玩辭》卷九《行惻有孚》。

陽剛，水象。「渫」者，去夫初之泥也。〔註172〕以陽居陽，履得其位，得井之義也。當井之義，而不見食，功未濟物，物思其仁，故「為我心惻」。不下注而應上，故「可用汲」也。王者明其德，在上則見昭明，既嘉其行，又欽其用，故曰「王明，並受其福」。〔註173〕

《紀聞》曰：「泉美陽剛，二、三俱陽剛也。功貴及物，二、三俱不能及物也。三則惻之，又從而期望之，終於及物焉。二則不足之意，見於二象，若有終不能及物者。何也？謂之『無與』，蓋深惻之矣。」〔註174〕

六四：井甃，无咎。　《象》曰：「井甃，无咎」，修井也。

述曰：《子夏傳》云：「甃亦治也，以塼壘井。修井之壞，謂之為甃。」〔註175〕四坎體，在所當修，修則坎不為險。四近五陽剛，為井之郭郭，亦有甃井象。離下卦而上，有改舊為新之象。〔註176〕四位不當中，未能施其井養之利，然居得其正，可以修井之壞，補過者也。〔註177〕荀爽曰：「坎性下降，嫌於從三，能自修正，以甃輔五，故『无咎』也。」〔註178〕

「井甃」者，甃而修之也。井而甃矣，則舊井完而新矣。六四柔得其正，近承九五之君，巽木上水之始，能甃而治之，修而潔之，則無污壞之咎，無污濁不食之患，而將有汲引上出之功矣。〔註179〕

呂仲木曰：「威儀一改則身危，紀綱一亂則國亡矣。君子常井井乎其有條也，故『无咎』者，善補過也。」〔註180〕

〔註172〕李過《西溪易說》卷十《升》：「渫，初之泥也。」
〔註173〕王《注》：
　　　　處下卦之上，復得其位，而應於上，得井之義也。當井之義，而不見食，脩己全潔，而不見用，故「為我心惻」也。不下注而應上，故「可用汲」也。王明則見照明，既嘉其行，又欽其用，故曰「王明，並受其福」也。
〔註174〕按：張獻翼《讀易紀聞》未見此語。
〔註175〕孔《疏》。
〔註176〕章潢《周易象義》卷四《井》：
　　　　六四陰柔，居得其位，然坎體在所當修。離下卦而居上，有改舊為新之意。四為坎之郭郭，亦有甃之象。是以離雖舊，而甃治則新也。
〔註177〕王《注》：「得位而無應，自守而不能給上，可以脩井之壞，補過而已。」
〔註178〕李鼎祚《周易集解》卷十《井》。
〔註179〕胡廣《周易大全》卷十七《井》：
　　　　中溪張氏曰：「『井甃』者，甃而修之也。井而甃矣，則舊井完而新之，俾勿壞然。六四才柔雖，未能施其井養之用，而近承九五『井冽』之主，苟能甃而治之，修而潔之，則將有汲引上出之功，而無污濁不食之咎矣。」
〔註180〕呂柟《周易說翼》卷二《井》。

九五：井洌，寒泉食。　《象》曰：「寒泉」之「食」，中正也。

述曰：「洌，清潔也。水清而潔則寒，故曰寒泉。泉動於下者也，九五之寒泉即九二之所出也。」〔註181〕三渫之，四甃之，皆修德以待汲。九五剛健中正，而居尊位，是「王明」在上。「井洌，寒泉」，乃得汲而為人食，所謂「並受其福」者。孔《疏》：「以言剛正之主，不納非賢，必須行潔才高，而後乃用。《象》曰以『中正也』者，若非居中得正，則任用非賢，不能待寒泉，而後乃食也。必言『寒泉』者，清而冷者，水之本性，遇物然後濁而溫，故言寒泉以表潔也。」

《象旨》：「五變坤作坎，故洌。剛居剛，故潔。坎正北方之卦，為寒泉。居兌口之上，食象也。寒泉之食，何以中正？呂仲木曰：『居〔註182〕德而不中正，則貴戚有優渥之耗，疏遠無沾濡之益，是斜口井也。惟中正則四方皆被其澤。《詩》云：池之竭矣，不云自中』，是也。」〔註183〕

「井以陽為泉者，水固天之一陽所生也。」〔註184〕「井至五，初泥已濬，二漏已修，井道全矣，所謂『井，養而不窮』者，正在此爻。寒者，水之性。洌，潔也。三之渫，潔之也，渫之可食矣。」〔註185〕至五位在上中正，而後「井洌」之「寒泉」迺為人食，井食而一邑之人被澤矣。

上六：井收勿幕，有孚元吉。　《象》曰：「元吉」在上，大成也。

述曰：劉濂曰：「井道成矣。『收』者，收繘收瓶，汲之終也。『勿幕』者，坎口不掩，公其利也。『有孚』者，井中實為孚，有常而不變，源源而不窮也。」〔註186〕《象》曰：「元吉在上」，井道貴上也。上則水出乎井，澤濟乎物，成井養不窮之功，故曰「大成」。

王《註》：「處井上極，水已出井，井功大成，在此爻矣，故『井收』也。」項氏曰：「上六當井口之成，『勿幕』足矣。又曰『有孚元吉』者，何也？上推賢揚善，出於惻怛之誠心，則井渫見汲，而天下並受其福矣。在上者必如是，

〔註181〕季本《易學四同》卷二《井》。
〔註182〕「居」，呂柟《周易說翼》卷二《井》作「君」。
〔註183〕熊過《周易象旨決錄》卷四《升》。
〔註184〕鄭少梅之說，見馮椅《厚齋易學》卷二十四《易輯傳第二十·井》。
〔註185〕胡炳文《周易本義通釋》卷二《升》。
　　　　其中，李過《西溪易說》卷十《升》：「井至五爻，初泥已濬，二谷已修，井道已全，則井洌而泉寒為時所食。所謂『養而不窮，往來井井』皆在此爻。」《周易本義通釋》引其說而不言。
〔註186〕劉濂《易象解》卷三《井》。(《四庫全書存目叢書》經部第4冊，第276～277頁)「有常而不變，源源而不窮也」，《易象解》作「靜深而不窮也」。

而後為大成，故曰『元吉在上，大成也』。」〔註187〕「上六之『有孚』即九三之『心惻』也。人之相與，苟非中心惻怛，何以見其有孚？外雖相與，而中無惻怛之念者多矣。」〔註188〕此上六必「有孚」而後「元吉」也。

初六爻，楊氏曰：「初六在一井之底，居於下者也，宜其泥之不澄也。處幽陰之極，安於舊者也，宜其泉之不新也。井之可飲可食，以潔清也。今既泥而不潔，舊而不清，眾禽且無一食之者，而況人乎！人之棄而不食，時之舍而不用，將誰尤乎？養人者必自養，用世者必可用。」〔註189〕觀「井泥不食」，可自喻矣。

九二爻，項氏曰：「初與二爻辭皆具兩象。初在最下，而上無應，既如井中之泥水而人不食，然泥猶有禽也。又如舊井之無水而禽不居，則併禽無之矣。故《象》曰『下』、曰『時舍』。二亦在下之中，而上無應。既如井旁泉穴，止能下注泥中之鮒，又如敝甕，不能載水以上出。故《象》以『無與』解之。明二爻皆無應，但初無水，二有水為異爾。水屬陽，故卦內陽爻皆為水，陰爻皆不為水。谷者，井中之泉穴，已離於泥而未至於渫者也。渫且不食，而況於谷乎？況於井泥乎？三爻皆在下故也。」〔註190〕「初之『禽』即二之『鮒』也，常處泥中，得水則活，故舊井無之。」〔註191〕

革☲☱離下兌上

汝吉曰：「革，變革也。卦於《睽》體同而位易。上火下澤，性睽焉已也；澤上火下，水決則火滅，火然則水竭，『相息』矣。『二女同居』，志睽焉已也。少上中下，倫序有乖，且成仇隙，故不曰不同行而曰『不相得』，則凶悔吝乘之，革也。」

革：已日乃孚，元亨，利貞，悔亡。

《彖》曰：革，水火相息。二女同居，其志不相得，曰革。『已日乃孚』，革而信之。文明以說，大亨以正，革而當，其悔乃亡。天地革而四時成。湯武革命，順乎天而應乎人。革之時大矣哉！

述曰：王《註》：「夫民可與習常，難與適變；可與樂成，難與慮始。故革

〔註187〕項安世《周易玩辭》卷九《九三　上九》。

〔註188〕項安世《周易玩辭》卷九《行惻　有孚》。

〔註189〕楊萬里《誠齋易傳》卷十三《井》。

〔註190〕項安世《周易玩辭》卷九《初二》。

〔註191〕項安世《周易玩辭》卷九《無禽》。

之為道，即日不孚，『已日乃孚』也。孚然後乃得『元亨利貞，悔亡』也。已日而不孚，革不當也。悔吝之所生，生乎變動者也。革而當，其悔乃亡。」

離為日，「已日乃孚」，盡離三爻也。「革言三就」，言「有孚」、「悔亡」，又言「有孚」，然後「改命」，吉非事已而後孚也。蓋革道在審之未革之先，離三爻皆慎重義也。

王《註》：「凡不合，然後乃變生。變之所生，生於不合者也，故取不合之象以為革。」卦澤水在上，離火在下，炎上之勢重，則水為火所息，革以火息水為義也。〔註192〕「『二女同居』而有水火之性，近而不相得也」〔註193〕，所以為革。「『已日乃孚』，革而信之也」，夫所以得革而信之者，「文明以說」也。內離，文明，慮變已熟，研幾已精；外兌，和說，比時順物，宜民安俗。能本文明之德而行以說道，人情堙鬱而解釋之，政事鷙戾而振起之，窮則變，變則通，「大亨」也。更革非常之事，變通之際，易於失正。今觀二柔五剛，得中且正，非以正乎？為革而「大亨以正」，可謂當矣。革而當，當天心，當民望，當時物也。「其悔乃亡」，信在事前也。張氏曰：「致其孚者，在已日之前。驗其孚者，在已日之後。」〔註194〕「天下之事，苟不至於如水火、如二女，聖人豈得已而不已乎？」〔註195〕章氏曰：「離屬夏，兌屬秋。夏革為秋。」〔註196〕離、兌者，一歲中之革。〔註197〕天地之革，四時所以成也。順天應人，革之大者。湯、武革命，時不得已耳。革塗炭而衽席之，革暴虐而寵綏之，斯乃天之歸、民之戴，湯、武不得不順而【應之也。〔註198〕敬仲曰：「湯、武之變革即天地之變革。變革□而不〔註199〕與天地相似，則失所謂變革之道。三

〔註192〕季本《易學四同》卷四《象象爻下傳》：
水性本能息火，但火在下，而炎上之勢重，則水為火所息，而火不為水所悔矣，故革之義以火息澤為重。
〔註193〕王《注》。
〔註194〕張獻翼《讀易紀聞》卷四《革》。
〔註195〕張獻翼《讀易紀聞》卷四《革》。按：原出楊萬里《誠齋易傳》卷十三《革》，此卦後文又引之，稱「楊氏曰」。
〔註196〕章潢《周易象義》卷四《革》。
〔註197〕按：錢澄之《田間易學》卷五《革》引「章氏曰」至此止。實則「離、兌者，一歲中之革」非章氏之說。
〔註198〕趙汝楳《周易輯聞》卷五《革》：
天地之革，四時所以成也。革塗炭而衽席之，革暴虐而寵綏之，斯固天之曆數、人之徯戴，湯武不得不順而應之也。
〔註199〕「□而」，作『之時』。

才一體，動靜一體，人情事變一體。事變無窮即四時之變通。是謂大易之道，是謂元亨利貞。」〔註200〕

《讀易紀聞》曰：「卦以相違為《睽》，相息為《革》。《既濟》水在火上，不曰相息者，坎之水，動水也，火不能息之；澤之水，止水也，止水在上而火炎上，故息。」〔註201〕二女謂離中兌少。中上少下，有家之漸如此。若「少上中下，其序有乖，志不相得，不但如志不同行，兩志不相共事，蓋讐釁已生。若傅倢妤之於馮婕好、趙飛燕之於班倢妤，殆有兩不相容者矣」〔註202〕。

「凡變革，人情之所甚難，革已乃信之。盤庚之未遷，人言咄咄。已遷而信之矣。」〔註203〕文明則真見時之當革，不失幾也。說則能以說道順人心也。自其顯於變通而言，則曰「大亨」。自其本於中正而言，則曰「以正」。以此為革，所革者當而悔亡也。〔註204〕陰陽變易，是天地之革也。變而不失其序則為時，能順四時之序則歲功成矣。王者之興，受命於天，故易世謂之革命。】〔註205〕湯、武，革命之君也，然皆順天應人，唯其時而已。天地之變，運祚之移，不過一革而已，故贊其大。〔註206〕

鄧伯羔曰：「湯、武革命，時不得已耳。孔子贊《易》『順乎天而應乎人』，是言革有此義，非言湯、武能盡易也。」汝吉曰：「天下之革，莫大於時變，亦莫信於時變，故革必其孚。天地之道，浸無疢疾，革者故孚。必已日，天地雨暘燠寒以時敘，而萬物從之，一不當涉已，故革不過物，必當物。《易》下經卦元亨利貞四德具唯《革》，重革也，明革以天耳。且一時一息之變化皆革

〔註200〕楊簡《楊氏易傳》卷十六《革》。
〔註201〕張獻翼《讀易紀聞》卷四《革》。按：原出胡炳文《周易本義通釋》卷十二《象下傳》，《讀易紀聞》引之而不言。
〔註202〕張獻翼《讀易紀聞》卷四《革》。
〔註203〕楊簡《楊氏易傳》卷十六《革》。
〔註204〕季本《易學四同》卷四《彖象爻下傳》：
　　　　文明則真見時之當革，不失幾也。說則能以說道順人心也。自其顯於有為而言，則曰「大亨」。自其本於無為而言，則曰「貞」。以無為而革，然後能順人心，則所革者當而悔亡也。
〔註205〕【　】內文字，四庫本無。
〔註206〕季本《易學四同》卷四《彖象爻下傳》：
　　　　陰陽變易，是天地之革也。變而不失其序則為時，能順四時之序則歲功成矣。象傳所謂「治歷明時」者，意本於此。以世道之遷移言之，亦時也。王者之興，受命於天，故易世謂之革命。成湯之伐桀，武王之伐紂，皆革命之時也。然皆順天應人，唯其時而已。……天地之變，運祚之移，不過一革而已，故贊其大。

也。言『天地革』，盡造化之消息矣，一人一事之廢興皆革也。言『湯、武革命』，盡人事之污隆矣，故易無不體也。」

劉牧曰：「革者，謂炎水以熱物也。火之炎水，必漸至於湯，湯必漸至於熱，其可速乎？熱徹於中物乃熟，信徹於中民始行，故即日不孚，『已日乃孚』也。」〔註207〕

漢上朱氏曰：「『先儒已日』作『已事』之『已』，當讀『戊巳』之『己』。十日至庚，而庚，更革也。自庚至己，十日浹矣。己者，浹日也。湯之伐桀，猶曰『舍我穡事，而割正夏』〔註208〕，故革『即日不孚』，浹日乃孚，乃難辭也。」〔註209〕

《象》曰：澤中有火，革。君子以治曆明時。

述曰：革為變更，「虎變」、「豹變」亦取變義。兌為澤，離為火，澤中有火，所謂「澤有陽焰」〔註210〕，所謂「陰火潛然」〔註211〕，皆水火不時之變，故為革象。《紀聞》曰：「澤以潴水，今乃有火，革之大者也。夫水火相息，乃成四時寒暑之變，中有數存焉，曆所以步其數也。天運不齊，而曆乃定法。天無時不動，欲以一定之曆步之，久而必差，則治以求合。」〔註212〕虞翻曰：「『天地革而四時成』，故『君子以治曆明時』也。」〔註213〕吳氏曰：「曆謂日月五緯之躔次，時謂春秋冬夏之代序。推日月而後可定四時，故治曆所以明時。」〔註214〕「李季辨曰：『晝夜者，一日之革。晦望者，一月之革。分至者，一歲之革。曆元者，無窮之革。』〔註215〕『曆貴乎革者，三辰有差，曆亦萬

〔註207〕李衡《周易義海撮要》卷五《革》。
〔註208〕《尚書·湯誓》。
〔註209〕朱震《漢上易傳》卷五《革》。
〔註210〕（明）楊慎《升菴集》卷六十《陰火》：
　　　　　《易》：「澤中有火。」《素問》云：「澤中有陽燄。」《注》：「陽燄如火，煙騰騰而起於水面者是也。」蓋「澤有陽燄」，乃「山氣通澤。山有陰靁，乃澤氣通山。《文選·海賦》：「陰火潛然」、唐顧況《使新羅》詩「陰火暝潛燒」是也。
〔註211〕蕭統《文選》卷十二木華《海賦》。
〔註212〕張獻翼《讀易紀聞》卷四《革》。按：原見崔銑《讀易餘言》卷三《大象說·革》，《讀易紀聞》引之而不言係引用。
〔註213〕李鼎祚《周易集解》卷十《革》。
〔註214〕吳澄《易纂言》卷六《象下傳》。又見張獻翼《讀易紀聞》卷四《革》，不言係引用。
〔註215〕見馮椅《厚齋易學》卷四十一《易外傳第九》，稱「李去非曰」。又見胡廣《周易大全》卷十七《革》，稱「西溪李氏曰」。西溪李氏即李過，字季辨，撰《西

變也。』〔註216〕」〔註217〕

張氏曰〔註218〕：「夫曆數者，先王以憲生殺之期而召信事之節也，使萬國之民不失其業者也。〔註219〕『履端於始，序則不愆；舉正於中，民則不惑；歸餘於終，事則不悖。』〔註220〕」

初九：鞏用黃牛之革。　《象》曰：「鞏用黃牛」，不可以有為也。

述曰：《象旨》：「初體離明，以陽居下而無應，故象如此。離為牛，黃謂二也。《離》之二曰『黃離』。」〔註221〕有中順之德而初附之，初蓋以得所附而利者，故象以「鞏用黃牛之革」。彭山曰：「黃牛之革，亦以變革言，非謂皮也。六二文明之主，柔順中正，順其時之當革者也。離初炎上而麗乎二，鞏用二之中順，不敢用剛而妄動也。初剛能固守，故言鞏。」〔註222〕

《象》曰「不可以有為」者，「有為」謂適時之變，有所云為也。「鞏用黃牛」，初剛在下不中，離始體躁不順，宜堅附二以從其革，不可以有為也。

仲虎曰：「易道尚變，故《賁》之爻有不賁者存，《損》之爻有不損者在，而《革》亦不專言革也。反其義為黃牛之革，鞏而固之，戒其輕也。《遯》六二『執用黃牛之革』，六柔順二中正，順之道，所固有也。《革》初九『鞏用黃牛之革』，離性上而剛不中，中順之道所不足也。下無位，上無應，不可有為，惟可固守中順之道而已。」〔註223〕

六二：已日乃革之，征吉，无咎。　《象》曰：「已日革之」，行有嘉也。

述曰：「以六居二，柔順而中正，又文明之主。中正則無偏蔽，文明則盡

　　溪易說》十二卷，中無此語。
　　　　按：朱長文《易經解·革》：「晝夜，一日之革；晦望，一月之革；分至，一歲之革；曆元，無窮之革。」
〔註216〕楊萬里《誠齋易傳》卷十三《革》。
〔註217〕張獻翼《讀易紀聞》卷四《革》。
〔註218〕不詳。
〔註219〕（漢）徐幹《中論》卷下《曆數第十三》：「夫曆數者，先王以憲殺生之期而詔作事之節也，使萬國之民不失其業者也。」
〔註220〕《左傳·文公元年》。
〔註221〕熊過《周易象旨決錄》卷四《革》。
〔註222〕季本《易學四同》卷二《革》：
　　　　「鞏」，固也。「黃」，中色。「牛」，順物，指六二。「黃牛之革」，亦以變革言，非謂皮也。革之道，必以中順，則順其時之當革者也。初九當革之初，陽剛在下，未可有為，則但鞏固自守，必待其時。
〔註223〕胡炳文《周易本義通釋》卷二《革》。

事理。處革之至善者也。」〔註224〕而必已日然後革之，日離象，離日方中，蓋未已也，故未可遽。《革》六二中順之道如此。以正應在上，不敢自專而征行，從五則吉而无咎。王《註》：「二、五雖有澤火之異，同處厥中，陰陽相應，往必合志，不憂咎也。」

玩「已日乃革之」，云若有所待，而又云「征吉，无咎」，《象》曰「行有嘉也」，不輕許其變動，而惟征行始有可嘉之功。徐氏曰：「凡卦中言『嘉』者，皆二與五應，如《隨》之『孚於嘉』、《遯》之『嘉遯』是也。」〔註225〕

《象旨》：「《彖》言『已日乃孚』，爻言『已日乃革之』，何也？卦以六二為主，文明之賢而上應剛中之君，待上之革而從之。俞氏指侯國以別於王朝〔註226〕，是也。」〔註227〕

九三：征凶，貞厲。革言三就，有孚。　《象》曰：「革言三就」，又何之矣！

述曰：彭山曰：「革道所利在貞，柔道也。六二之中正乃謂貞，故六二之征為吉。九三以陽居陽，爻位雖正，非革所利之貞，而在澤火之際，革之時也。謂時其革而用剛以往，凶矣。貞固居此，危厲之道也。三與初兩陽同附於六二者，而三居其上，過剛不中，故言徵則凶，貞則厲，正當以二之中順為主耳。『革言』，當革之言。自初歷二以至於三，『革言三就』，審慎之至也。『有孚』謂與二合德，而足以為人所信也。蓋三雖過剛，所當戒。然已盡離明之體，則可以好謀而成。至於『革言三就』，其『有孚』必矣。」〔註228〕

革至三而言「就」，未即變改，故曰「言」。《象》「革而當」，全在於此。

〔註224〕程《傳》。
〔註225〕胡廣《周易大全》卷十七《革》。又見張獻翼《讀易紀聞》卷四《革》，不言係引用。
〔註226〕俞琰《周易集說》卷八《革》：
　　《彖》言「革，已日乃孚」，爻則曰「已日乃革之」，得無異乎？曰：《彖》言王朝之革，爻則言侯國之革。
〔註227〕熊過《周易象旨決錄》卷四《革》。
〔註228〕季本《易學四同》卷二《革》：
　　革道所利在貞。貞者，柔道也。六二之中正乃所謂貞，故六二之征為吉。九三以陽居陽，而在離體之上，剛之過而易動者也，非革所利之貞，故征則凶。言革而專任陽剛，則必不得其當。然三比於六二，亦資於六二之貞者也。三雖不以徵取凶，亦危道也。「言」，語助辭。「就」，成也。「三就」者，自歷二以至於三，則其明已能照悉，而革道先有成矣。「有孚」謂與二合德，有誠心而足以為人所信也。蓋三雖過剛，而在離體之終，以二為主，則可以好謀而成，故但以徵為戒，而不以其德為不可為。見元亨之用，亦有賴於陽，但當主之以貞耳。

離為言，《明夷》見之，言揚火也。初「鞏用黃牛」，不言革；二「已日乃革」，不輕革；九三以徵為戒而貞於二，以為革當革之言，至是「三就」。《象》曰「又何之矣」，言可革也。《彖》言「已日乃孚」，主離言，離至三爻，盡離日矣。上卦兌體水性，皆從革者也。

周宴曰：「居下之上，水火相息，而三當其會，故征則凶，貞則厲也。然時當革也，固不可以不革，又不可以易而革。必『革言三就』，然後『有孚』，可革也。」

九四：悔亡，有孚改命，吉。　《象》曰：改命之吉，信志也。

述曰：「上體皆以所革者言。」〔註229〕九四兌初說體，離下而上，當革之時，剛柔不偏，又革之用，雖無應，宜有悔而悔可亡矣，則革而當也。「有孚」，下孚二，上孚五也。陽剛中實，上下交信，孚於未革之先，以之改命，乃可獲吉。「改命」者，改為也，謂革之也。以「革言三就」者，更改為命，上安而下從，吉之道也。程子曰：「四非中正而為革之至善，何也？曰：惟其處柔也，故剛而不過，近而不偪，順承九五之君，乃中正之人也。」〔註230〕

《象旨》：「『有孚改命』，虞翻曰：『互巽為命，四動互坎改巽，故改命吉。』亦離改為兌之象。將革而謀謂之言，革而行之謂之命。三議革而後孚，四有孚而後改，淺深之序也。四當『二女同居』之際，其志本不相得。」〔註231〕且位比於五，有逼上之嫌，而當改革之會，尤難遽行。天下有改革極妥當，而君不免於疑民，或以駭未孚故也，豈得為善？故革而當，悔可亡矣。且忠悃結於君，誠愛諒於民，有孚如是，則「改命，吉」。《象》曰「信志」，謂上下皆信其志也。

九五：大人虎變，未占有孚。　《象》曰：「大人虎變」，其文炳也。

述曰：「『大人』以九五言，謂有陽剛中正之德而居尊位也。虎，大人之象。」〔註232〕虎伏百獸，大物也，剛物也。「九五為革之主」〔註233〕，以

〔註229〕季本《易學四同》卷二《革》。
〔註230〕程《傳》。
〔註231〕熊過《周易象旨決錄》卷四《革》：
　　　　「有孚改命」，虞翻曰：「互巽為命，四動互坎改巽，故『改命，吉』。」將革而謀謂之言，革而行之謂之命。三議革而後孚，四有孚而後改，淺深之序也。四當二女同居之際，其志本不相得。
　　　　其中，「將革而謀之謂之言，革而行之謂之命」出自俞琰《周易集說》卷八《革》，《周易象旨決錄》引之而不注明。
〔註232〕季本《易學四同》卷二《革》。
〔註233〕胡炳文《周易本義通釋》卷二《革》。

大人之德革天下之事，無不當也，無不時也。二應於五，離之文明自內而見於外，故為「虎變」、「文炳」之象。「變者，革之成也。」〔註234〕占所以謀革，未占而眾皆信之。大人盛德，天人集命，動成變化，天下孰不快覩而服從之哉？

「虎變」就大人身上出，體剛則有道德之威，用中則得神化之宜，自然明著動變，四海從風而靡。「未占有孚」，言其誠也。真誠素結，蓋有為之本矣。此所以為大人之革也。

劉牧曰：「三以革言，三就命令已申。四以改命信志，物盡從化。至五則大亨以正，不假占而『有孚』也。」〔註235〕

敬仲曰：「『未占有孚』，信在事先，此非權術而致之也。大人之心，天地也，其心即道。由心而變，無非道者。其變如虎，其文炳然。虎之有文，天也，自爾也。大人之變，天也，自爾也。其發如風雲，其威如雷霆。未至於此，未可謂『大人』也，未可謂『虎變』也。」〔註236〕

「虎變」，謂仲夏毛希而革易，至仲秋毛落，更新而潤澤，是離夏革而為兌秋，故以「虎變」為「大人」象。「虎變」，文章外見，如離之明、兌之澤，故曰「其文炳也」。〔註237〕《紀聞》曰：「《乾》飛龍，《革》虎變，皆大人造之象。」〔註238〕

馬融曰：「『虎變』威德，折衝萬里，望風而信，以喻舜舞干羽，而有苗自服；周公修文德，越裳獻雉。故曰『未占有孚』矣。」〔註239〕

〔註234〕馮椅《厚齋易學》卷二十五《易輯傳第二十一‧革》，稱「都聖與曰」。胡廣《周易大全》卷十七《革》引「建安丘氏曰」亦有此語。又見張獻翼《讀易紀聞》卷四《革》，不言係引用。

〔註235〕李衡《周易義海撮要》卷五《革》。

〔註236〕楊簡《楊氏易傳》卷十六《革》。

〔註237〕章潢《周易象義》卷四《革》：

　　故曰惟天下至誠，為能化兌為虎變，謂仲夏毛希而革易，至仲秋毛落，更新而潤澤，是亦離夏革為兌秋，故以「虎變」為「大人」之象，且有大畏民志之意。虎變自仲夏，故「未占有孚」。《象》曰「其文炳也」，「虎變」，文章外見，如離之明、兌之澤，而炳然莫掩，天下孰不快覩而孚信之哉？

　　其中，胡炳文《周易本義通釋》卷二《革》：

　　「虎變」，謂希革而毛毨，蓋仲夏毛希而革易，仲秋毛落，更生潤澤而鮮好。卦體離夏革為兌秋，故有此象。

〔註238〕張獻翼《讀易紀聞》卷四《革》。按：原出胡炳文《周易本義通釋》卷二《革》，《讀易紀聞》引之而不注明。

〔註239〕李鼎祚《周易集解》卷十《革》。

上六：君子豹變，小人革面，征凶，居貞吉。　《象》曰：「君子豹變」，其文蔚也。「小人革面」，順以從君也。

　　述曰：「陰稱小人，卦之上猶人首也，故以面言。上六以陰居兌之上，高而無位，貴而無民，其玄德若豹之澤霧，而同類小人猶感而革面以從五，蓋變之達於聲音笑貌者如此。說之極，革之成，雖無位者，猶足以化民成俗，又何面從之疑哉？」〔註240〕

　　趙氏曰：上六從陽以革者也。「九五握移風易俗之權，作成而變化之故。進德修業之君子，有月異而歲不同之功，遠外之小人。鄉之不率於教訓者，今皆革而面內」〔註241〕，皆「虎變」、「文炳」之為章于天下者。革道至是成矣。

　　王《註》：「居變之終，變道已成。君子處之，能成其文。小人樂成，則變面以順上也。改命創制，變道已成，功成則事損，事損則無為。故居則得正而吉，征則躁擾而凶也。」彭山曰：「三之『征凶』未革，戒其輕動也。上之『征凶』既革，戒其輕動也。」〔註242〕革道貴於貞，《彖詞》「大亨」莫利於「正」。六二中順，貞之則也。九三則貞而厲，終爻又勉之以居貞。石介曰：「『居貞吉』，垂拱而天下治也。」〔註243〕《紀聞》曰：「惟『居貞吉』故苗民七旬而乃格，舜猶以為速；商民三紀而乃變，康王不以為遲。」〔註244〕

　　《象旨》：「陸績曰：『兌之陽爻稱虎，陰爻稱豹。豹，虎類而小者。』王德卿曰：『虎文疏而著曰炳，豹文密而理曰蔚。』蘇氏曰：『《易》稱『風從虎』，虎有文而能神，豹有文而不能神。』其別虎豹悉矣。革貴於變，變豈終不同乎？揚子雲曰：『貍變則豹，豹變則虎。』善言革之情物矣。」〔註245〕

　　觀六爻之辭，益知聖人之懼革也。初九戒革之早，六二戒革之專，九三戒革之躁，九四戒革之疑，上六戒革之過。五者之戒詳矣。不曰未可以有為，而曰「不可以有為」者，戒之之嚴也。以此戒之，猶有晁錯削七國之禍。所當革者，眾人之通患；所固守者，一己之常分。孔子不能革春秋之弊，而「嘗為委吏，嘗為乘田」，自不至於出位而曠職；孟子不能革戰國之弊，然「我無官守，

〔註240〕熊過《周易象旨決錄》卷四《革》。
〔註241〕趙汝楳《周易輯聞》卷五《革》。
〔註242〕按：季本書中未見此語。
〔註243〕李衡《周易義海撮要》卷五《革》。
〔註244〕張獻翼《讀易紀聞》卷四《革》。按：原出楊萬里《誠齋易傳》卷十三《革》，《讀易紀聞》引之而不注明。
〔註245〕熊過《周易象旨決錄》卷四《革》。

我無言責」，自不妨於進退之餘裕。季孫問二邑之叛，然後孔子陳墮費之言；趙鞅無君命而逐君側之惡人，《春秋》以為叛。六二獨得專於革乎？〔註246〕

《彖》曰「革」，楊氏曰：「聖人於《革》卦而有懼焉。火逢水則滅，水逢火則竭。二女居則同，而志則別。天下之事，苟不至於如水火，如二女，聖人豈得已而欲革乎？故其辭曰『巳日乃孚』，又曰『革而信之』，言其初之未信也。曰『元亨利貞，悔亡』，又曰『革而當，其悔乃亡』，言革之而非大亨、非大利、非大正，皆革而不當也，其能無悔乎？革而不信，革而有悔，則如勿革，故曰聖人懼於革也。然則何以能革而信、革而當乎？曰：彼之所以失，見此之所以得。灼知其理於未革之先，當如離之文明，未革而民願之，將革而民從之；相慶其舉於既革之後，當如兌之悅。如是者可以革〔註247〕而信，革而當矣。天地得此理，故革而『四時成』；湯武得此理，故革而天人說。革之時，其大如此，可不懼哉？」

《象》曰「澤中有火，革」，項氏曰：「水在澤下，謂之無水，言當有而伏，與無同也；火在澤下，謂之有火，言非其地，不當有也。火旺於離，遇兌而伏，澤已在上，火已在下，寒當革暑，陰當革陽，無可疑者。然而方伏之時，火氣猶盛，人見為有，不知其將革也。革之所從來久矣。」〔註248〕初九爻，「中順者，六二之德也。其言於初九者何？初九用六二之德也，故曰『鞏』。『鞏』者，外束內也，方事之初，未可革也，而初九以剛居之，故為之設戒，但當束以六二之德，而不可以自用也。六二自《大壯》六五來，《大壯》六五即《遯》六二之反對，故曰『執之用黃牛之革』。以自守則曰執，以制他人則曰鞏，明以

〔註246〕此一節見張獻翼《讀易紀聞》卷四《革》。

〔註247〕楊萬里《誠齋易傳》卷十三《革》：
「《易》之道至於《革》，聖人其喜於革乎？抑懼於革乎？」曰：「懼於《革》也。」「何以知之？」曰：「革者，聖人之不得已也。」「何以知其不得已也？」曰：「火逢水則滅，水逢火則竭。二女居則同，而志則別，是可以不革乎？天下之事，苟不至於如水火、如二女，聖人豈得已而不已乎？故戒之曰『巳日乃孚』，又曰『革而信之』，言其初之未信也。曰『元亨利貞，悔亡』，又曰『革而當，其悔乃亡』，言革之而非大亨、非大利、非大正，皆革而不當也，其能無悔乎？革而不信，革而有悔，則如勿革，故曰聖人懼於革也。」「然則何以能革而信革而當乎？」曰：「見彼之所以失，見此之所以得。灼知其理於未革之先，當如離之文明未革而民願之，將革而民後之；相慶其舉於既革之後，當如兌之說。如是者可以革而信，革而當矣。天地得此理，故革而四時成；湯武得此理，故革而天人說。革之時，豈細故哉？可不懼哉？」

〔註248〕項安世《周易玩辭》卷十《澤中有火》。

《遯》二制《革》初也。革主變更，此皮革也，亦得借用，居初而用二，亦革也〔註249〕從人之意也。」〔註250〕

「九五爻，虎，大人之象，變謂希革而毛毿也。在大人則自新新民之極，順天應人之時也。九五以陽剛之才、中正之德而居尊位，大人也，為革之主，故有此象。以大人之道，革天人之事，乃足以當之耳。」〔註251〕「變乃大人之變。以大人中正之道變，革之炳然昭著，不待占決知其至當，而天下必信之矣。」〔註252〕非謂占得此爻也。「革至九五，聖人獨決之以『未占有孚』，是龜筮有所弗詢，鬼神有所弗謀也。蓋天下無灼然之理，則聖人無決然之舉。革之道，初戒其早；二戒其專；三戒其躁，其可革，未灼然可革也；四戒其疑，已灼然可革矣。九五以陽剛之資，居兌說之上，當大君之位，兼四爻之助，其可變可革之理灼然如虎之炳也，尚可待於占乎？此『湯、武革命順乎天而應乎人』之事也。」〔註253〕

上六爻，項氏曰：「『小人革面』，非謂面革而心不革也。若其心不革何以謂之『有孚』？『面』者，向也。古語面皆謂向，如面墻、正面、南面皆是。當是時也，小人易向，遵王之道矣，故曰『小人革面，順以從君也』。君子本與君同向，因是而追琢成章爾；小人本不同向，故以『革面』言之。」〔註254〕「九五《革》之主，故曰『大人』，以君德言之也；上六《革》之效，故曰『君子』、『小人』，以臣民言之。」〔註255〕

鼎䷱巽下離上

鄭玄曰：「鼎，象也。卦有木火之用，互體乾、兌，乾為金，兌為澤，澤鍾金而含水，爨以木火。鼎烹熟以養人，猶聖君興仁義之道以教天下也，故謂之『鼎』。」〔註256〕

程《傳》：「鼎之為用，所以革物也，變腥而為熟，易堅而為柔。水火不可同處，能使相合為用而不相害也。為卦上離下巽，所以為鼎，則取其象焉，取

〔註249〕「也」，《周易玩辭》作「己」。
〔註250〕項安世《周易玩辭》卷十《鞏用黃牛之革》。
〔註251〕朱熹《本義》。
〔註252〕程《傳》。
〔註253〕楊萬里《誠齋易傳》卷十三《革》。
〔註254〕項安世《周易玩辭》卷十《革面》。
〔註255〕項安世《周易玩辭》卷十《大人君子》。
〔註256〕李鼎祚《周易集解》卷十《鼎》。

其義焉。取其象者有二。取其義，則木從火也。以木巽火，烹飪也。」

鼎：元吉，亨。

《彖》曰：鼎，象也。以木巽火，亨飪也。聖人亨以享上帝，而大亨以養聖賢。巽而耳目聰明，柔進而上行，得中而應乎剛，是以元亨。

　　述曰：劉濂曰：「鼎之用大，有『元吉』之道焉。鼎之用通，有『亨』道焉。故象占為『元吉〔註257〕，亨』。」〔註258〕孔《疏》：「此卦明聖人革命，示物法象，維新其制，有鼎之義。以木巽火，有鼎之象。故名為『鼎』焉。變故成新，必須當理，故先『元吉』而後乃『亨』也。」以卦爻論之，初滌鼎，出否取新也。九二剛德，在中之實也，所謂「雉膏」，所謂「公餗」也。五柔得位而鼎耳齊，舉其用及人。故曰「元吉，亨」。

　　鼎，象也，有足，有腹，有耳，有鉉，象卦畫也。初陰下峙，三陽如腹果然，五虛中，耳；上衡互，鉉。鼎形成矣。「以木巽火，烹飪也」，鼎之用也，革去故而鼎成新，故為「烹飪」。飪，熟也，「調和在中之實而養人者也」〔註259〕。天下莫不用之。而聖人用之，乃上以事上帝，而下以大烹，養聖賢也。蘇氏曰：「大烹非亨也。取鼎之用而施之天下，謂之大亨。鼎之用，極於享帝而已。以其道養聖賢，則亨之大者也。」〔註260〕故鼎之為器重矣。是器也，惟有德者主之。德重則器亦重，德輕則器亦輕。「巽而耳目聰明」，內外合德也。上離為目，離五中虛為耳。非心能下下，巽入稱隱，耳目蔽矣。巽以為主，然後能成離明之德。離體柔順，進而上行，德之凝而鼎命新也。離體中虛，下應乎剛，德之助而鼎養行也。皆主五也。有如是之德，此所以能奠鼎之重，盡鼎之用，而致鼎時之大亨也。

　　鄧伯羔曰：「諸卦以義名，獨《頤》與《井》與《鼎》以象名，故曰『鼎，象也』。蓋於《鼎》示之例也。所謂象事知器者，此也。」《紀聞》曰：「巽乎水而上水者，非井也。井，汲引之用也。『以木巽火』，非鼎也。鼎，烹飪之用也。」〔註261〕

〔註257〕「吉」，《易象解》無。

〔註258〕劉濂《易象解》卷四《鼎》。（《四庫全書存目叢書》經部第4冊，第278頁）

〔註259〕季本《易學四同》卷二《鼎》。

〔註260〕蘇軾《東坡易傳》卷五《鼎》。

〔註261〕張獻翼《讀易紀聞》卷四《鼎》。按：此係開封耿氏之說，見董真卿《周易會通‧周易經傳集程朱解附錄纂註卷九‧鼎》、胡廣《周易大全》卷十八《鼎》。《讀易紀聞》引之，而不注明。

「巽而耳目聰明」，離火中虛，有耳目聰明之象。離為目而兼耳言之者，以六五為鼎耳而取也。《象旨》：「巽為耳，自鼎象言之。《子夏傳》云：『中虛為耳。』朱先生之說是也。五得中而應乎剛，則所以為耳，自巽也。虞翻曰：『三在巽上，動成坎離。有兩坎兩離，乃稱聰明。眇能視，不足以有明聞。言不信，聰不明，皆一離一坎』，非也。」〔註262〕

汝吉曰：「革去故，象改歲；鼎取新，象元春。故《革》四德具，《鼎》專以『元亨』言之。人心通乎道，微巽不入，微耳目啟知不達。巽入矣，而耳目聰明，則學問思辨具而德成，此人達天之要。」柔進上行，得中應剛，與《睽·彖》文同，皆主離尊離。《周禮·烹人》：「掌鼎鑊，給水火之齊。」鑊，煮牲體魚臘之器。既熟乃脀於鼎。烹，調之。《說文》：「鼎，三足兩耳，和五味之寶器。」字形象析木而炊。

胡旦曰：「五以謙柔居尊，下應九二之賢臣，上又有上九賢臣，皆巽納聖賢之象，所以得大吉而亨通。」〔註263〕

孔《疏》：「聖人既能謙巽，大養聖賢，聖賢養，則憂其事而助於己，明目達聰，不勞己之聰明，則『不為而成矣』〔註264〕。」

漢上朱氏曰：「乾為天，在上為帝，指上九也；在下為聖賢，指二、三、四也。享上帝之心，推之以養聖賢，人有不樂盡其心者乎？」〔註265〕

《象》曰：木上有火，鼎。君子以正位凝命。

述曰：水火相交，所以成鼎之用，非木火則為無用之鼎矣。君子觀鼎之象，「以正位凝命」，「正位」如鼎之端峙不欹側，「凝命」如鼎之安固不動搖。房玄齡曰：「鼎者神器，至大至重。」〔註266〕象人君大寶之位。「位」，天所命也。鼎三足而正立，有三才定位之象。君子居中履正，成位乎兩間，以凝天之基。「命」，定命，所謂協上下以承天休者也。

初六：鼎顛趾，利出否。得妾以其子，无咎。　《象》曰：「鼎顛趾」，未悖也。「利出否」，以從貴也。

述曰：王《註》：「凡陽為實而陰為虛，鼎之為物，下實而上虛。而今陰在下，則是為覆鼎也，鼎覆則趾倒矣。『否』謂不善之物也。」「鼎之『顛趾』，

〔註262〕熊過《周易象旨決錄》卷四《鼎》。
〔註263〕李衡《周易義海撮要》卷五《鼎》。
〔註264〕王《注》。
〔註265〕朱震《漢上易傳》卷五《鼎》。
〔註266〕李衡《周易義海撮要》卷五《鼎》。

失其所利。鼎覆而不失其利,在於寫出否穢之物也。取妾以為室主,亦『顛趾』之義也。處鼎之初,將以納新。新,貴也。施顛去穢,所以從貴也。然則去妾之賤名而為室主,亦從子貴也。」〔註267〕

介夫曰:「初居鼎下,趾也。上應九四,趾而向上則顛矣。然當卦初,鼎未有實而舊有否惡之積,因顛趾而出矣。」〔註268〕顛而出否,豈謂悖哉?世固有顛而為正,賤而為貴者,易道然也,「得妾以其子」是已。彭山曰:「妾,陰象,指初。子,陽象,指二。」〔註269〕二,鼎中實也,亦象女子之孕。〔註270〕鼎以剛實為貴,二是已。初滌鼎告潔,否出而鼎實納其中,故曰「以從貴也」。或曰:鼎初巽主,初顛趾偶畫向上為兌象,故言「得妾」。

九二:鼎有實,我仇有疾,不我能即,吉。 《象》曰:「鼎有實」,慎所之也。「我仇有疾」,終無尤也。

述曰:九二陽爻為實,二、五正應而密比初柔,陰陽之匹而非正,是初為我仇也,非正而相悅,寇我者也,故曰「我仇有疾」。九二剛中,自守以正,彼自不能我即,是以「吉」也。〔註271〕趙氏曰:「『慎所之也』,恐其能即而陷我,仇之疾也。六五都舉鼎之柄,二當慎所之以從正應,不可貳也,不可遷也。

〔註267〕孔《疏》:

> 凡陽為實而陰為虛,鼎之為物,下實而上虛。初六居鼎之始,以陰處下,則是下虛上實,而鼎足倒矣,故曰「鼎顛趾」也。「利出否」者,否者不善之物,鼎之倒趾,失其所利,鼎覆而不失其利,在於寫出否穢之物也,故曰「利出否也」。「得妾以其子,无咎」者,妾者側媵,非正室也。施之於人,正室雖亡,妾猶不得為室主。妾為室主,亦猶鼎之顛趾,而有咎過。妾若有賢子,則母以子貴,以之繼室,則得「无咎」,故曰「得妾以其子,无咎」也。「未悖也」者,倒趾以出否,未為悖逆也。「以從貴」者,舊,穢也。新,貴也。棄穢納新,所以「從貴」也。然是去妾之賤名而為室主,亦從子貴也。

〔註268〕蔡清《易經蒙引》卷七下《鼎》:

> 初六居鼎之下,鼎趾之象也。上應九四,趾而向上則顛矣。然當卦初,鼎未有實,固無所謂「覆公餗」之患,而舊日未免有否惡之積,猶未及去也。今因其顛趾,則否由以出,而得其利矣。

〔註269〕季本《易學四同》卷二《鼎》。

〔註270〕熊過《周易象旨決錄》卷四《鼎》:「又鼎中實,象女子之孕。」

〔註271〕董真卿《周易會通·周易經傳集程朱解附錄纂註卷九·鼎》、胡廣《周易大全》卷十八《鼎》錄進齋徐氏之說,曰:

> 怨耦曰仇,不善之匹也。謂、五為正應而密比初柔,陰陽相匹而非正,是初為我仇也。「即」,就也。初自「顛趾」有疾也,不能就二,是「我仇有疾」,不我能即也,故「吉」。

我仇有疾，何能為我尤哉？」〔註272〕

《紀聞》曰：「《鼎》諸爻與《井》相似，《井》以陽剛為泉，《鼎》以陽剛為實。《井》九二有泉象，下比初六，則有『射鮒』之象；《鼎》九二有實象，下比初六，則有『我仇』之象。《井》初為泥，二視之則為鮒；《鼎》初為否，二視之則為疾；皆陰惡之象也。《井》二無應，故其功終不上行；《鼎》二有應，而能以剛中自守，故初雖近，不能就之而吉。」〔註273〕

「鼎有實，則可薦諸上帝，可薦諸聖賢，可飽夫天下，天人上下所同恃以為享者也。寇我而能我即，則此必受其即；仇我而能我動，則彼必乘其動。」〔註274〕九二剛中自固之道，其大如此。

九三：鼎耳革，其行塞。雉膏不食，方雨，虧悔終吉。　《象》曰：「鼎耳革」，失其義也。

述曰：「鼎耳」，六五也。「耳五而言於三，俞氏所謂耳雖出於鼎口，而根於鼎腹，三為鼎腹者是也。革謂變異，三、五異體。」〔註275〕一鼎分而為二，變革之象。凡物之行以足，獨鼎待鉉，故以耳。〔註276〕「鼎耳革，行塞」，失其所以行也。「雉膏」指九二。九二實之美，可食者，以三「鼎耳革」，其行廢而莫之舉矣。雖有雉膏，安得食哉？「雉者，肉之珍；膏者，雉之珍。此鼎實粹美之至也。」〔註277〕時未出鼎，不為所食，故有虧欠不足之悔。「方雨」，言將雨也。二、五陰陽正應，方將和合而為雨。方雨而未雨，今雖虧悔而終則吉。「終吉」者，俞氏所謂三五同功，五受上鉉而行，三亦與之俱行，而二之

〔註272〕與趙汝楳《周易輯聞》卷五《鼎》文字差異較大，曰：
　　　　六五都舉鼎之柄，二當謹所之以奉五為先，不當脅於三、四，謬奉其實。三四仇我初，若有尤及，彼自救之不暇終，何能為我尤哉？無尤，吉也。
〔註273〕張獻翼《讀易紀聞》卷四《鼎》。按：原出胡炳文《周易本義通釋》卷二《鼎》。《讀易紀聞》引之，而不注明。
〔註274〕張獻翼《讀易紀聞》卷四《鼎》。
　　　　按：楊萬里《誠齋易傳》卷十三
　　　　鼎有實，則可薦諸上帝，可羞諸聖賢，可飽夫天下。……此鼎之有美實，天人上下所同恃以為享者也。……寇我而能我即，則此必受其即；仇我而能我動，則彼必乘其動。
　　　　《讀易紀聞》引《誠齋易傳》之說，而不注明。
〔註275〕熊過《周易象旨決錄》卷四《鼎》。
　　　　其中，所引俞氏之說見俞琰《周易集說》卷八《鼎》，曰：「或疑耳在五，何為三又言耳？曰：三當鼎腹，耳雖出於鼎口之上，蓋根於鼎腹也。」
〔註276〕俞琰《周易集說》卷八《鼎》：「凡物皆以足行，唯鼎以耳行。」
〔註277〕張獻翼《讀易紀聞》卷四《鼎》。

雉膏見食矣。〔註278〕「雉膏」即「鼎有實」，「公餗」即「雉膏」，無二義。《象》曰「失其義也」，鼎以耳行而耳革焉，失舉鼎之義也。卦下巽上離，三、四乃變革之地，故取革之象。雉膏不食，離為雉，此巽也而稱離象，見九二鼎中之實乃文明之腴〔註279〕，六五文明之主所必資者。程《傳》所謂「上聰明而下巽〔註280〕，終必相得」也，故云「方雨，虧悔終吉」。

「全體一鼎，分上下體為二鼎。上體之鼎有兩耳而無足，故九四之鼎『折足』；下體之鼎有足而無耳，故九三之鼎『耳革』。」〔註281〕《紀聞》曰：「『顛趾』為四而顛也，『折足』為初而折也，『耳革』為上而革也，相因而取者也。」〔註282〕

九四：鼎折足，覆公餗，其形渥，凶。　《象》曰：「覆公餗」，信如何也。

述曰：彭山曰：「九四以剛處於二、三兩剛之上，任之重者也，而巽體一陰在下，才弱不能承之。四又居位不中，德薄而無基本可恃，則不能自立矣，故有『鼎折足』之象。」〔註283〕「餗」者，李鼎祚曰：「雉膏之屬也。」〔註284〕

〔註278〕俞琰《周易集說》卷八《鼎》：

鼎不行，則雖有美味，亦不得而食之，故曰「雉膏不食」。陰陽和則雨。三與五同功，又同互兌體，又九六相合，是方雨也。虧欠而不足也。悔，自省其失也。三與上不相應，得五而失上，豈非三之所欠而不足者乎？五與三同此鼎耳，三雖革，五不革也。逮夫五受上九之鉉而行，則三也亦與之俱行，是故始雖有悔，終亦吉也。

〔註279〕章潢《周易象義》卷四《鼎》：

九三居下卦之終，宜自有耳，然耳虛則行，實則塞。但上下二卦合為一鼎，則三之耳革而其行塞矣。惟上下合為一鼎，故鼎中所烹之實，乃雉膏文明之腴。時未出鼎，不見食於人，由重剛大過而四又塞其行也。然五為文明之主，三有文明之腴，終必相求而上下交焉，如陰陽和而雨澤沛。即虧失其悔，而終吉矣。三位當革上，離為雉，爻陽卦陰，故取兩象。行塞不食，為四阻所也。象曰「鼎耳革」，火其義也。三為下卦之上，宜有耳而耳革焉，於義不其失乎？是以「其行塞」。「雉膏不食」，必「方雨」而「吉」。

〔註280〕「巽」，程《傳》下有「正」字。

〔註281〕胡廣《周易大全》卷十八《鼎》，稱「西溪李氏曰」。又見張獻翼《讀易紀聞》卷四《鼎》，不言係引用。

按：原出李過《西溪易說》卷十《鼎》：

全體一鼎象也，分上下體之象而觀之，則上下體為二鼎。上體之鼎有耳而無足，故九四云「鼎折足」；下體之鼎有足而無耳，故九三云「鼎耳革」。

〔註282〕按：張獻翼《讀易紀聞》未見此語。

〔註283〕季本《易學四同》卷二《鼎》。

〔註284〕李鼎祚《周易集解》卷十《鼎》。

「亨以享帝養聖賢，非適其私，故曰『公餗』。」〔註285〕「鼎折足」則「公餗」盡覆矣。「其形渥」，言折足之狀也大。臣以涼德取充位，至敗壞天下之事若此，凶可知矣。〔註286〕《象旨》：「鼎重〔註287〕極於四，其上則耳矣。受實必有餘量以為溢地，故三憂不食，明不可復加也。至四則溢而覆矣。初未嘗鼎，則『顛趾，利出否』。四已實鼎，故『折足』為『凶』。語其位也。」〔註288〕

《鼎》自二至四，腥穢盈而易覆，所任重而難勝。而初以柔為之足，不克勝任，其象如此。敗養人之功，虧鼎位之重，包失職之羞，凶可知矣。《象》曰：「『覆公餗』，信何如也」，不量而受，以至於滿而溢也。始不自量，至於力不能支，而國受其敝，身蒙其恥，「信何如也」。趙汝楳曰：「授任者貴器，使受職者貴自量。非器而授，棄其官也。不量自處，不自有其躬也。」〔註289〕

汝吉曰：「初、四皆不正而應。初上交，象『顛趾』。四下傾，足折矣。顛可正也，覆不可復也。」

六五：鼎黃耳，金鉉，利貞。 《象》曰：「鼎黃耳」，中以為實也。

述曰：「離中言黃，畫中虛而對植，有耳之象。金象五位之陽剛耳。」〔註290〕所以舉鼎者，中色黃，故曰「黃耳」。鉉所以貫耳者，陽質金，故曰「金鉉」。六五柔順聰明，為鼎之主，虛中而能納剛，堅而不渝，象「黃耳，金鉉」，而鼎胥以舉也。非虛中不能受鉉之貫，非堅剛不能勝鼎之重。言「利貞」，以要其成焉。汝吉曰：「五柔體也，其惟貞秉德，純一勿貳，以二黃中如結，以任剛正，斯惟舉鼎之利也。」

〔註285〕熊過《周易象旨決錄》卷四《鼎》。

〔註286〕徐𤊹《筆精》卷二《易通經臆・鼎折足覆公餗其形渥凶》：「大臣以涼德取充位，至天下之事敗壞而不可為，何面目立於朝廷，宜其汗出沾背也。」與此說近同。

〔註287〕「重」，《東坡易傳》、《周易象旨決錄》作「量」。

〔註288〕熊過《周易象旨決錄》卷四《鼎》：

鼎量極於四，其上則耳矣。受實必有餘量，以為溢地。故三憂不食，明不可復加也。至四則溢而覆矣。初未實鼎，則「顛趾，利出否」。四已實鼎，故「折足」為「凶」。語其位也。

按：蘇軾《東坡易傳》卷五《鼎》：

鼎之量極於四，其上則耳矣。受實必有餘量，以為溢地也。故九三以不食為憂，明不可復加也。至於九四，溢則覆矣。

《周易象旨決錄》引用《東坡易傳》之說，而不注明。

〔註289〕趙汝楳《周易輯聞》卷五《鼎》。

〔註290〕趙汝楳《周易輯聞》卷五《鼎》。

《象旨》：「六五中而不亢，柔而有容，故曰『黃耳』。五變體乾，為金鉉，所以扛鼎者。宋衷互兌，非也。虞翻謂『三貫鼎兩耳，乾為金』。朱先生因謂下應九二之堅剛，非也。三非鉉，二亦非鉉也。」〔註291〕

蔡汝枏曰：「中者，虛也。虛則能受，故曰『中以為實』。」〔註292〕程子曰：「五之所以聰明應剛，為鼎之主，得鼎之道，皆由得中也。」〔註293〕

九二「鼎有實」，言「慎所之」；六五鼎出實，言「利貞」。其義相應，故曰「柔進而上行，得中而應剛」。

上九：鼎玉鉉，大吉，無不利。　《象》曰：「玉鉉」在上，剛柔節也。

述曰：上九處鼎之終，鼎道之成也。鼎既薦而施鉉其上，故曰「鼎玉鉉」。玉比金為良，稱鉉德也。鼎有實，以不食為憂。鼎既盈，以覆餗為虞。用竟而玉鉉在上，鼎之重安而無事矣。於是二、五相應，剛柔得節，大烹舉而仁賢在位，馨香達而帝命用休，故曰「大吉，無不利」。

蘇氏曰：「以鼎熟物，人皆能之。至於鼎盈而憂溢，耳炎而不可舉，非玉鉉不能，此鼎之所以養聖賢也。」〔註294〕

趙氏曰：「『玉鉉』者，君之德。『在上』者，君之稱。金以為質，稱其舉也。玉以比德」〔註295〕，故曰「剛柔節也」。仲虎曰：「上九一陽橫互乎鼎耳之上，有鉉象。」〔註296〕

干寶曰：「玉又貴於金者。凡烹飪之事，自鑊升於鼎，載於俎，自俎入於口，馨香上達，動而彌貴，故鼎之義上爻愈吉也。鼎主烹飪，不失其和；金玉鉉之，不失其所。公卿仁賢，天王聖明之象也。君臣相臨，剛柔得節，故曰『吉，無不利』。」〔註297〕

「《井》以木巽水，《鼎》以木巽火。《井》、《鼎》用皆在五，成功皆在上，故《井》上元吉，《鼎》上大吉，皆以養為利。」〔註298〕

質卿曰：「鼎之器難全，鼎之用難盡。在初有『顛趾』之患，二有實而我

〔註291〕熊過《周易象旨決錄》卷四《鼎》。
〔註292〕蔡汝枏《說經箚記》卷一《易經箚記·鼎卦》（《四庫全書存目叢書》第149
　　　　冊，第33頁。）
〔註293〕程《傳》。
〔註294〕蘇軾《東坡易傳》卷五《鼎》。
〔註295〕趙汝楳《周易輯聞》卷五《鼎》。
〔註296〕胡炳文《周易本義通釋》卷二《鼎》。
〔註297〕李鼎祚《周易集解》卷十《鼎》。
〔註298〕趙汝楳《周易輯聞》卷五《鼎》。

仇疾之，三有『雉膏』而『鼎耳革』，四任重大而憂覆餗。惟五『黃耳』，能舉鼎之重。至上之『玉鉉』，始能全其器而盡其用，故曰『大吉，無不利』。嗚呼！難矣！此無他也，不知器之重，而『正位凝命』之意微，故難如此。」

汝吉曰：「舉鼎在耳。耳，鼎之主也。安鼎在足。足，鼎所載也。陰卦貴陰，當其虛，有鼎之用矣。抑初柔失正，二比之為疾，四應之為覆，終賤陰也。五柔得中，三越之為『耳革』，上舉之為『玉鉉』，貴中也。」

《彖》曰「鼎，象也」，楊氏曰：「『鼎，象也』，『象』者，卦之形肖鼎之形也。以列足而載一腹，以一鉉而貫耦耳。六爻畫而鼎之形以具，二體合而鼎之用以行，以巽木入離火，而烹飪之用著矣。古者聖人之制鼎，豈自奉口體而已哉？有鼎之用，有鼎之德。『享上帝』、『養聖賢』，乃其用也。體巽之順，以順於義理；體離之明，以達其視聽；體六五之柔中，以應陽剛，乃其德也。全其德以施其用，焉往而不大亨乎？且夫『革去故』、『鼎取新』，何獨鼎哉？食者，生民之大本；鼎者，火化之元勳。革鴻荒而新萬法，孰有大於革茹毛火化之初乎？一初既立而萬法類從矣。」〔註299〕

震☳震下震上

崔憬曰：「鼎所以烹飪，享於上帝。主此器者，莫若冢嫡，以為其祭主也，故言『主器者莫若長子』也。」〔註300〕

程《傳》：「震之為卦，一陽生於二陰之下。其象為雷，其義為動。雷有震奮之象，動為驚懼之義。」

宋咸曰：「一陽居二陰之下，陽剛而動，陰柔而順，陰雖二而不克制，故陽得其震動焉。」〔註301〕

蔡清曰：「《震》六爻，初、二與五則始於懼，終於無懼；三、四與上則終於懼。其終於無懼者，非以中正，則以陽剛也。其終於懼者，非以不中正，則以陰柔也。不然，以剛處柔也。」〔註302〕

趙汝楳曰：「二陽皆震陰者也，而初為主；四陰皆受震者也，而下卦為甚。初九，始發聲之雷也，其威盛，故二必逃於『九陵』；三稍遠，甫行即『無眚』。

〔註299〕楊萬里《誠齋易傳》卷十三《鼎》。
〔註300〕李鼎祚《周易集解》卷十《震》。
〔註301〕李衡《周易義海撮要》卷十二《雜論》錄宋咸《六子》。
〔註302〕蔡清《易經蒙引》卷七下《震》。

九四，洊震之雷也，故五往而復來，上既極徵則有凶。」〔註303〕

震：亨。震來虩虩，笑言啞啞。震驚百里，不喪匕鬯。

《彖》曰：「震：亨。震來虩虩」，恐致福也。「笑言啞啞」，後有則也。「震驚百里」，驚遠而懼邇也。出可以守宗廟社稷，以為祭主也。

　　述曰：孔《疏》：「此象雷之卦，天之威動，故以『震』為名。」卦取一陽動於二陰之下，氣從下以達上，則陰氣迸開，萬蟄俱動。蘇氏曰：「『震』者，陽德之先，震陰而達陽者也，故『亨』。」〔註304〕

　　震以人心之動言。人心常惺惺，常自戒，慎恐懼而不能已，象震之來而虩虩然不安寧。此真陽之動，所謂「帝出乎震」也。震動而懈慢怠弛之氣皆消，自然精神凝固，舉動安和，有「笑言啞啞」之象。「笑言啞啞」即在「震來虩虩」之內，不在「震來虩虩」之後。震一陽而君二陰，象諸侯百里之國。震為長子，主器，奉匕鬯以祭者。雷震驚乎百里之遠，則近者恐懼可知，而不喪有事。神明在念，匕鬯在執，與奏格無言時同也。有主故也，故曰「震亨」。〔註305〕匕，舉鼎實之器，所以載牲而陞於俎。鬯，合鬱香之酒，所以灌地而降神。〔註306〕

　　「震來虩虩」，「『虩虩』，顧慮不安之貌」〔註307〕。只此恐懼之心，所以致福也。「笑言啞啞」，則此心安平寬舒，樂然後笑，時然後言，本體常寧，天理畢見，故曰「後有則也」。震固雷象，然天下之至畏，卒然而至，無所不聞者，莫如雷，故曰「驚遠而懼邇」，借雷以明至可畏者也。「不喪匕鬯」，是謂「有則」，斯稱主器之長子矣。汝吉曰：「出繼世，可守宗廟以為宗廟主，守社稷以為百神主，正釋『不喪匕鬯』之文而藏其辭。『匕鬯』表誠敬所出也。」

〔註303〕趙汝楳《周易輯聞》卷五《震》。

〔註304〕蘇軾《東坡易傳》卷五《震》。

〔註305〕張振淵《周易說統》卷七《震》與此近同，曰：

　　　崔子鍾曰：「震以人心之動言。人心常惺惺，常自戒，慎恐懼而不能已，象震之來而虩虩然不安寧。此真陽之動，所謂『帝出乎震』也。震動而懈慢怠弛之氣皆消，自然精神凝固，舉動安和，有『笑言啞啞』之象，是於震動中得寧定之精神也。平時業已寧定，臨事豈復震憾？即震驚百里，變莫大焉，而能不喪匕鬯。神明在念，匕鬯在執，與奏格無言時同也。有主故也，故曰『震亨』。」

　　　按：崔銑書中未見此語。

〔註306〕程《傳》：「匕以載鼎實，升之於俎。鬯以灌地而降神。」張獻翼《讀易紀聞》卷四《震》引程《傳》而不言。

〔註307〕程頤《伊川易傳·震》。張獻翼《讀易紀聞》卷四《震》引之而不言。

《象旨》：「吳氏曰：『乾陽，君也。坤地，國邑也。分乾之一陽以主坤國邑，諸侯之君也。一陽象雷，二陰象百里之地。』下震象匕，互坎象鬯，互艮象手執之。『不喪匕鬯』，以艮執之固也。俞氏曰：『遠謂卦之外，邇謂卦之內。內外皆震，有遠邇驚懼之象。』」〔註308〕

鄭玄曰：「雷發聲聞於百里，古者諸侯之象。諸侯出教令，能驚戒其國，內則守其宗廟社稷，為之祭主，『不亡匕鬯』也。人君於祭之禮，匕牲體、薦鬯而已，其餘不親也。升牢於俎，君匕之，臣載之。鬯，秬酒，芬芳修鬯，因名焉。」〔註309〕

質卿曰：「天下事不過利害兩端。君子處世，非安則危，未有常安平而無禍患者。當禍患之來，即聖人亦不能不為之動心，故曰『吉凶與民同患』是也。聖人不能必禍患之來，但患吾無以應之。其一要平時有手腳，其一要立得住，其一要進得步，其一要退得步。平時手腳，誠敬常存是也。立得住，『不喪匕鬯』是也。進得步，震行有事是也。退得步，喪貝躋陵是也。捨此則『震遂泥』也。」

《象》曰：洊雷，震。君子以恐懼修省。

述曰：彭山曰：「雷在虛空之中，連聲而動，故曰『洊雷』。雷之震，震在雷也。卦以言德，則其震為恐懼之心，但以雷取象耳。心本動物，震在我也，此即吾心之雷，非因雷所驚而始動也。心有所感動也，因雷而動，亦動也，以我為主，常恐常懼，即《中庸》『戒謹』、『恐懼』〔註310〕也。『修』謂治其所偏，『省』謂察其所缺，『恐懼』所以『修省』也。」〔註311〕

「君子以恐懼修省」，所以體震也。夫人無所驚，則昏昏者心之所由死也；有所驚，則惺惺者善之所由生也。恐懼動則善根生，如草木之萌芽，乃雷霆之所鼓而生也。是故善根生死之機，繫於警與不警而已。〔註312〕震之用其大矣哉！

〔註308〕熊過《周易象旨決錄》卷四《震》。其中，所引吳氏、俞氏見吳澄《易纂言》卷二《震》、俞琰《周易集說》卷十八《象傳五》。
〔註309〕李鼎祚《周易集解》卷十《震》。
〔註310〕《中庸》：「是故君子戒慎乎其所不睹，恐懼乎其所不聞。」
〔註311〕季本《易學四同》卷四《象彖爻下傳》。
〔註312〕（明）湛若水《湛甘泉先生文集》卷二十二《約言》：
夫人之善根，於心有警而後發。於外無所警，則昏昏者心之所由死也；有所警，則惺惺者善之所由生也。恐懼動於外，善根生於中，如草木之萌芽，為雷霆之所鼓、風雨之所潤而生也。是善根生死之幾，繫於警與不警而已。

淮海曰：「君子一生工夫，只是『恐懼修省』四字。此四字工夫，只是『震來虩虩，笑言啞啞』，故『恐懼』非惶惑也，『修省』非矜持也。『小心翼翼，昭事上帝。』〔註313〕自此心之不放曰『恐懼』，自此心之不違曰『修省』，可謂奉天矣。」〔註314〕

初九：震來虩虩，後笑言啞啞，吉。　《象》曰：「震來虩虩」，恐致福也。「笑言啞啞」，後有則也。

述曰：初九一陽動乎下，為震之主，足以當全卦之義，故爻辭與《象》同，而以「吉」贊焉。〔註315〕增「後」字，表初義也。《注疏》：「體夫剛德，為卦之先。」〔註316〕「剛則不暗於幾，先則能有前識。故處震驚之始，能以恐懼致福而獲其吉也。」〔註317〕

范氏曰：「君子之懼於心也，思慮必慎其始，則百志弗違乎道；懼於身也，進退不履於危，則百行弗罹於禍。故初九『震來』而致福，慎於始也。」〔註318〕

蘇氏曰：「二陽，震物者也。四陰，見震者也。震之為道，以威達德者。故可試而不可遂。試則養而無窮，遂則玩而不終。初九試而不遂者也。以『虩虩』之震，而繼之以『啞啞』之笑，明其不常用也。」〔註319〕「惟其威之不常用，故知其所震物者。非以害之，欲其恐而致福也。有則，言其不遠也。」〔註320〕

六二：震來厲，億喪貝，躋於九陵，勿逐，七日得。　《象》曰：「震來厲」，乘剛也。

述曰：六二乘初九之剛。九震之主，初動而上奮，「震來厲」矣。六二乘之，卒然自失，有大喪貝之象。「貝者，人之所寶。二之所寶者，位也。」〔註321〕

〔註313〕《詩經・大雅・大明》。
〔註314〕孫應鰲《淮海易談》卷三《震》。(《四庫全書存目叢書》經部第 7 冊，第 687 頁)
〔註315〕章潢《周易象義》卷四《震》：
　　　初九一陽動於下，處震動之初，人之慎動在初，為尤要也。爻象與《象辭》同，觀後與「吉」字可見。先「虩虩」而「後笑言啞啞」，先震恐而後安定，何也？人心戒懼則擬之後，言樂然後笑皆當天，則所以吉也。蓋初為震主，足以當全卦之義，其所以「虩虩」而致福，「啞啞」而「有則」，由陽剛初動，真心始萌。其震動恐懼之功，一皆自然而然者耳。
〔註316〕王《注》。
〔註317〕孔《疏》。「致福」，孔《疏》作「自修」。
〔註318〕（宋）范仲淹《范文正公文集》卷五《易義》。
〔註319〕蘇軾《東坡易傳》卷五《震》解爻辭。
〔註320〕蘇軾《東坡易傳》卷五《震》解象辭。
〔註321〕石介之說，見李衡《周易義海撮要》卷五《震》。

《注疏》以為「資貨糧用之屬也」。因震而動，動而無應，必至超越陵險，極其所之，有「躋於九陵」之象。「九陵」，甚言其高，震屬所不及之處也。二以柔居柔，足以自守。不過爻位一周則復其故常，有「勿逐，七日得」之象。蓋震之剛威遠矣，而非可常也，來即厲，往即安，故二雖「喪貝」而「七日得」。簡輔曰：「乘剛自危，必失其有。去而躋陵，迷迫之狀極矣。履正居中，義當來復，未有畏威順命而不能保其位者也。」

震之為義，陽震陰也，輔嗣所謂「威駭怠懈，肅整惰慢者也」。陰柔非遇大震動，則懷其所有，而無振奮激發之意。二中正有主，善承震，善處喪，善徙，善變通。其喪也，乃所以為得也。故震之能益人也，始以震而驚，終以震而定。汝吉曰：「人情繫於物，不能遺物，而震安『喪貝』。人情見近震於震，而震躋九陵，此處震之善。人驚悸必自失，故震屢言喪。陽性好上，不可乘，故《易》乘剛多凶。」

「『億』，余氏云：『大也。』佔用其變，則互離。離，嬴蚌，貝也。『躋於九陵』，在互艮之下，故稱『陵』；震為足，足乘初九，故稱『九陵』。虞說是也。『七日得』，胡氏云：『二至上，上至二，七數。』」〔註322〕

六三：震蘇蘇，震行無眚。　《象》曰：「震蘇蘇」，位不當也。

述曰：「『震蘇蘇』，恐懼失則，精神潰喪之狀。」〔註323〕三在下卦之上，本剛位而以柔居之，不中不正。當威嚴之世，有「震蘇蘇」之象，蓋中無主而不自振矣。能因震懼而勉於行，可以「無眚」，則初九之餘威，而六三受震之益也。「眚由內出，內自修省，故得『無眚』。」〔註324〕「『震蘇蘇』，震驚之震也。『震行』，震起之震也。」〔註325〕二中正「勿逐」而自得，三不中正能行則「無眚」。

質卿曰：「六三於震之來也，蘇蘇其處，亦危矣。斯時也，若無變計，遂為禍患所縛，四之『震遂泥』是也。若有變計，始能處乎禍患，『震行無眚』是也。蓋人於『震蘇蘇』之時，只判得一下，則不與事俱困，便謂之行，便謂之無眚。震之貴行而賤泥如此，皆《易》道當然。」

〔註322〕熊過《周易象旨決錄》卷四《震》。
〔註323〕楊簡《楊氏易傳》卷十六《震》。
〔註324〕陸希聲之說，見李衡《周易義海撮要》卷五《震》。
〔註325〕張獻翼《讀易紀聞》卷四《震》：「『震蘇蘇』之『震』，震驚之震也。『震行』，震起之震也。」

九四：震遂泥。　《象》曰：「震遂泥」，未光也。

述曰：震，剛德之首。初九以剛居剛，震之所以為震也，故震而亨矣。四亦震主而處柔，失剛健之道，居四無中正之德，陷溺於重陰之間，不能自震奮者也，故云「震遂泥」。「泥」，滯溺也。以不正之陽而上下重陰，安能免於泥乎？遂無反之意。處震懼則莫能守也，欲震動則莫能奮也，震道亡矣，豈復能光亨也？〔註326〕

程《傳》：「陽者剛物，震者動義。以剛處動，本有光亨之道，乃失其剛正，而陷於重陰，以致『遂泥』，豈能光也？云『未光』，見陽剛本能震也，以失德故泥耳。」汝吉曰：「震行即心光亨，如雷行迸重陰而出，豈有泥哉？初是已。」

蘇氏曰：「震於已震之後，遂而不知止者也，故『泥〔註327〕』者以言其不能及遠也，故二陰皆以處而不避為吉。」〔註328〕《象旨》：「遂依荀氏本作『隊泥』。虞翻曰：『坤土得雨也，位在於陰，坎中而震，隊泥之象。』與《屯》五同，故『未光』。」〔註329〕

六五：震往來厲。億无喪，有事。　《象》曰：「震往來厲」，危行也。其事在中，大無喪也。

述曰：《象旨》：「初始震為往，四洊雷為來。五當震主〔註330〕往復來之時。『厲』，雷聲之厲也。六五雖往來皆厲，而隊泥之威不復，如二之『喪貝』。」〔註331〕五居位得中，陰中有陽，非若二之純陰而乘初剛者之比，故大無喪其所。〔註332〕「有事」，所有之事，謂中德也。六五處震之成，以柔居中，靜而有主，動而常定，萬萬無所喪失也。

〔註326〕此一節乃敷衍程《傳》：
　　九四居震動之時，不中不正，處柔失剛健之道，居四無中正之德，陷溺於重陰之間，不能自震奮者也，故云「遂泥」。「泥」，滯溺也。以不正之陽而上下重陰，安能免於泥乎？遂無反之意。處震懼則莫能守也，欲震動而莫能奮也，震道亡矣，豈復能光亨也？
〔註327〕「泥」，《東坡易傳》作「泥泥」。
〔註328〕蘇軾《東坡易傳》卷五《震》。
〔註329〕熊過《周易象旨決錄》卷四《震》。
〔註330〕「主」，《周易象旨決錄》無。
〔註331〕熊過《周易象旨決錄》卷四《震》。
〔註332〕章潢《周易象義》卷四《震》：
　　而五之陰居陽位，又非若二之純陰比也。況往而又來，雖厲與二同，而在二純陰，故「億喪貝」；五則陽位而陰中有陽，故「億無喪」乎在中之所有也。

彭山曰：「震至五，成德之地。」〔註333〕恐以成則動以生定，其事在中，即所謂必有事焉者，夫何喪乎？

敬仲曰：「《易》道以得中為貴，六五之事，自在於中，不倚於意，不『憧憧往來』，時保時惕，安安翼翼，豈有在中之事而尚有所喪也哉？曰『大無喪』，斷斷之詞也，蓋『不喪匕鬯』、『以為祭主也』。」〔註334〕

質卿曰：「六五在重震之中，前震已往，後震復來，數經事變，無時而不危也。與危而行，為『震往來厲』，則更於變故者熟矣，操於心慮者久矣，以是能大無喪，有事。故曰有因無事而失守，有因多難而興邦，《易》道從來如此。」

上六：震索索，視矍矍，征凶。震不于其躬，于其鄰，无咎。婚媾有言。 《象》曰：「震索索」，中未得也。雖凶无咎，畏鄰戒也。

述曰：「索索」，志氣殫索之狀。「矍矍」，顧瞻皇惑之狀。上六過中，震終動極，懼而索索，隕穫不能自存之象。《象》曰：「『震索索』，中未得也」，若得中自持，則不至於索索矣。〔註335〕凡人震驚不寧，則目之所視，周章不定，為視矍矍。〔註336〕如此而往，安得不凶？見上六終不可動也，「能自戒懼不動，則雖處凶地而无咎矣」〔註337〕。仲虎曰：「四震之來也緩，上之懼不於其躬之時而已，懼於及鄰之際，則庶乎可以无咎。然亦終不免於『婚媾』之『有言』也。」〔註338〕上於四同體，如婚媾之連，四震動而終連及之，蓋勢之必至者，不可不畏鄰戒也。震為善鳴，有「言」象。蘇氏曰：「六爻皆無應，故九四兼二陰而有之，得稱『婚媾』也。」〔註339〕

胡旦曰：「『震不於其躬，于其鄰』者，謂九四之剛威不能及己之身。鄰謂五。犯九四之剛，有往來之厲，則己能觀此鄰戒，以自修省其身，整治其行，故『无咎』也。」〔註340〕趙氏曰：「震於躬而畏戒，常人也，咎則已罹。震於

〔註333〕季本《易學四同》卷四《象象爻下傳》。
〔註334〕按：楊簡《楊氏易傳》未見此語。
〔註335〕李衡《周易義海撮要》卷五《震》錄朱震之說，曰：
 上六過中，處震之極，窮而氣索，將下交於三，三亦過中而窮，莫助之者，是以恐懼失守，窮之又窮，故曰「『震索索』，中未得也。若得中自持，則不至於窮索矣。
〔註336〕章潢《周易象義》卷四《震》：「凡人震驚不寧，則目之視視，周章不定。」
〔註337〕李衡《周易義海撮要》卷五《震》錄朱震之說。
〔註338〕胡炳文《周易本義通釋》卷二《震》。
〔註339〕蘇軾《東坡易傳》卷五《震》。
〔註340〕李衡《周易義海撮要》卷五《震》。

鄰而畏戒，非智者不能，是以无咎。」〔註341〕程《傳》：「震終當變，柔不固守，故有畏鄰戒而能變之義。」本至於極，當有可變之道也。聖人於震示人知懼能改之義，為勸深矣。「唐房喬曰：『《震》之初九謹始恐懼，所以致福。《豫》之初六倡始逸豫，所以貽凶。』除上六『征凶』外，皆無凶者，皆有恐懼之福而無逸豫之凶也。」〔註342〕

六二爻，楊氏曰：「以六二之柔乘初九之剛，險也；以六二之靜應初九之動，詘也。方震之始，初遇九之猛厲，勃然而動，駭然而來，何可當也？六二才與位俱柔，若不勝其憤〔註343〕而逐之，奚而不喪？惟能以柔避剛，以靜馴動，遠避而勿逐，俟之久則剛自衰，則吾無喪而有得矣。險者易，詘者伸，非有得乎？高祖避項羽而入漢中，光武避更始而出河北，得《震》二之義矣。」〔註344〕

項氏曰：「二居下震之上，故稱『來』；五居重震之上，故稱『往來』。二之所謂『來』者，自取之也，故二之自省，在其所懷之資，為有所喪，故曰『喪貝』，言喪其資也。五之所謂『往來』，四〔註345〕、五無與也，故五之自省，在其身為無所喪。二雖喪資，仍得中位，故戒以『勿逐』，逐之則資與位俱喪矣。五雖無喪，不當但已，必有事焉，所以示修省之義也。『勿逐』者，守其中也；『有事』者，行其中也。六二為正中，五為大中，故曰『其事在中，大無喪也』。」〔註346〕

六三爻，《象旨》：「蘇」，吳幼清作『蘇，死而復生也』。〔註347〕六三於初震雖遠，於「四震則近。上『蘇』言下震之聲將盡，下『蘇』言上震之聲復生。位在二震之間，故其象如此。互坎，疑於多眚。然居震動之上，又動則坎象，不見遠於敵應。居外而震不能及，故『無眚』矣。」〔註348〕

〔註341〕趙汝楳《周易輯聞》卷五《震》。
〔註342〕胡炳文《周易本義通釋》卷二《震》。房喬之說早見馮椅《厚齋易學》卷二十六《易輯傳第二十二·震》。又見張獻翼《讀易紀聞》卷四，不言係引用《周易本義通釋》。
〔註343〕《誠齋易傳》此處有「起」字。
〔註344〕楊萬里《誠齋易傳》卷十四《震》。
〔註345〕「四」，《周易玩辭》作「二往而四來」。此處抄錄有誤。
〔註346〕項安世《周易玩辭》卷十《六二 六五》。
〔註347〕吳澄書中未見此語。丁易東《周易象義》卷七《震》：「震為反生，死而復生稱『蘇』。」
〔註348〕熊過《周易象旨決錄》卷四《震》。

讀易述卷九

艮☶艮下艮上

　　程《傳》：「艮，《序卦》：『震者，動也，動不可以終動，止之，故受之以艮。艮者，止也。』不曰止者，艮山之象，有安重堅實之意，非止義可盡也。乾坤之交，三索而成艮，一陽居二陰之上。陽動而上進之物，既至於上則止矣。陰者靜也，上止而下靜，故為艮也。」

　　按：「《艮》以人身取象。」〔註1〕「一陽隆然在上者，背之象也。卦主陽，故云『艮其背』。觀上下兩卦，亦有相背之象。」〔註2〕「鄭正夫云：『象言輔不言口，言身不言腹，言夤限不言臍，有背面而立之象。』易者，象也。象者，狀物以明理也。故《頤》如人之頤，《噬嗑》如人之噬，背如二人相重，背而立也。」〔註3〕

艮其背，不獲其身。行其庭，不見其人，无咎。

《彖》曰：艮，止也。時止則止，時行則行。動靜不失其時，其道光明。艮其止，止其所也。上下敵應，不相與也。是以「不獲其身，行其庭，不見其人，无咎」也。

　　述曰：艮以一陽止於二陰之上，是陽則止之所也。止於其所止，為「艮

〔註1〕建安丘氏之說，見胡廣《周易大全》卷十八《艮》。
〔註2〕章潢《周易象義》卷四《艮》。
〔註3〕張獻翼《讀易紀聞》卷四《艮》。鄭正夫之說早見馮椅《厚齋易學》卷二十六《易輯傳第二十二·艮》。董真卿《周易會通·周易經傳集程朱解附錄纂註卷十·艮》、胡廣《周易大全》卷十八《艮》。

其背」之象。背止於身而不於身之運用，是以「不獲其身」。既「不獲其身」，背後一無所見，故「行其庭，不見其人」而「无咎」也。《象旨》：「『背』，北堂，身所隱息也，在庭之後，謂上九。『身』謂六四。『艮』為門闕之間，庭中之象，謂三也。三當人位，坎為隱伏，故『行其庭，不見其人』。朱先生為『動靜各止其所，而皆主夫靜，所以无咎』。夫苟動靜各止其所，則是《傳》所謂『光明』之『道』矣，何但无咎哉；且既各止其所，則主靜之云，似為剩語也。」〔註4〕

《彖》曰「艮，止也」，艮之義也，非謂一於止而不行也。時乎當止則止，時乎當行則行。或行或止，略無將迎，略無凝滯，是謂「動靜不失其時，其道光明」。此止之義，所謂止至善也，以道本無方所也。若《艮》卦所謂「艮其止」，則止其所矣。既有方所可居，故初與四、二與五、三與上，陰與陰相敵應，陽與陽相敵應，上下相敵，實不相應，渙然兩無所與，截然若不相干。夫固一於止而不知時止時行者也，是以「不獲其身。行其庭，不見其人」而可「无咎」。〔註5〕

《象旨》：「《艮》雖以止為義，而卦象一於止者，上當陽窮故止，三體互震為行，此光明之道也。孔子於釋《彖辭》之《象》，別贊艮道如此，與文王《彖》旨少異。『止其所』下乃釋文王之辭，背乃止之所。『上下敵應』釋『不獲其身。行庭，不見人』之義。八純皆敵應，而獨《艮》言『不相與』者，艮主乎止也。『艮其背』則其止有所矣，艮止之義廣，艮背之義狹也，故必察光明與无咎之分，而背止之義乃可以別也。」〔註6〕

孔《疏》：「『艮其背』者，此明艮止之所也。《老子》曰：『不見可欲，使心不亂。』所見者在前，而背則無見之物也。夫無見則自然靜止，止而無見，則所止在後，不與面相對，故『不獲其身』。既『不獲其身』，則相背矣。相背者，雖近而不相見，故『行其庭，不見其人』，如此乃得『无咎』。」〔註7〕

〔註4〕熊過《周易象旨決錄》卷四《艮》。
〔註5〕此一節見章潢《周易象義》卷四《艮》。
〔註6〕熊過《周易象旨決錄》卷四《艮》。
〔註7〕孔《疏》：
　　「艮其背」者，此明施止之所也。施止得所，則其道易成，施止不得其所，則其功難成，故《老子》曰：「不見可欲，使心不亂也。」背者，無見之物也。」夫「無見則自然靜止」。夫欲防止之法，宜防其未兆。既兆而止，則傷物情，故施止於無見之所，則不隔物慾，得其所止也。若「施止於面」，則「對面而不相通」，強止其情，則「姦邪並興」，而有凶咎。止而無見，則所止在後，不

史孟麟〔註8〕曰：「『止道不可常用，必施於不可以行。適於其時，道乃光明也。』〔註9〕翼經推而進之，時艮其止者不能也『艮其止』者，止其所止，非時之止也。知止而不知行者也，故曰『艮其止』。止其所也，非為其善止而與之也。夫陰陽相應，則情通而相與。以其敵，故『不相與也』。『不相與』則相背為艮，其背塊然止矣，是以內不得己，外不得人。『无咎』者，吉與悔吝之間乎？」

章氏曰：「細玩《艮》之卦畫，上一陽有背象。爻於四謂身。三本屬人，而一陽限隔於庭中，故不見人。近儒便以不見為性體，又以知止為聖學，其亦未知艮之所以為艮歟？」〔註10〕

《象》曰：兼山，艮。君子以思不出其位。

述曰：「思不出位」，取諸兼山艮象。凡兩雷、兩風、兩火、兩水、兩澤，皆有往來之義，特兩山並峙，則止而不動也。心之官則思，其萬感萬應，此心凝然不動，心之體本如是也。「憧憧往來」者滯於有，沉空守寂者淪於無，皆非不出位之旨也。觀兼山艮象，可以悟「不出位」之思矣。程《傳》：「『位』者，所處之分也。萬事各有其所，得其所則止而安。若當行而止，當速而久，或過或不及，皆出其位也，況踰分據乎！」「草廬吳氏曰：『人之至難止者。心能使心之所思各止其位，不貳不雜，則可以言止矣。』」〔註11〕虞翻曰：「『君子』謂三也。三，君子位。」〔註12〕

質卿曰：「《大象》之辭，如射之有的，是學之準、止之則也。如《咸》之『以虛受人』乃為咸，如《恒》之『立不易方』乃為恒。而六爻之中，得此義

與面相對。言有物對面而來，則情慾有私於己。既止在後，則是施止無見。所止無見，何見其身，故「不獲其身」。既「不獲其身」，則相背矣。相背者，雖近而不相見，故「行其庭，不見其人」。如此乃得「无咎」。

〔註8〕（清）陳鼎《東林列傳》卷二十二《史孟麟傳》：
史孟麟，字際明，宜興人。……萬曆癸未成進士。……學者稱玉池先生。著有《明道附言》、《亦為堂集》，並奏疏行於世。
另，《四庫全書總目》卷一百七十九著錄其《亦為堂集》四卷，稱：「其集凡奏疏一卷、《明道附言》一卷、詩草一卷、文草一卷。又一別本題曰《史太僕集》，所載亦同，蓋一書而再刻也。」

〔註9〕王《注》。

〔註10〕按：章潢書中未見此語。

〔註11〕季本《易學四同》卷四《象象爻下傳》。按：原出吳澄《易纂言》卷六《象下傳》。

〔註12〕李鼎祚《周易集解》卷十《艮》。

者與道相近，不得此義者與道相違，蓋分數不可一毫爽也。兼山為艮，有止而不遷之意。『思不出位』，還其本止也。蓋心之官則思，思自有本位。從本位而有思，則自然時止時行，而動靜不失。一出其位，便成越思，而流蕩忘反矣。是位也，聖人屢發之。如《乾》九五曰『飛龍在天，乃位乎天德』，言天德還此本位也。如《坤》六五曰『君子黃中通理，正位居體』，言此體還此正位也。勞謙曰德言盛，禮言恭。謙也者，致恭以存其位者也，存位謂存此位也。又曰『天地之大德曰生，聖人之大寶曰位』，寶位謂寶此位也。思不出此位，則其思也始為『何思何慮』之思，其位也始為『正位居體』之位。是艮之象、止之義也，非君子孰以之？而卦之六爻未免屬於天下之動。能不出位者鮮矣。」

劉調甫曰：「君子近思，故『不出其位』。『不出其位』，以時為位也。是故能六位時乘，時行則行，時止則止。動靜不失其時，其道光明，孰非由知止得之？知止者，止於無位之位也。若有所可止，為妄而已，又安能素位而行，無入不得也哉？」〔註13〕

初六：艮其趾，无咎，利永貞。　《象》曰：「艮其趾」，未失正也。

述曰：初六在下，象趾在足，為行之始。以六之柔而靜，象「艮其趾」而不行也，〔註14〕故「无咎」。「當止之初，恐其不能不動於欲也。」〔註15〕腳跟不定，全體皆差。艮止之義，從腳跟下用力者也。陰柔以貞靜為德，止有終身之義焉，故曰「利永貞」。《象》曰「未失正也」，艮以一陽止二陰，陰止而聽於陽，此艮之正也。「行則有咎，止則不失其正。」〔註16〕「利永貞」，即上九之「敦艮」也。〔註17〕

趙氏曰：「『永貞』豈終於止者，時運而亨，位適乎它，時行則行，又以行為正。」〔註18〕

六二：艮其腓，不拯其隨，其心不快。　《象》曰：「不拯其隨」，未退聽也。

述曰：腓，足肚，趾之上、限之下也，二之象也。初「艮其趾」，以不動

〔註13〕劉元卿（字調甫）《大象觀》上篇。（彭樹欣編校《劉元卿集》，上海古籍出版社2014年版，第695頁）

〔註14〕楊萬里《誠齋易傳》卷十四《艮》：「以六之柔而靜，此趾之止而不行者也。」

〔註15〕季本《易學四同》卷二《艮》。

〔註16〕孔《疏》。

〔註17〕張獻翼《讀易紀聞》卷四《艮》：「『利永貞』即上之『敦艮』。」

按：胡炳文《周易本義通釋》卷二《艮》：「初六陰柔，懼其始之不能終也，故戒以『利永貞』，欲常久而貞固也。其即上九之『敦艮』乎？」

〔註18〕趙汝楳《周易輯聞》卷五《艮》。

為貞。六二中正，乘初之上而止，為「艮其腓」之象。夫腓不能自止，隨上而止者也。在艮思艮，本不欲隨。隨而不拯，豈能無違？甚哉，得止之難也！以有隨也，隨不止矣，此其心豈有快哉？「隨」者，陰隨陽，下隨上，指九三艮主也。三剛不中，不得止之宜。二雖中正，而體柔弱，不能拯救，故有此象。然則欲自快於心者，必識止無所止，而後止得自由。《象》「動靜不失其時」，由己故也。

《紀聞》曰：「股動則腓隨，動止在股而不在腓也。士之處高位，則有拯而無隨。在下位，則有當拯，有當隨，有拯之不得而後隨。若不拯而惟隨，則如樂正子之於子敖，冉有之於季氏也。《咸》於二言『腓』，三言『隨』，隨二而動者也。《艮》於二言『腓』，又言『隨』，隨三而止者也。三列夤，不得止之宜；二陰柔，不能救其所隨。然視《咸》之『執其隨』者有間矣。二與三，占皆在象中，皆有一『心』字。二不能拯乎三，故『心不快』；三不肯下聽乎二，故『厲薰心』。」〔註19〕

九三：艮其限，列其夤，厲薰心。　《象》曰：「艮其限」，危「薰心」也。

述曰：敬仲曰：「三居下體之上，上下之限也。身雖有上下之限，而氣血未嘗不通和。今九三失中，截然固塞，艮止不復通和，象『艮其限，列其夤』。夤列則『厲薰心』矣，言其心之病也。《象》又曰『危薰心』者，再言其心之病，當反求諸心，不可求諸外也。此爻乃固塞不通，執艮止之跡，失艮止之道。道也者，通也，無不通也。孔子曰：『上下用情，禮之至也。』今九三艮其上下之限而不用其情，不可行也。」〔註20〕

〔註19〕張獻翼《讀易紀聞》卷四《艮》。

按：程《傳》：「股動則腓隨，動止在股而不在腓也。……士之處高位，則有拯而無隨。在下位，則有當拯，有當隨，有拯之不得而後隨。」

朱熹《晦庵集》卷六十《答余彝孫》：「若不拯而惟隨，則如正子之於子敖，冉求之於季氏也。」董真卿《周易會通·周易經傳集程朱解附錄纂註卷十·艮》引之，稱「朱子語」。

胡炳文《周易本義通釋》卷二《艮》：

《咸》六二與《艮》六二皆象「腓」。《咸》下體即艮也，艮以三為主。《咸》於二言「腓」，三言「隨」，隨二而動者也。三為下卦之主，不能自守而下隨於二，故「往吝」。《艮》於二言「腓」，又言「隨」，隨三而止者也。三列夤，不得止之宜；而二陰柔，不能救其所隨，故「其心不快」。雖然，視《咸》之「執其隨」者有間矣。

據此，《讀易紀聞》拼接程頤、朱熹、胡炳文三人之說，而不注明。

〔註20〕楊簡《楊氏易傳》卷十七《艮》。

　　章氏曰：「九三一奇橫一卦之中，有『限』之象。一陽間隔四陰，有『列夤』之象。」〔註21〕程可久云：「限分上下，夤列左右，各止其所，無相資相待之意，故『危薰心』。」〔註22〕二艮腓，是徇物者。三艮限，是絕物者。〔註23〕皆「止其所」者之失也。止何可有方所也。

　　王《註》：「『限』，身之中也。三當兩象之中，故曰『艮其限』。『夤』，當中脊之肉也。止加其身，中體而分，故『列其夤』而憂『危薰心』也。『艮』之為義，各止於其所，上下不相與，至中則列矣。列加其夤，危莫甚焉。危亡之憂，乃薰灼其心也。施上〔註24〕體中，其體分焉。體分兩主，大器喪矣。」《疏》曰：「大器謂國與身為二也」；「君臣共治，大體若身。大體不通，則君臣不接。君臣不接，則上下離心。列夤則身亡，離心則國喪，故曰『列其夤，厲薰心』。」〔註25〕

六四：艮其身，无咎。　《象》曰：「艮其身」，止諸躬也。

　　述曰：三居上下之間，可言限。四則中上，稱身，故為「艮其身」。四近君，大臣之位。以天下為一身，度時通變，施政濟時，乃為止乎其所當止也。四柔，止之才，惟自止其身，則可无咎耳。〔註26〕「无咎」者，柔順得正，不為躁動也。在上位而僅能善其身，豈艮止之義哉？〔註27〕

　　六四爻位皆柔，故為身之象。大都事不可為，便韜才斂跡，懋行存身，皆「艮其身」之象。《象旨》：「『止諸躬』，王伯厚云：『傴身為躬，見躬而不見面。』

〔註21〕章潢《周易象義》卷四《艮》。
〔註22〕馮椅《厚齋易學》卷二十六《易輯傳第二十二・艮》、董真卿《周易會通・周易經傳集程朱解附錄纂註卷十・艮》、胡廣《周易大全》卷十八《艮》、張獻翼《讀易紀聞》卷四《艮》。
〔註23〕胡炳文《周易本義通釋》卷二《艮》：
　　　　二陰柔，隨三而不能拯之，是徇物者也。……三過剛，確乎止而不能進退，以至上下隔絕，是絕物者也。
〔註24〕「上」，王《注》作「止」。
〔註25〕按：孔《疏》「大器謂國與身為二也」在下一節引文之後。
〔註26〕丁易東《周易象義》卷七《艮》：
　　　　六四已出下體而進上體，在人為身之象。四在大臣位，柔靜得正，為人臣而止於敬者也。然以無陽剛之才，故所止者惟自止其身，而不能使天下各止其所止者也，但可以无咎耳。
〔註27〕程《傳》：
　　　　四，大臣之位，止天下之當止者也。以陰柔而不遇剛陽之君，故不能止物，唯自止其身，則可无咎。所以能「无咎」者，以止於正也。言止其身无咎，則見其不能止物施，於政則有咎矣。在上位而僅能善其身，無取之甚也。

《說文》：『躳，從呂從身。』呂，背脊也。猶言艮諸其背耳。爻言艮身，其義不止无咎也。而僅曰『无咎』，故《象》以『止躬』明之，以四之位正可當背故也。」〔註28〕趙汝楳曰：「『不獲其身』，心自與身對。『不見其人』，己乃與其人對。今言『艮其身』，殆『行庭，不見其人』者。」〔註29〕

許魯齋曰：「六四以柔止之才，承上止之君，雖己身得正，而於君事則有不能自濟者，必藉陽剛之才而後可以成功。故離九應之，則終得婚媾；震九應之，則顛頤獲吉。至於止乾之健，納兌之說，皆可成功而有喜。不爾，處《剝》見凶，處《蒙》、《蠱》見吝矣。艮以能止為義，能止其身，則无咎可也。」〔註30〕

六五：艮其輔，言有序，悔亡。　《象》曰：「艮其輔」，以中正也。

述曰：張中溪曰：「『輔』者，頰輔也，言之所由出也。柔居尊位，發則為絲綸之言，而中倫之難。五得中，於人身當輔之處，為能『艮其輔，言有序』之象。止其輔，非不言也，不輕言也。言不妄出則秩秩德音，自然有序，而悔可亡。」〔註31〕「悔謂以陰居陽。」〔註32〕六五「虛中，有頰輔之象。柔中有剛，其言必訒，有『艮輔』之象」〔註33〕。孔《疏》：「『以中正』者，位雖不正，以居得其中，不失其正，故『言有序』也。」明「艮其輔」亦不易，能本之以中正之德，則樞機之發自審。不然，如制驛馬，如遏決川，安得而止之？〔註34〕

趙汝楳曰：「言有序，出令有緩急，發語有先後，治事有本末。緩者急，則民不信。後者先，則機不密。本者末，則事不成。倘有序焉，千里之外應之，

〔註28〕熊過《周易象旨決錄》卷四《艮》。
　　　　按：王應麟《困學紀聞》卷一《易》：
　　　　　　《艮》六四「艮其身」，《象》以「躬」解之。俱背為躬，見背而不見面。
　　　　朱文公詩云：「反躬艮其背。」止於所不見，止於至善也。
〔註29〕趙汝楳《周易輯聞》卷五《艮》。
〔註30〕許衡《讀易私言》。
〔註31〕胡廣《周易大全》卷十八《艮》：
　　　　中溪張氏曰：「『輔』者，頰輔也，言之所由出也。五以柔居尊而得中，發則為絲綸之言。故與其言未中倫，孰若止其輔而不言，非不言也，不輕言也言。不妄出則秩秩德音，自然有序，而其悔乃亡。」
〔註32〕程《傳》。
〔註33〕章潢《周易象義》卷四《艮》。
〔註34〕楊簡《楊氏易傳》卷十七《艮》：「然輔頰亦未易，於艮止亦以其中正也，故能止之。不然，則如制驛馬，如遏決川，安得而止之？」

悔斯亡矣。」〔註35〕

上九：敦艮，吉。　《象》曰：「敦艮」之「吉」，以厚終也。

　　述曰：上九陽剛居艮之極，為成艮之主，剛健能止，眾止以至於篤實也，則一身有所之止不足以象之，故為「敦艮」，是為止於至善而「其道光明」，所以為「吉」。《象》曰「以厚終也」，上本艮之終，艮成萬物之終，艮為成德之事，故以「厚終」言。仲虎曰：「艮山象兼山，『敦艮』象。其厚也彌固，其象為「敦」，其占曰「吉」。」〔註36〕

　　程《傳》：「人之止，難於久終，故節或移於晚，守或失於終，事或廢於久，人之所同患也。上九能敦厚於終，止道之至善，所以吉也。」白氏曰：「逐爻本動，各強止之。獨上九不由牽制而自敦厚，不動以保其終也。」〔註37〕

　　章氏曰：「玩《艮》者若以止所為知止，以敵應為順應，盍並『敦艮』之爻而玩其意乎？」〔註38〕

　　丘氏曰：「《艮》者，《震》之反也。《艮》之三即《震》之四。震之用在下，故《震》陽最下者獨吉。若《震》四之陽，則下連二陰為互艮之體，失所以為震矣。艮之用在上，故《艮》陽最上者獨吉。若《艮》三之陽，則連上二陰為互震之體，失其所以為艮矣。」〔註39〕汝吉曰：「震主初，剛內反也，故備震元德；艮主上，剛上極也，故『敦艮』大終。四亦震主，以內茬而泥；三亦艮主，以強陽而厲。」

漌 ䷴ 艮下巽上

　　程《傳》：「為卦上巽下艮，山上有木，木之高而因山，其高有因也。其高有因，乃其進有漸也，故為『漸』也。」

　　李鼎祚曰：「自二至五體有離、坎，為飛鳥而居坎水，鴻之象也。鴻，隨

〔註35〕趙汝楳《周易輯聞》卷五《艮》：

　　　言不躁發，發必中倫。出令有緩急，發言有先後，論事有本末。緩者急則民不信，後者先則機不密，本者末則事不成。倘有序焉，千里之外應之，悔斯亡矣。

〔註36〕胡炳文《周易本義通釋》卷二《艮》：

　　　「敦臨」、「敦復」皆取坤土，象艮山，乃坤土而隆其上者也。其厚也彌固，故其象為「敦」，其占曰「吉」。

〔註37〕李衡《周易義海撮要》卷五《艮》。

〔註38〕按：章潢書中未見此語。

〔註39〕董真卿《周易會通‧周易經傳集程朱解附錄纂註卷十‧艮》、胡廣《周易大全》卷十八《艮》。

陽鳥，喻女從夫。卦明漸義，爻皆稱焉。」〔註40〕

  《紀聞》曰：「『《易》未有一義明兩卦者。晉，進也，漸亦進，何也？漸非進，以漸而進耳。』〔註41〕『《漸》，男方求女之事；《歸妹》，女將歸男之時；以未成夫婦而名卦。《咸》，男女初合，相與之情；《恒》，男女成配，久處之道；以既成夫婦而名卦。』〔註42〕『女歸，統言之。《歸妹》有帝乙、有君、有娣，則國君之配，長子歸之。長子即君之當位者。』〔註43〕女歸之漸，非行媒不相知名，非受幣不交不親，男親迎而後行之類，如是乃得女歸之善，而無失己之嫌，故曰『吉』。」〔註44〕

漸：女歸吉，利貞。

《彖》曰：漸之進也，「女歸吉」也。進得位，往有功也。進以正，可以正邦也。其位剛得中也。止而巽，動不窮也。

  述曰：「為卦止於下而巽於上，為不遽進之義」〔註45〕，故曰「漸」。卦體中二爻交也，艮男在內而不遽往，巽女在外而有所待〔註46〕，「徐而不速，謂之漸也」〔註47〕。女之生有外之義，以夫為家，故謂嫁曰歸。婦人之嫁，備禮乃行，女以漸歸，吉之道也。〔註48〕「利貞」，卦主三、四二爻位皆得正，「言女歸之所以吉，利於如此貞正也」〔註49〕。

〔註40〕李鼎祚《周易集解》卷十一《漸》。

〔註41〕瀘川毛氏之說，見董真卿《周易會通·周易經傳集程朱解附錄纂註卷十·漸》、胡廣《周易大全》卷十九《漸》。《讀易紀聞》引之，而不注明。

〔註42〕吳澄《易纂言》卷二《漸》：
  《漸》者，男方求女之事；《歸妹》者，女將歸男之時；以未成夫婦而名卦也。《咸》者，夫婦始初相合之情；《恒》者，夫婦終久相處之道；以已成夫婦而名卦也。
  《讀易紀聞》據之敷衍。

〔註43〕崔銑《讀易餘言》卷二《漸》。《讀易紀聞》引之，而不注明。

〔註44〕張獻翼《讀易紀聞》卷四《漸》。

〔註45〕朱熹《本義》。

〔註46〕章潢《周易象義》卷四《漸》：「艮下巽上，漸。卦取艮男巽女。男止在內而不遽往，女巽將入而有所待，其漸進有序，故為漸。」

〔註47〕孔《疏》。

〔註48〕孔《疏》：
  女人生有外成之義，以夫為家，故謂嫁曰「歸」也。婦人之嫁，備禮乃動，故漸之所施，吉在女嫁，故曰「女歸吉」也。「利貞」者，女歸有漸，得禮之正，故曰「利貞」也。

〔註49〕程《傳》。

程《傳》：「天下之事，進必以漸者，莫如女歸。臣之進於朝，人之進於事，固當有序。不以其序，則凌節犯義，凶咎隨之。然以義之輕重，廉恥之道，女之從人最為大也，故以『女歸』為義。且男女，萬事之先也。」仲虎曰：「《咸》『取女』，《漸》『女歸』，皆以貞艮為主。艮，止也。『止而悅』，則其感也以正，是為『取女』之『吉』。『止而巽』，則其進也以正，是為『女歸』之『吉』。」〔註50〕

「漸之義，不重於進而重於漸。」〔註51〕《彖》言「如漸之義而進，乃女歸之吉也，謂正而有漸也。女歸為大耳，凡進亦然」〔註52〕。「『進得位，往有功也』，明女歸之吉也。」〔註53〕四者，陰之位，而六居之。女巽於外，待禮而行，其進以漸，而不急速，故往可有功。「進以正，可以正邦也」，明女之進而漸也。「進以正」也，三止於內，以正而往；四巽於外，以正而交。故上下陰陽皆正，曰「可以正邦也」。其始不正，有以正終者乎？女進不正，有能成刑於之化者乎？故「利貞」也。「其位剛得中也」，指九五也，明諸爻得乎有位之大君也。婦道無成，以有功正邦之本歸之君，非四所能專也。〔註54〕內艮，止也；外巽，巽也人之進也。以欲之動，躁而不得其漸，則有困窮矣。在漸之義，內止靜而外巽順。其「動不窮也」，動言三、四，動而得正，所以「不窮」。〔註55〕

漢上朱氏曰：「四者，陰之位，六往居之，得位也。位者，待才用之宅。進而不得其位，則無所施。位過其才，則力不勝。進而得位，往必有功。故曰『進得位，往有功也』。四者，諸侯。坤土在上，為邦。君子之進，正己而已。己不正，未有能正人者。其始不正，終必不正。三以正進，四以正交，則四爻皆正，邦國正也。猶女得所歸，男女既正，家道不期於正而自正，故曰『進以

<hr>

〔註50〕胡炳文《周易本義通釋》卷二《漸》。
〔註51〕季本《易學四同》卷四《彖象爻下傳》。
〔註52〕程《傳》。「凡」，程《傳》作「他」。
〔註53〕熊過《周易象旨決錄》卷四《漸》。
〔註54〕熊過《周易象旨決錄》卷四《漸》：
　　　　「進以正，可以正邦。其位剛得中」，此明「利貞」之義也。謂女進以正，
　　　刑於之化可成，因可正邦。「其位剛得中」，明婦道無成。正邦之功，因九五剛
　　　中，非四所能專也。
〔註55〕朱震《漢上易傳》卷五《漸》：
　　　　內艮，止也；外巽，巽也。《易傳》曰：「人之進也，以欲心之動。躁而不
　　　得其漸，則有困窮矣。在漸之義，內止靜而外巽順，其動不窮也。」故曰「止
　　　而巽」。「動不窮也」，動言三、四動。動而正，所以「不窮」。

正，可以正邦也』。此兩者以六居四言漸也。」〔註56〕

敬仲曰：「士之進也貴乎漸，士進而不以漸，則疏，則近利，則不正。如女之歸，則吉也。進得位，而後可以有功。此位，剛得中之位也。君體剛而又中，而後可以有為，可以有功。若夫人臣雖進，皆不足以言位。人臣之位，皆君之所命。人臣之功，亦君之所用。」〔註57〕故以正邦之功歸之君，而臣無專成也。

汝吉曰：「卦德止巽合德，方其在下，若將終身。進以巽行，委蛇屈伸。其進也漸也，其漸也正也，吾知動必不窮矣，則漸之吉也。」敬仲曰：「『止』者，寂然不動。『巽』者，隨時順理。止非強止。道心無體，本無可動，變化進退，巽動無窮，雖動猶不動也。」〔註58〕

《象》曰：山上有木，漸。君子以居賢德善俗。

述曰：「山上有木，非人力栽培灌溉之所及也，而自然生長，非一朝一夕之所成，故取漸意。『居』謂存諸心也。『賢德』謂純美之德。」〔註59〕居賢德，有止而不遷之意。化之入人，風之動人，必以其漸習而後安，浸而自化，非教令之所能善也。「居賢德」以「善俗」，漸之道也。「居賢德」，君子自居，修而不勤，砥礪而不至精美，何以謂「賢德」？隆教化，厚風俗，皆從君子之身來，非夙知而暮成者之所能望也。

鄧氏曰：「地中有木，土沃矣。陰陽和，風雨交矣。故木生見其升，不見其漸，而名升。山上有木，土磽矣。上多勁風，其寒也凝冰。故木生見其漸，不見其升，而名漸。」

初六：鴻漸于干。小子厲，有言，无咎。　《象》曰：「小子」之「厲」，義「无咎」也。

述曰：「卦有以名貫六爻者。觀卦立象，以一象貫之，未有也。鴻則曷為

〔註56〕朱震《漢上易傳》卷五《漸》。
〔註57〕楊簡《楊氏易傳》卷十七《漸》：
　　天下之事皆然，其進也貴乎漸。士進而事君不以漸，則疏，則近利，則不正。如女之歸，則吉。進得位，而後可以有功。此位，剛得中之位也。君體剛而又中天下而立，而後可以大有為，可以有功。若夫人臣雖進，皆不足以言位。人臣之位，皆君之所命。人臣之功，亦君之所用。使君不用之，臣何能為？故臣之功皆君之功也，臣無功；臣之位皆君之位也，臣無位。
〔註58〕此據熊過《周易象旨決錄》卷四《漸》引。原出楊簡《楊氏易傳》卷十七《漸》，「止非強止」下有「未始不止」。
〔註59〕季本《易學四同》卷四《象象爻下傳》。

而言鳥飛？獸行皆無倫敘，唯鴻至有時，群有序，翼次而肩隨，其飛、其進、其集皆有漸，是故以取象。」〔註60〕「鴻漸于干」，始進而於水涯也，近人多驚，故「厲」。驚則鳴，故有「言」象。初為小子，位則下也，德則柔也。上無應援，則孤遠之跡也，何能免於危厲，且常有言之傷矣。蓋恐恐焉遂罹於咎，然而无咎者。程子曰：「在下所以有進也，用柔所以得安〔註61〕也，無應所以能漸也。若漸之初而用剛急進，又有援則失漸之義。不能進，而有咎必矣。」「《象》曰『義无咎也』，以義揆之，寧有知危而陷於過者乎？」〔註62〕

六二：鴻漸于磐，飲食衎衎，吉。　《象》曰：「飲食衎衎」，不素飽也。

　　述曰：介夫曰：「『鴻漸于磐』，象進於位。『飲食衎衎』，象享其祿。『于磐』、『衎衎』，皆安意也。六二柔順中正，進以其漸，則非竊據高位者矣。又上有九五之應，則得君以展布事功，而無尸素之歉，故為『鴻漸于磐，飲食衎衎』之象。」〔註63〕諸理齋曰：「德足以堪之，則為得之以道，而非徒飽矣，故『衎衎』而處之安也。」

　　《象旨》：「『磐』，依《漢・郊祀志》作『般』。孟康云：『般，水涯堆。』」二當互坎，可稱水涯之堆。虞翻謂『艮為山石』，非也。互坎為飲，二變互兌，為食。朱《義》：『漸遠於水，進於干〔註64〕而益安。』夫鴻，水鳥也，據於石則又何飲食乎？敬仲曰：『六二無求進之意，飲食衎衎，和樂安暇，若將終身焉，故吉。人情大抵好進，惟有道者不然。飲食衎衎，疑於不事事而素餐，故《象》釋人之疑，曰不素飽也。』」〔註65〕

九三：鴻漸于陸。夫征不復，婦孕不育，凶。利禦寇。　《象》曰：「夫征不復」，離群醜也。「婦孕不育」，失其道也。「利」用「禦寇」，順相保也。

　　述曰：艮上，平原象。二漸於磐，三則進於陸矣。進而之陸，與四相比。三、四「比而俱無應，相比則相親而易合，無應則無適而相求」〔註66〕，非其正矣，故有「夫征不復，婦孕不育」之象。王《註》：「『夫征不復』，樂於邪配，則婦亦不能執貞矣。非夫而孕，故『不育』也。三本艮體，而棄乎群醜，與四

〔註60〕趙汝楳《周易輯聞》卷五《漸》。「取象」，《周易輯聞》作「之」。
〔註61〕「得安」，程《傳》作「不躁」。
〔註62〕章潢《周易象義》卷四《漸》。
〔註63〕蔡清《易經蒙引》卷七下《漸》。
〔註64〕「干」，朱熹《本義》作「磐」。
〔註65〕熊過《周易象旨決錄》卷四《漸》。
〔註66〕程《傳》。

相得,遂乃不反,至使婦孕不育。見利忘義,貪進忘退凶之道也。」趙氏曰:
三過剛,然得正。不正之配,視為寇讎,而禦之則利。「利禦寇」,順相保也。
艮為止,故禦寇為順。「艮男少而巽女,長男下屈而女上伸」〔註67〕,其道不
順。順以相保,夫不離群而後漸進之正,婦不失貞而成嗣續之功,斯為善於用
剛者乎?「鴻群不亂,止於相保,亦有『禦寇』之象。」〔註68〕

劉濂曰:「『夫征不復』者,少男無應而上比於四,務進而妄動,故征則
不可還。『婦孕不育』者,長女無應而下比於三,失守而私交,故孕則不敢
育。」〔註69〕

《象旨》:「《爾雅》:『高平曰陸。』水中平地,三動則成坤,故為『陸』。
『夫』指三。鄭玄曰:『坎為丈夫,水流而去。』虞翻曰:『三動。陽死坤中,
坎象不見也。』陽本上物,艮止於下之象。『婦』指四。巽為婦,離為孕。三
動成坤,離毀失位,亦三近比四,無以正室孕子之象。『利禦寇』,離為兵戈甲
胄,坎為寇盜。秀巖李氏曰:『四非婚乃寇』〔註70〕,是也。自下御上,『三動
坤順,坎象不見』〔註71〕,而又艮體而止巽順,物莫能違,故『利用禦寇』也。
蓋動與不動皆有其象矣。」〔註72〕

胡雙湖曰:「嘗合卦爻辭觀之,卦辭『女歸吉』者,以三、四兩爻也;爻
辭夫婦凶者,亦三、四兩爻也。卦以兩體論,巽女有歸艮男之象;爻以應否論,
當相應之位者為正,不當相應之位者為邪。四女無歸,三男之理也,特相比而
相得,為私情之相合耳。此卦但言『女歸』,不言『取女』,不得與《咸》例論,
謹始之意已可見於言外矣。」〔註73〕

《紀聞》曰:「《漸》之九三、《蒙》之上九皆以過剛而許其利禦寇,然一

〔註67〕趙汝楳《周易輯聞》卷五《漸》。
〔註68〕章潢《周易象義》卷四《漸》。
〔註69〕劉濂《易象解》卷四《漸》。(《四庫全書存目叢書》經部第4冊,第280頁)
　　　　按:此說有淵源。董真卿《周易會通·周易經傳集程朱解附錄纂註卷十·漸》、
　　　　胡廣《周易大全》卷十九《漸》:
　　　　　　鄭氏剛中曰:「三、上無應而親四,四下無應而奔三,三務進而妄動,故
　　　　征則不可還。四失守而私交,太孕則不敢育。」
〔註70〕俞琰《周易集說》卷九《漸》。
〔註71〕亦虞翻之說,見李鼎祚《周易集解》卷十一《漸》。
〔註72〕熊過《周易象旨決錄》卷四《漸》。
〔註73〕董真卿《周易會通·周易經傳集程朱解附錄纂註卷十·漸》、胡廣《周易大全》
　　　　卷十九《漸》。

則曰『上下順也』，一則曰『順相保也』，其旨微矣。」〔註74〕

六四：鴻漸于木，或得其桷，无咎。　《象》曰：「或得其桷」，順以巽也。

述曰：仲虎曰：「巽為木，而處於艮山之上，九三之前。三以一陽畫衡於下，有『桷』之象。鴻漸於此，則愈高矣。鴻之掌不能握木，木雖高，非漸所安也。然陰居陰得正，如於木之中，或得平柯而處之，則亦安矣，故『无咎』。」〔註75〕

孔《疏》：「六四進而得位，故曰『鴻漸於木』也。之木而遇堪為桷之枝，取其易直可安也。六四與三相得，順而相保，故曰『或得其桷』。既與相得，無乘剛之咎，故曰『无咎』。『順以巽也』者，言四雖乘三，體巽而附下，三雖被乘，上順而相保，所以六四得其安棲，由『順以巽也』。」敬仲曰：「順巽則不貪進，不忤物，故處高危而得安平之道。」〔註76〕

《象旨》：「四巽體，為木之餘。木、桷皆巽象。巽為進退，故漸木而或得其桷。李鼎祚謂『四爻陰位，正像桷』，是也。卦以漸為義，漸木者進得位，卦之正也。爻以巽為主，得桷者所以成巽也，故《象》獨曰『順以巽』。」〔註77〕

九五：鴻漸于陵，婦三歲不孕，終莫之勝，吉。　《象》曰：「終莫之勝，吉」，得所願也。

述曰：《象旨》：「《爾雅》：『大陸曰阜，大阜曰陵。』《釋名》謂體崇高，以其在艮之上。」〔註78〕張中溪曰：「此人君處九五之位象也。五剛得中，與二正應，二乃五之婦也。二欲歸於五者，三近止之，歷四而五，有『三歲不孕』之象。」〔註79〕敬仲曰：「六二之『不孕』，異乎九三之『不育』。九三不中，

〔註74〕按：張獻翼《讀易紀聞》未見此語。

另，郭雍《郭氏傳家易說》卷五《漸》：

與《蒙》之上九「利禦寇」同義。蓋他無所用，獨可禦寇而已。《蒙》之象言「上下順」者，以己獨處上，眾皆順之也。此言「順相保」者，初二順而相保而已。

〔註75〕胡炳文《周易本義通釋》卷二《漸》。

〔註76〕楊簡《楊氏易傳》卷十七《漸》。

〔註77〕熊過《周易象旨決錄》卷四《漸》，無「木桷皆巽象」。「木桷皆巽象」見（元）龍仁夫《周易集傳》卷五《漸》、（元）保八《周易原旨》卷五《漸》。

〔註78〕熊過《周易象旨決錄》卷四《漸》。

〔註79〕胡廣《周易大全》卷十九《漸》：

中溪張氏曰：「『鴻漸於陵』，陵為高阜，下視於磐、於陸，則於陵為最高，此人君處九五位之象也。況五與二為正應，則二乃五之婦。二漸進以歸於五也，雖三欲塞之，四欲間之，歷三歲而不孕。然二、五以中正之道相應，必得遂其室家之願。彼不中不正者，終莫能奪而勝之，宜其吉也。」

六二中正，終得與正合，故九三『終莫之能勝』。邪不可以干正，中正者卒得所願，天地鬼神所共與，人心所同歸也，安得不吉？」〔註80〕蘇氏曰：「『三歲不孕』，終莫之能勝也。六二之為婦而貞也，則願孰大焉，故曰『進以正，可以正邦也』。不求之人而求之身，雖服天下可也。」〔註81〕

《紀聞》曰：「九三夫既征而不復，則『婦孕不育』矣，《象》之相因而取者。『婦三歲不孕』，又專取婦。《象》凡言『三歲不興』，終不興矣；『三歲不覿』，終不覿矣。此雖『三歲不孕，終莫之勝』也。」〔註82〕「孕女之得其配也，以有為而未功也。『字』，育女之功也。」〔註83〕仲虎曰：「三與五皆言婦。三、四，夫婦之邪。匹婦雖孕而不敢育，女歸之不以漸者也，故凶。五、二，夫婦之正配。婦雖不孕，而三、四莫能勝，女歸之以漸者也，故吉。觀二爻之吉凶，而卦詞所謂『女歸吉』者愈明矣。」〔註84〕

上九：鴻漸于陸，其羽可用為儀，吉。 《象》曰：「其羽可用為儀，吉」，不可亂也。

述曰：敬仲曰：「上九又在九五之上，若不可言陸而曰陸者。上九之應在三，三為陸，上居巽體之上，故降而從陸歟？退巽如此，故其羽可以為人之儀則。其曰『不可亂』者，人心為進退得失所亂，則貪進不克退巽，能退者必其心不為進退得失所亂矣。」〔註85〕王《註》：「進取高潔，不累於位，無物可以

〔註80〕楊簡《楊氏易傳》卷十七《漸》。
〔註81〕蘇軾《東坡易傳》卷五《漸》。
〔註82〕按：張獻翼《讀易紀聞》未見此語。
〔註83〕王安石《臨川先生文集》卷六十三《易泛論》。
〔註84〕胡炳文《周易本義通釋》卷二《漸》：
　　　　三與五皆言婦。五以二為婦，正也；三以四為婦，非正也。三、四相比而為夫婦，婦雖孕而不敢育，女歸之不以漸者也，故凶。二、五相應而為夫婦，婦不孕而三、四莫能勝，女歸之以其漸者也，故吉。周公於三、五二爻言婦之吉凶，而卦辭所謂「女歸吉」者愈明矣。
　　　　另，陳士元《易象鈎解》卷四《漸》：
　　　　三、四相比而為夫婦，雖孕而不敢育，女歸不以正者也，故凶；二、五相應而為夫婦，婦雖不孕，而三、四終莫之勝，女歸以正者也，故吉。
　　　　張獻翼《讀易紀聞》卷四《漸》：
　　　　三與五皆言婦。五以二為婦，正也；三以四為婦，非正也。三、四相比而為夫婦，婦雖孕而不敢育，女歸之不以漸者，故凶。二、五相應而為夫婦，婦雖不孕，而三、四莫能勝，女歸之以其漸者，故吉。
　　　　按：《易象鈎解》、《讀易紀聞》引胡炳文《周易本義通釋》之說，均不注明。
〔註85〕楊簡《楊氏易傳》卷十七《漸》。

屈其心而亂其志。峨峨清遠，儀可貴也。」仲虎曰：「鴻進以漸而不失其時，翔以群而不失其序，所謂進退可法者也。而獨於上爻言之者，要其終而『不可亂』也。」〔註86〕

五比四，三上比四，下比二，二比三，則相說而可亂，故三、四遂為不正之匹偶。二、五中正，其始亦有間阻，終乃能勝耳。惟上九下無應與，不與陰比，獨居九五之上，而超然一卦之外，無物可亂其志，曰「不可亂也」，亦鴻不亂群之象。

楊廷秀曰：「漸之進，至於九〔註87〕之『漸於陸』，高之極也，不可踰矣。九三下卦之極，上九上卦之極，其進也皆至於高平之陸而止。九三之漸於陸也，自干自磐而陸，其進已上，雖平而高；上九之漸於陸也，自木、自陵而陸，其進為退。雖高而平，上九以剛陽之德，秉謙巽之極，其位彌上，其心彌高，其進彌徐，其退彌速，此其羽翼翔集截然而不可亂，豈不足以高出一世而為天下之儀表乎？」〔註88〕

初六爻，項氏曰：「鴻，水鳥也。初雖離水而至干，其進不速，猶在水土之濱，窮迫之地。小憂小故，時時有之，然而能止於此而不進，則於大義固無失也。」〔註89〕

《象旨》：「初稱鴻。婚禮納采，用鴈鴻鴈之大者。《彖》言『女歸吉』，故爻用之以取象也。自二至五，體有坎離，為飛鳥而居坎水，鴻之象也。『干』者，小水從山流下之稱。艮為山，為小徑。坎水流下山，故『鴻漸於干』也。『小子厲，有言』，艮三索得男為小子，艮又為言也。初六遠則無應，近則遇二，兩陰不能相容，故『小子厲，有言』。然漸道當，然非志於利者，故『无咎』。」〔註90〕按：六爻取象，初在艮之麓而為干者，水涯為干，上有互坎也；

〔註86〕胡炳文《周易本義通釋》卷二《漸》。
〔註87〕「九」，《誠齋易傳》下有「五」。
〔註88〕按：與楊萬里《誠齋易傳》卷十四《漸》語序不同，曰：
　　　　九三「漸於陸」，上九復「漸於陸」，何也？漸之進至於九五之「漸於陸」，高之極也，不可踰矣，踰則僭。故九三下卦之極，上九上卦之極，其進也，皆至於高平之陸而止矣。然九三之「漸於陸」，躁於進也，雖平而高；上九之「漸於陸」，安於進也，雖高而平。何也？自干自磐，而至於陸，則其高為驟，自陸自木自陵，而復至於陸，則其進為退。上九以剛陽之德，秉謙巽之極，名居一卦之上，實出一卦之外，其位彌高，其心彌下，其進彌徐，其退彌速，此其羽翼翔集，截然而不可亂，豈不足以高出一世而為天下之儀表乎？
〔註89〕項安世《周易玩辭》卷十《下三爻》。
〔註90〕熊過《周易象旨決錄》卷四《漸》。

二高於初，故為磐。「磐」，《漢・郊祀志》作「般」。孟康云：「水涯堆也。」
〔註91〕堆固高於涯矣。三又在上，故為陸。陸在水中，則塘上路也。□〔註92〕
然者，三正在坎中也。四在巽木之初，當為根，以在上卦，故為桷。三、四皆
人爻，陸在人下，桷在人上也。五為陵，上為逵，皆對下卦言之。五對二為高，
故為陵，陵高於堆者也。上對三為高，故為逵，九逵之逵高於水中之陸也。
人立於九逵之逵而望飛鴻之羽，其勢又高，巽為高，而在上卦之上，故其象
如此。

六二爻，項氏曰：「二已離干而至於磐，去水土而得石，有飲食之樂矣，
則又止而不進，非徒安於自養，義不可以輕進也。兩爻皆柔而能止，故得漸進
之義如此。」〔註93〕

六三爻，項氏曰：「三為艮主，自應能止，然以純剛之質，當漸進之時，
乃在互坎之中，正得山上有水之象。聖人懼其進而犯難也，故有勸誡之辭焉。
『征』、『孕』皆凶，言不可進也。『利』在『禦寇』，言可止也。三征則離艮而
入巽，故有『離』其『群醜』之悲。孕生者下首，今乃上進，故失生育之道。
凡行上為逆，行下為順，剛止於外，下蔽二陰，與之相保，以共禦夫寇賊，則
為順道也。『群醜』謂儕類也，《詩・吉日》『從其群醜』是也。」〔註94〕九三
言「征」、「孕」、「禦寇」者，在坎中也。坎為難，征則有兵難，孕則有產難，
設險守國則利禦寇。

六四爻，楊氏曰〔註95〕：「四出艮之上，為木，為風。鴻乘風而陞於木。」
「夫以九三之剛而進於陸，六四以陰柔乃超然而出其上，此危道也。惟降而棲
於木桷之卑枝，則庶幾无咎與？『漸於木』者，飛而至也。『得其桷』者，『順
以巽也』。君子漸進於高位，不幸而在剛暴小人之上。」而人不忌之者，以柔
居柔，為順之至，而又能巽乎剛，所以進而得安也。

〔註91〕熊過《周易象旨決錄》卷四《漸》：「『磐』，依《漢・郊祀志》作『般』。孟康
　　　　云：『般，水涯堆也。』」
〔註92〕「□」，底本為一空格，四庫本小字注「闕」。
〔註93〕項安世《周易玩辭》卷十《下三爻》。
〔註94〕項安世《周易玩辭》卷十《下三爻》。
〔註95〕楊萬里《誠齋易傳》卷十四《漸》：
　　　　　以九三之剛而漸於陸，今六四乃超九三而出其上，此危道也。惟降而棲於
　　　　可榛可桷之卑枝，則庶幾无咎歟？「漸於木」者，飛而至也。『得其桷』者，
　　　　順以巽也。」君子之漸進於高位，不幸而在剛暴小人之上，非順而巽、巽而降，
　　　　未有能免者。……四出艮之上，為木為風，故乘風而陞於木。

上九爻，項氏曰：「上九漸道之成，著於九達之衢，國人望之以為儀表，此蓋元老舊臣，筋力已衰，而在賓師之位。譬如望飛鴻之羽於九達之逵，但見其次序之不可亂，亦足以儀刑眾庶，使諸大夫國人有所矜式，不待見之行事也。」〔註96〕

歸妹䷵兌下震上

按：兌，少女，謂妹也。三說主而比震，初有「說以動」之象，故謂之歸妹。卦以三爻得名，別於女歸以漸之正也。卦二、三、四、五剛柔皆易位，故「無攸利」。

虞翻曰：「互體坎月離日，俱歸妹象。『陰陽之義配日月』，則『天地交而萬物通』，故以嫁娶也。」〔註97〕

歸妹：征凶，无攸利。

《彖》曰：歸妹，天地之大義也。天地不交而萬物不興。歸妹，人之終始也。說以動，所歸妹也。「征凶」，位不當也。「無攸利」，柔乘剛也。

述曰：歸妹者，以少女而遽歸於人，不曾待夫時，亦不曾待夫禮，正與《漸》之「女歸」相反。《漸》『女歸』，巽外之辭；《歸妹》，兌內之辭也。」〔註98〕

汝吉曰：「歸妹，妹，少女之稱，非其時而歸，歸不以漸也。兌震兩體相比，有『說以動』之象。揆年未及，六禮未行，而遽歸於人，以『說而動』，惟好是歸，所歸妹也。卦主六三，以位不正而得『凶』，以婦乘夫而『无攸利』。《易・彖》、繇所無不祥甚焉。《彖詞》推而廣之天地萬物。卦名歸妹，雖違匹對之正，實象天地少陰少陽、長陰長陽之氣共相交接。天地之大義存焉。若是天地不交通，而萬物不繁興，生類或幾乎息矣。歸妹長少之交，於以嗣先，於以著代。人之終始也，厚莫重焉，胡可苟爾以『說而動』忽其始矣。『凶，无攸利』，卦象固有然也。『永終知敝』，安得不始之慎哉？」

俞氏曰：「九四陽爻，在上卦二陰爻之下；六三陰爻，在下卦二陽爻之上。是天地交也。」〔註99〕胡氏曰：「出震見離，說兌勞坎，是萬物興也。兌為少女，女之終；震為長男，男之始。」〔註100〕亦有人道終始之義。趙汝楳曰：

〔註96〕項安世《周易玩辭》卷十《上三爻》。
〔註97〕李鼎祚《周易集解》卷十一《歸妹》，無「互體」二字。
〔註98〕熊過《周易象旨決錄》卷四《歸妹》。
〔註99〕俞琰《周易集說》卷十九《彖傳六》。
〔註100〕胡廣《周易大全》卷十九《歸妹》：

「『說以動』，非兼指男女，偏主於所歸妹也。」〔註101〕蔡汝楠曰：「『動以說』為《歸妹》，『止而說』為《咸》，無非性之欲也，而動止別公私焉。《咸》曰『取女吉』，吉在取也，以取屬男；《歸妹》『征凶』，凶在征也，以征罪女。」〔註102〕《象旨》：「或誤指震為兌夫，失卦名義矣。且就震言說兌色，而不知說非震；就兌言動於欲，而不知動非兌也。」〔註103〕

《雜卦傳》曰：「《漸》，女歸待男行也。」三、四各得正位，艮男在內，巽女在外，有待而行，女歸之得其正也。《歸妹》少女居內，長男居外，位皆不正，有『說以動』之象，說而歸之，主女而言，未嘗待也，不以漸也，此女歸之不得其正者也。《漸》「止而巽」，《歸妹》「說而動」，二卦正相反。

男女之道，謹於始合。長女待男而行，男止則女尚未歸為《漸》；少女未曾待年，未曾待六禮之備，惟說是動，而遽歸之為《歸妹》。女狃說而忘其順，男牽欲而失其剛，〔註104〕始合不正，必敝其終，故曰「《歸妹》，女之終也」。「《隨》卦亦震兌合體，有『元亨利貞』之詞者何？《隨》『動而說』，陽先陰隨，正也，故吉。《歸妹》『說而動』，陰先陽隨，邪也，故凶。」〔註105〕

程《傳》：「女之歸男，乃生生相續之道。男女交而後有生息，有生息而後其終不窮。前者有終，而後者有始，相續不窮，是人之終始也。」

孔《疏》謂：「以少承長，非是匹敵，明是妹從姊嫁，故謂之歸妹。」〔註106〕「聖人制禮，令娣姪從其姑姊而充妾媵者，所以廣嗣續，以象天地少陰少陽、長陰長陽之氣共相交接，所以蕃興萬物也。天地以陰陽相交而得生物不已，人倫以少長相交而得繼嗣不絕，歸妹豈非『天地之大義，人倫之終始』耶？」〔註107〕

《象》曰：澤上有雷，歸妹。君子以永終知敝。

述曰：兌為澤，水鍾而不流，雷震其上，澤如鼓沸騰湧，陰說陽而動之象，

　　　　雙湖胡氏曰：「出震見離，說兌勞坎，是萬物興也。兌為少女，豈非女之終乎？震為長男，豈非男之始乎？」
〔註101〕趙汝楳《周易輯聞》卷五《歸妹》。
〔註102〕蔡汝楠《說經箚記》卷一《易經箚記・歸妹卦》（《四庫全書存目叢書》第149冊，第34頁。）
〔註103〕熊過《周易象旨決錄》卷四《歸妹》。
〔註104〕程《傳》：「男牽欲而失其剛，婦狃說而忘其順。」
〔註105〕張獻翼《讀易紀聞》卷四《歸妹》。
〔註106〕孔《疏》解卦辭。
〔註107〕孔《疏》解《彖辭》。

故曰「澤上有雷，歸妹」。蓋情慾之動，一時之感，非其恒也，不可久也。「夫婦之道，當常永有終，必知其有敝壞之理而戒慎之。敝壞謂離隙。《歸妹》『說以動』者也，異乎《恒》之『巽而動』、《漸》之『止而巽』也。非夫婦正合而可恒之道，久必敝壞。知其必敝，則當思永其終也。天下之事，莫不有終有敝，莫不有可繼可久之道。觀歸妹則當思永終知敝矣。」〔註108〕俞氏曰：「『《歸妹》，女之終。』兌，毀折，敝也。互離為明，所以知其敝而永其終也。」〔註109〕

質卿曰：「天下事但襲取於一時者，即情可合；相依於久遠者，非理莫全。君子知夫婦之間，永終之道也。歸妹之初，致敝之原也。思其終，不得不虞其始；念其久，不得不慎於今。不然，敝不在後，而今已胚胎之矣，敢不謹歟？」

初九：歸妹以娣，跛能履，征吉。 《象》曰：「歸妹以娣」，以恒也。「跛能履，吉」，相承也。

述曰：《歸妹》主兌之三爻，初處三下，娣之象也。歸妹本配匹而曰以「娣」，初位在下，上無正應，側身奉君，不當室主，若娣姪從嫁為妾媵者，故稱以「娣」也。初剛本能行，而以娣自居，行不敢正，有「跛能履」之象。如是而往，吉孰甚焉？孔《疏》：「為妻而行則凶，為娣而行則吉」，是也。《象》曰「以恒也」，凡事惟得其恒者為吉，故長男長女之配合卦名《恒》。《歸妹》，《恒》之變，而曰「以娣」，不居其正，以是為可恒也。「『跛能履，吉』，以其相承而不敢專也。」〔註110〕

《歸妹》以「說而動」，非夫婦能常之道。初以陽德，安卑下之分，為恒而承事於君，故「征吉」。與《彖》「征凶」異旨矣。

九二：眇能視，利幽人之貞。 《象》曰：「利幽人之貞」，未變常也。

述曰：九二承上，「歸妹以娣」之詞也。陽本能視，以娣自處，不敢正視，象眇者之能視也。居中處內，同乎幽隱之人，守其貞正，無邪競之心則利矣。〔註111〕胡旦曰：「以陽居陰，履非其正，能盡卑下之節，以承於上，猶目之偏，

〔註108〕程《傳》。

〔註109〕俞琰《周易集說》卷十三《象辭三》。

〔註110〕楊簡《楊氏易傳》卷十七《歸妹》。

〔註111〕李衡《周易義海撮要》卷五《歸妹》錄勾徽之說，與此部分相同，曰：
以陽居陰，上應六五，剛下而柔上，是婦制其夫，故爻辭不言歸妹，媿之不正。剛柔相反，未足為明，猶如眇目之人，不廢能視，但居內守常，同乎幽隱之人，亦不失其貞正也。謙正自得，而無邪競之心，是見利而未變常性也。

亦不廢於視也。然上有六五之應，不可以越其位分而上進，上進則專當室〔註112〕之權，故當退處其分，守其幽靜之道而不廢，故獲利也。雖有其應，不妄求進，是未變常也。」〔註113〕

《象》曰「未變常也」，常即恒義。《恒》之變為《歸妹》，以初與三易位也。九二在中，曾何變乎？不變常便是「幽人之貞」。初在下取履象，二在初上取視象，其實一也。婦道行不踰域，窺不出戶，取象「跛能履」、「眇能視」，履不直前，視不遠矚也。「幽人」猶如靜女。二居兌中，處於三下，亦象「幽人」。幽人深居處休，獨秉貞德，不變其常，所以為善。六三則不然，必「反歸以娣」，如初而後免於征凶也。

劉牧曰：「《履》之六三，以其位不當故凶。《歸妹》九二雖居中而云『眇能視』者，以陽居陰為不正也。《履》九二『幽人貞吉』同此爻辭者，以其履道尚謙，不貴處盈，務致至誠，惡夫外飾者也。二以陽居陰，履于謙也。況乎幽人之志專靜而卑退，無所侵越，猶娣之禮務卑退也。婦人以陰處陰，又居內為得位，故《家人》六二『在中饋，貞吉』。今九二雖以剛處柔，然位不當，正合娣之義。『利幽人之貞』，不亦宜乎？」〔註114〕

《象旨》：「『以』，如《江汜》『不我以』之『以』。」〔註115〕以娣妹以之也。帝女之嫁，必有媵娣，以廣胤嗣。歸妹以逮下為德，初剛居下而正，二剛居柔而中，皆有婦德者，故象「歸妹以娣」。六三兌主不正，故象「歸妹以須」。九四震主不正，故象「歸妹愆期然」。愆期待時，正理也。以此當兌嫁妹為得之爻，效天下之動，無定執也。

六三：歸妹以須，反歸以娣。　《象曰》：「歸妹以須」，未當也。

述曰：卦以歸妹名在此爻。居下卦之終，為兌之主，而與陽比，說而失正，其德不中，柔而上剛，其行不順，如是而賤矣。古者謂賤妾為女須，故曰「歸妹以須」。此初九「歸妹以娣」之反也。不反歸以娣，征凶必矣。「反歸」，反而歸正之意。初下得正，象娣位，歸妹之所以吉也。反歸於下，乃有以娣之義。陸氏曰：「『歸妹以須，未當也』，歸之不當而反歸以娣，順以正也。四爻皆失

〔註112〕「當室」，《周易義海撮要》作「女兄」。
〔註113〕李衡《周易義海撮要》卷五《歸妹》。
〔註114〕李衡《周易義海撮要》卷五《歸妹》。
　　　　另，《履》王《注》：「履道尚謙，不喜處盈，務在致誠，惡夫外飾者也。」
〔註115〕熊過《周易象旨決錄》卷四《歸妹》。

位，而此言不當，以獨失歸妹之義也。」〔註116〕

初與三易位，此《恒》之變為《歸妹》。初位得正，象「歸妹以娣」，有順承之義，亦恒也。三位不正，象「歸妹以須」，有乘剛之失，非恒也。能反歸於下，如初之為以娣媵自居，則復於恒矣。《易》之變動不居如此。《象》言「未當」者，以六居三，柔乘剛，賤乘貴，皆未當之意。〔註117〕

九四：歸妹愆期，遲歸有時。　《象》曰：「愆期」之志，有待而行也。

述曰：九四之為妹，以陽處陰，不居其正，合歸妹之義。初陽正而象跛履，二陽中而象眇視，歸妹以不居其正為得宜也。四，下體之上，位過於少女而在震之家，是歸妹之愆期者。「雖遲歸也，而歸有其時。九四所以愆期，不為苟就，有所待而行也」〔註118〕所謂動必以禮，不以說而妄動也，正與六三相反。程《傳》：「『愆期之志』，以明由己而不由人也。」〔註119〕

仲虎曰：「六三、九四皆失位無應，三以其無應也，急於從人而『反歸以娣』；四雖無應，不輕從人而『愆期遲歸』。何其相反如此之甚哉！三陰柔不中正，為無女德者；四剛健，在女則為賢明有德者也。士之自賤自貴如之。」〔註120〕

蔡汝楠曰：「《歸妹》以『娣跛能履，吉』，在出處即『抱關擊柝』之道也。『愆期遲歸』，乃出處之正。」〔註121〕汝吉曰：「孔子曰：『我待價』，言待也。惟恒德為能有待也。」

六五：帝乙歸妹，其君之袂不如其娣之袂良。月幾望，吉。　《象》曰：「帝乙歸妹」，「不如其娣之袂良」也，其位在中，以貴行也。

述曰：六五居歸妹之中，獨處貴位，下應九二，是帝乙所嫁之妹能謙降以

〔註116〕李衡《周易義海撮要》卷五《歸妹》。
〔註117〕胡廣《周易大全》卷十九《歸妹》：
　　　建安丘氏曰：「六三陰柔不正，而上無正應，無受之者，故『以須』而從二。然二剛中而應五，小君之貴也。而己乘之如此，則是以卑賤之妾驕而上僭，其為二所棄必矣。在三不若反歸於下，如初之為，以娣媵之禮事之，則為當位而無驕僭之患。《象》言『未當』者，以六居三，柔乘剛，賤陵貴，皆『未當』之義。」
〔註118〕楊簡《楊氏易傳》卷十七《歸妹》。
〔註119〕程《傳》：「所以『愆期』者，由己而不由彼。」
〔註120〕胡炳文《周易本義通釋》卷二《歸妹》。
〔註121〕蔡汝楠《說經劄記》卷一《易經劄記·歸妹卦》（《四庫全書存目叢書》第149冊，第34頁。）

從禮者。「帝乙」，商之賢王，最能重婚姻之禮。雖帝女至貴，不得失柔巽之道，有驕貴之志，故聖人特取以為言。「君」，女君也。貴人之歸，豈假容飾以說人？「娣」，媵者，以容飾為事者也。故曰「其君之袂不如其娣之袂良」，良在德而不在袂也。〔註122〕仲虎曰：「下三陽皆以女德稱，六五陰尊而謙降，女德之盛，無以加於此矣，故又有『月幾望』之象。」〔註123〕都聖與曰：「『月』者，至陰之精，而群陰之主，女君之象也。『幾望』，言女君之謙盛而未盈也。望則盈矣。『吉』，宜家之謂也。」〔註124〕

「袂」，衣袖，所舉以為禮者，有妹娣連袂之意。其良在袂，亦有娣不如君貴之意。其位在中，是其貴也。娣袂雖良，終在下位。五有中德之貴，而行自不尚飾矣。行本於震動，連袂而行，出嫁之謂也。

上六：女承筐無實，士刲羊无血，无攸利。　《象》曰：上六「无實」，承虛筐也。

述曰：「上六陰柔，與三陰不相應，故不曰夫婦而各以士、女稱之。『承筐』、『刲羊』，所以承祭祀也。惟虛不應，故『承筐，无實』，女不成為婦也；『士刲羊，无血』，無婦則不成為祭矣，故『无攸利』。震有筐象，體兌羊象。《象》曰：『上六无實，承虛筐也』，不言士者，卦為歸妹而發，因其無終，不以歸妹許之。」〔註125〕仲虎曰：「卦『无攸利』，以六居三，失夫婦之正。爻『无攸利』，以三、上不應，婚約不終。然歸罪於兌之陰則一也。」〔註126〕

蘇氏曰：「《歸妹》男女皆易位，柔皆乘剛，豈無敝者哉？上六則敝之所終也。」〔註127〕陰柔本虛，不應於下。「女承筐無實，士刲羊無血」，皆實亡之象。〔註128〕其始有名，其終實亡，故曰「无攸利」。歸妹，人道終始生長嗣續，以配天地大義者。至上六，其道之窮如此。君子以永終知敝，知其敝，可不思

〔註122〕胡炳文《周易本義通釋》卷二《歸妹》：
　　　　「娣」，以容飾為事。五，君也，豈假容飾以悅人者？故「其君之袂不如其娣之袂良」，良在德而不在袂也。
〔註123〕胡炳文《周易本義通釋》卷二《歸妹》。
〔註124〕馮椅《厚齋易學》卷二十七《易輯傳第二十三·歸妹》、董真卿《周易會通·周易經傳集程朱解附錄纂註卷十·歸妹》、胡廣《周易大全》卷十九《歸妹》。
〔註125〕章潢《周易象義》卷四《歸妹》。
〔註126〕胡炳文《周易本義通釋》卷二《歸妹》。
〔註127〕蘇軾《東坡易傳》卷五《歸妹》。
〔註128〕蘇軾《東坡易傳》卷五《歸妹》：「『女承筐無實』，食不續之釁也。『士刲羊無血』，用已死之牲也。皆實亡之禍也。」

永其終哉？

趙氏曰：「君取夫人之詞曰：請君之玉女，與寡君共有敝邑，事宗廟社稷。今『承虛筐』，士無與為偶，不能奉牲以祭，何往而利？」〔註129〕

初九爻，《象旨》：「『以』如《江汜》『不我以』之『以』。三反而以娣也。虞翻曰：『震為兄，故嫁妹謂三』，是也。初在下，動而應四，故稱『娣』。《恒》卦名以恒者，初、三易位則成《恒》，言三能用恒之道以下逮也。『跛能履』，初動成坎，則三為曳。跛三雖能履，有初之助，象所謂相承之道也。」〔註130〕

楊氏曰：「凡師能左右之曰以。今曰『歸妹以娣』，是娣聽女君左右之也。初九以妹媵之卑、剛貞之德而能體妹弱之柔，承女君之尊，所以吉而相承也。恒者，能安其分之當卑也。」〔註131〕

九二爻，《象旨》：「九二剛中，非眇者。眇謂六三也。虞翻曰：『震上兌下，離目不正，故眇能視。』蘇氏曰：『六三不中，居非其位，跛眇者也。初、二屈為之娣，而各致其能，使三得之以履且視，蓋上下之常分，故《象》曰以恒、曰未變常、曰吉相承，皆妹之道也。己有能而不用，使無能者享其名，則九二幽人也。』」〔註132〕

六三爻，《象旨》：「《天官書》：『須女四星，賤妾之稱。』故子夏、孟宗皆作娣媵之妾。上六陰爻無位，須女也。三以說主而應之，故稱『以須』。虞翻謂『自初至五體需象』，非也。鄭玄有才智之稱，亦非也。震為反。『反歸』，歸馬也。初、二處三之下，三忽其剛而乘之。蘇氏曰：『六三不知託行，借明於初、二，自謂能履視也，是以棄娣而用須。須未足當娣也。失二娣之助，則以跛眇見黜，宜矣。歸然後知用娣，故曰反歸以娣。』」〔註133〕

九四爻，《象旨》：「四互坎月離日，為期。四變，日月不見，故『愆期』。虞翻謂『三非本爻占變也。坎為曳，震為行，行曳故遲歸。震春兌秋，坎冬離夏，四時體〔註134〕，故歸有時。四長男，為歸妹之主將，為三擇配而上無正

〔註129〕趙汝楳《周易輯聞》卷六《歸妹》：「君取夫人之辭曰：請君之玉女，與寡人共有敝邑，事宗廟社稷。今若此，果何往而利邪？」
〔註130〕熊過《周易象旨決錄》卷四《歸妹》。
〔註131〕楊萬里《誠齋易傳》卷十四《歸妹》。
〔註132〕熊過《周易象旨決錄》卷四《歸妹》。
〔註133〕熊過《周易象旨決錄》卷四《歸妹》。
〔註134〕據《周易集解》卷十一《歸妹》錄虞翻之說，此處當有「正」字。
　　　　虞翻曰：「『愆』，過也。謂二變，三動之正，體大過象。坎月離日，為期三變。日月不見。故『愆期』。坎為曳，震為行，行曳，故『遲』也。『歸

應，此其志不無有所待矣。諸家指四為賢女，失卦名義矣』。」〔註135〕

六五爻，《象旨》：「『帝乙』謂震主。九四所歸之妹乃五，蓋王姬也，又別取義。虞翻謂『震帝坤乙』者，大妄。『君』，女君，亦謂五。乾為衣。一衣二袂。乾三畫皆奇，變其外一奇為偶者，『袂』之象。下卦六三，娣之袂也。六五變為奇，則上六女君之袂，裁改而成，不如六三之袂自成者之良也。娣以容為悅，非制遇之謂。『月幾望』，坎月離日，兌西震東，日月相望，故曰『幾望』。幾望而光未盈，柔德居中而謙也。」〔註136〕

豐 ䷶ 離下震上

程《傳》：「震上離下。震動離明，以明而動，動而能明，皆致豐之道。明足以照，動足以亨，然後能致豐大也。」

孔《疏》：「《彖》及《序卦》皆以『大』訓『豐』，然則豐者，多大之名，盈足之義，財多德大，故謂之為豐。德大則無所不容，財多則無所不濟。無所壅礙，謂之為亨。豐亨之道，王之所尚。非有王者之德，不能至之，故曰『王假之』。」

豐：亨。王假之，勿憂，宜日中。

《彖》曰：豐，大也。明以動，故豐。「王假之」，尚大也。「勿憂，宜日中」，宜照天下也。日中則昃，月盈則食，天地盈虛，與時消息，而況於人乎！況於鬼神乎！

述曰：崔憬曰：「離下震上，明以動之，象明則見微，動則成務，故能大矣。」〔註137〕金賁亨曰：「『王假之』，言惟王者能至之。蓋盛大之業，非小康之世圖伯之君所能及也。」〔註138〕「勿憂」云者，勿憂才力不足以致豐。「宜日中」云者，豐之時，日中矣。日中，左右之陰不至，文明中正之體也。王者保豐之道，宜如是也。震動，有恐懼憂疑之象。離明，有日中普照之象。故云「勿憂，宜日中」。

「明以動」，故豐。觀雷之震動，而天下之大動者無踰乎震；觀日之離明，

謂反三。震春兌秋，坎冬離夏，四時體正，故『歸有時』也。」
〔註135〕熊過《周易象旨決錄》卷四《歸妹》。
〔註136〕熊過《周易象旨決錄》卷四《歸妹》。
〔註137〕李鼎祚《周易集解》卷十一《豐》。
〔註138〕金賁亨《學易記》卷三《豐》。

而天下之大明者無踰乎離。離明而震動，明動合而成豐大也。人之才非震雷之動作，人之識非離日之照臨，或才識不兼備，明動不相資，皆不能致豐大也。所以「明以動，故豐」乃實象，亦實事。

王者有天下之大，固非淺知狹量所能周，亦非小小規制所能範圍。王之假之，所尚者大也。所治者大，所尚者大，以其明兼其動，何憂智力之不足？宜如日中之盛，明以徧照天下也。

蘇氏曰：「『豐』者，極盛之時也。天下既平，其勢必至於極盛，故曰『王假之』。『勿憂，宜日中』者，不憂其不至，而憂其已至也；宜日之中，而不宜其既中也。既盈而虧，天地鬼神之所不免也，而聖人何以處此？曰豐者，至足之辭也。足則餘，餘則溢。聖人處之以不足，而安所求餘，故聖人無豐。豐非聖人之事也。」〔註139〕

《象旨》：「敬仲云〔註140〕：『孔子有言：古之治天下者必聖人。上則天，下則地，中則人。人之聖者為王，王者代天理物，日月所照，霜露所墜，皆王者所統。《周官‧職方氏》盡掌天下，極於四夷、八蠻、七閩、九貉、五戎、六狄之人民與其財用，九穀、六畜之數要，周知其利害。王者之職，乃如此其大也，是故王者惟恐其不大，故象曰尚大也。勿憂其智力不足以給，宜如日之中天。日無思無為，自無所不照。王者德性，未始不光明。帝堯光宅天下，文王光於四方，皆無為而光照天下，治無不舉，此日中無所不照之旨也。』朱先生曰〔註141〕：『王者至此，盛極當衰，則又有憂道。』若此者，苟以示戒焉可也，而非處豐之道矣。」〔註142〕

「劉向《說苑》引孔子告子夏曰：『《豐》明而動，故能大。苟大則虛矣。日中則昃，月盈則食，天地盈虛，與時消息』，即繼之以『聖人不敢當盛』而已，無『人』與『鬼神』之語。」〔註143〕

毛氏曰：「豐，大也，亦盈也。惟有道者明德若不足，未嘗過中，故不昃；未嘗盈，故不食。日新則為大，反是則為虛〔註144〕。」〔註145〕

〔註139〕蘇軾《東坡易傳》卷六《豐》。
〔註140〕楊簡《楊氏易傳》卷十七《豐》。
〔註141〕朱熹《本義》。
〔註142〕熊過《周易象旨決錄》卷四《豐》。
〔註143〕熊過《周易象旨決錄》卷四《豐》。按：《說苑》之說出卷十《敬慎》。
〔註144〕「虛」，《厚齋易學》、《周易會通》、《周易大全》均作「盈」。
〔註145〕馮椅《厚齋易學》卷三十六《易外傳第四》、董真卿《周易會通‧周易經傳集程朱解附錄纂註卷十‧豐》、胡廣《周易大全》卷十九《豐》。

仲虎曰：「盈虛消息，惟《剝》與《豐》言之。《剝》則君子之道已消而虛，故有息之幾；《豐》則天下之勢已息而盈，故有消之幾。天地鬼神，《乾》卦後惟《謙》與《豐》言之。《謙》則有虛，可以待盈；《豐》則自盈，必至於虛。此固天地鬼神之常理也，所謂不可過乎中者也。」〔註146〕

質卿曰：「《豐》與《泰》、《大有》、《大壯》全不同。《泰》、《大有》、《大壯》乃陰陽消息盛長而然，不由人為也。若《豐》，則全是人為鼓舞而然。如漢武帝乘文、景恭儉蓄積之餘便製作，文為東征西討，一時朝廷赫然美盛，皆明與動所運，故曰豐。古之帝王，持盈守成，兢兢然懼其盛大，正為此也。況又敢鼓舞之使大乎？曰豐而亨，意欲何不遂焉？惟王者能至之。王者有此勢力，有此作用，其實天下之元氣損傷多矣。此聖人之所以為深憂，正王者之所以為不必憂也。能憂則有思，思則有懼，懼則便可為計，故曰『勿憂，宜日中』。正在日之中，以徧照天下，豐自我而致，亦自我而保，必有承前啟後之圖，必有垂裕萬年之計，其日中也，正所以為宜也。不然，豐亨豫大之念亂其中，其不至於見斗而見沬者幾希。」

聞古之聖人，小心抑抑，不聞以豐為大也，惟明以動之。人以豐為大，曰「王假之」，正謂其所上者大。好大喜功，將何不為，必不能坐照天下而有偏蔽不通之患矣，故曰「勿憂，宜日中」者，言此心宜照天下也。蓋豐不易致，如日中天矣。乘此光明，照燭天下，則民隱動於中，必有惻然而不敢尚大者矣。何也？日至於中，可喜也，亦可懼也。謂其中之必昃，不能保其常中也，猶之月盈則食，豈能保其常盈也？又推之天地之一盈一虛，皆與時而消息，而況於人乎！況於鬼神乎！信乎日中者，時之正盛，用之以照天下則可，用之以騷動天下則不可。然則王者之治，亦何取於豐大乎？

《象》曰：雷電皆至，豐。君子以折獄致刑。

述曰：蘇氏曰：「《傳》曰：『為刑罰威獄，以類天之震曜』，故《易》至於雷電相遇，則必及刑獄。」〔註147〕《豐》威在上，明在下，是用刑威時，須是明見下情，折衷至當方得。不然，威動於上，必有過錯也，故必雷電皆至而後可。《噬嗑》明在上，是明得事理。先立這箇法在此，未有犯的人留待異時之用，故云「明罰勑法」。〔註148〕

〔註146〕胡炳文《周易本義通釋》卷十二《象下傳》。

〔註147〕蘇軾《東坡易傳》卷六《豐》。

〔註148〕黎靖德《朱子語類》卷七十一《易七·噬嗑》：

《紀聞》曰：「『折獄』，象電之照。『致刑』，象雷之威。雷電交至，威燄盛大，故曰豐。『雷電合而章』，蓋陽氣震發，乃閃然成火，故雷電止一氣而雷為主。高帝無離之電，則躑足而威不解；無震之雷，則刻印而銷不隨。」〔註149〕

初九：遇其配主，雖旬无咎，往有尚。　　《象》曰：「雖旬无咎」，過旬災也。

述曰：初為明始，明未大也。明未大而四為配主，本不相應，而爻位適遇之，以陽適陽，以明之動能相光大者也，故雖旬可以无咎而往有嘉尚。〔註150〕十日為旬，周匝之義。他卦陽太盛則為過，當豐之時，明動相資，況在卦之初，不嫌於剛，而可以助發離明之光顯，故雖至於浹旬而无咎也。〔註151〕往就於四，其必有尚矣。《象》曰「過旬災也」，戒不可求勝乎配也。浹旬日之未中，

雷電噬嗑與雷電豐似一般。曰：「《噬嗑》明在上，動在下，是明得事理，先立這法在此，未見犯底人，留待異時而用，故云『明罰敕法』。《豐》威在上，明在下，是用這法時，須是明見下情曲折，方得。不然，威動於上，必有過錯也，故云『折獄致刑』。此是伊川之意，其說極好。」

張獻翼《讀易紀聞》卷四《豐》：

《噬嗑》明在上，威在下，是明得事理。先立這法在此，未有犯底人留待異時之用，故云「明罰敕法」。《豐》威在上，明在下，是用這法時，須是明見下情，曲折方得。不然，威動於上，必有過錯也。

按：顯係援用《朱子語類》之說，而不注明。

〔註149〕張獻翼《讀易紀聞》卷四《豐》。

其中，「『折獄』，象電之照。『致刑』，象雷之威」，出胡炳文《周易本義通釋》卷四《象下傳》。

崔銑《讀易餘言》卷三《豐》：「雷電交至，威焰盛大，故曰豐。……《噬嗑》傳曰『雷電合而章』，蓋陽氣震發，乃閃然成火，故雷電止一氣而雷為主。」此前，黃震《黃氏日鈔》卷六《讀易·噬嗑卦》：「愚按：此卦雖離上震下，然陽氣將震發，乃閃然成火，故雷與電止一氣而雷為主。」

「高帝無離之電，則躑足而威不解；無震之雷，則刻印而銷不隨」，出楊萬里《誠齋易傳》卷十五《豐》。

《讀易紀聞》糅合三人之說而不注明。

〔註150〕孔《疏》：

「遇其配主」者，豐者，文明必動，尚乎光大者也。初配在四，俱是陽爻，以陽適陽，以明之動能相光大者也，故曰「遇其配主」也。「雖旬无咎，往有尚」者，旬，均也，俱是陽爻，謂之為均，非是陰陽相應，嫌其有咎，以其能相光大，故雖均，可以无咎，而往有嘉尚也，故曰「雖均无咎，往有尚」也。

〔註151〕季本《易學四同》卷二《豐》：

十日為旬，徧滿之意。初九以陽剛而應九四，是遇其所配之主也。在他卦陽太盛則為過，當豐之時，明動相資，而又在卦之初，不嫌於剛，故雖盛而徧滿，亦无咎也。以是而往，則其明不息。能明明德於天下，而有功可尚矣。

過旬則明太盛，而以好勝鬭捷之意加於上，患當至矣，庸非災乎？

蘇氏曰：「初九、六二、九三三者皆離也，而有明德者也。九四、六五、上六則所謂豐而闇者也。離，火也，日也。以下升上，其性也；以明發闇，其德也。故三離皆上適於震。『旬』之為言，猶曰周浹云耳。『尚』，配也。九四以陽居陰，不安於闇者也。方其患蔽而求發，則雖兩剛可以相受，故曰『往有尚』，言其與配同也。」〔註152〕

「俞氏曰：『陰乃陽之配。以九遇六，配也。六二乃下卦離之主，故言配主。』」〔註153〕章氏曰：「一卦六爻為六旬。自初至二為一旬。旬即離日之象。初為明始，浹旬則日之正中，其明方大，故曰『无咎』而『往有尚』。《象》曰『雖旬无咎，過旬災也』，過則有昃食之災矣。二為離之主爻，初陽二陰相合成離，故曰『配主』。四為震之主爻，離明震動相合成豐，故曰『夷主』。離震本等夷也。」〔註154〕

六二：豐其蔀，日中見斗。往得疑疾，有孚發若，吉。　《象》曰：「有孚發若」，信以發志也。

述曰：六二為離之主，日中象。而應五闇主，震動於上，正當日中，乃為雷震所障，蔽昏而無覩，故為「豐其蔀，日中見斗」之象。其豐也，「豐其蔀」也。其見也，見夫斗也。「日中見斗」，昏之甚，見之妄也。於此往從之彼，方自是其暗，而吾為發其明。彼方以好大喜功之見，而吾為惕滿戒盈之言，得無疑乎？能無疾乎？兩陰無相應之理，故有此象。惟有忠信以啟發其君則吉。六二履中當位，「有孚」者也。程子曰：「君子之事上，不得其心，則盡其至誠，以感發其志意而已。苟誠意能動，則雖昏蒙可發也，雖柔弱可輔也，雖不正可正也。」

「蔀」，覆障光明之物。「離處震下，有掩覆之象。六五震體而以陰從陰，有『疾』之象。離中虛，為『有孚』之象。離明，有『見』之象。暗中有見其明，不過見斗之明，非真明也，此又以意為象者也。『日中見斗』，妄見，安得不疑？開發疑見，惟在誠信。所以《象》曰『有孚發若，信以發志也』。孚與疑相反，發與蔀相反。外豐蔀，故有疑；內有孚，則發若，故吉。」〔註155〕

〔註152〕蘇軾《東坡易傳》卷六《豐》。
〔註153〕熊過《周易象旨決錄》卷四《豐》。按：原出俞琰《周易集說》卷九《豐》。
〔註154〕章潢《周易象義》卷四《豐》。
〔註155〕章潢《周易象義》卷四《豐》。

九三：豐其沛，日中見沬。折其右肱，无咎。　《象》曰：「豐其沛」，不可大事也。「折其右肱」，終不可用也。

述曰：九三陽明而所應者上六，陰柔之極，其蔽甚於蔀，曰「豐其沛」；其闇昧甚於見斗，曰「日中見沬」也。三互兌，為雲雨象。「豐其沛」，是雲雷而沛之以雨。雨澤滂沱，其勢故日中而見小明。九三受上六幽暗之蔽如此，則必不可有為。「不止於往，得疑疾而已，故又為『折其右肱』之象。肱左不如右力，以明其『終不可用』。不用則无咎，用則有咎。」〔註156〕三以陽居陽，自處未失其正，故无咎。

六二柔順中正，雖當豐蔀之時，然五得位得中，猶可以大事，故六二發若之孚可施也。九三所應上六，無可發之明矣。不可用而不用，保身之哲也。程子曰：「三應上，上陰柔無位，而處震終。他卦終則極，有變動。震終動極則止矣。」〔註157〕三之折肱為不可用，亦時位然耳。

蘇氏曰：「『蔀』，覆也，蔽之全者也。『見斗』，闇之甚也。『沛』，旆也，蔽之不全者也。『沬』，小明也，明闇雜者也。六五之謂『蔀』，上六之謂『沛』，何也？二者皆陰也，而六五處中，居闇以求明；上六處高，強明以自用。六二之適五也，適於全蔽而甚闇者也。夫蔽全則患蔽也深，闇甚則求明也力。六五之闇，不發則已，發之則明矣，故曰『往得疑疾，有孚發若，吉』。以陰適陰，其始未有不疑者也。六二雖陰，而所以為離明之所自出也，故始疑而終信也。若夫九三之適上六，則適於明闇雜者也。用人則不能，自用則不足，故不可以大事也。君子不畏其蔽，而畏其雜，以為無時而可發也。為之用乎則不可，不為之用乎則不敢，故『折其右肱』，以示必不可用而後免也。」〔註158〕

九四：豐其蔀，日中見斗。遇其夷主，吉。　《象》曰：「豐其蔀」，位不當也。「日中見斗」，幽不明也。「遇其夷主」，「吉」行也。

述曰：金賁亨曰：「九四豐蔀見斗，辭與二同。二之蔀在五，二明而五暗；四之蔀在己，以陽居陰，故曰『位不當』，曰『幽不明』。能遇初而資其明則吉矣。」〔註159〕章氏曰：「『位不當』者，以九陽震體，不宜居四也。蔽重則幽，故『日中見斗』。不徒曰不明而曰『幽不明』焉，詞視之加詳。『見』與二之豐

〔註156〕楊簡《楊氏易傳》卷十七《豐》。
〔註157〕程《傳》：「三應於上，上陰柔又無位，而處震之終，既終則止矣，不能動者也。它卦至終則極，震至終則止矣。」
〔註158〕蘇軾《東坡易傳》卷六《豐》。
〔註159〕金賁亨《學易記》卷三《豐》。

蔀見斗異旨也。『遇其夷主，吉』者，震動則行，行所以吉也。」〔註160〕猶行
於幽暗之中而得明者，引左而左，引右而右，可用以行而免於昏迷之憂也。

劉濂曰：「當豐而遇闇主，事多憂危，下就同德，其助必多，故吉。」〔註
161〕王《註》所謂「同是陽爻，互相助發」〔註162〕者也。《豐》之為卦，明以
動之卦也。尚於光顯，宣揚發暢者也。故居陽位而應陽爻為善，其要在於惡暗
而已矣。」〔註163〕

汝吉曰：「『遇其夷主，吉』，此大臣以人事君，發主之蔽，保時之豐，非
陽明同德之助不能也。」

六五：來章，有慶譽，吉。　《象》曰：六五之「吉」，「有慶」也。

述曰：震掩離者也。二為震所掩，四以震自掩。六五以陰當陽，為《豐》
之主，出四震之上，不為所掩矣。其質柔闇，非能章者，而居中體虛，能來九
二之章，以誠致孚，以明輔闇，則可以致豐大之慶、名譽之美而吉，赫然如日
之照天下，而萬國咸仰其輝光矣。二日中之時，五日中之位，正相對也。程《傳》：
「二雖陰，有文明中正之德。」章明之賢也。初、三、四皆陽剛，五能用二則
彙徵矣。「五與二雖非陰陽正應，在明動相資之時，有相為用之義。」〔註164〕
「故在二曰往，在五曰來。」〔註165〕「五能『來章』，則『有慶譽』而『吉』
也。」〔註166〕「《象》曰『六五之吉，有慶也』，兼天下之明，總天下之動，
慶莫大於此者。」〔註167〕

〔註160〕章潢《周易象義》卷四《豐》：
　　《象》曰「位不當」，九不宜居四也。「幽不明」，惟蔽重則幽，故不明也。
　　是震之動，適以蔽其離之明，故不徒曰不明而曰「幽不明」焉。「『遇其夷主』，
　　『吉』行也」，震動則行，此所以遇夷主而吉也。夫「豐蔀」、「見斗」之象，
　　四與二同小，《象》詳發於此，可見「豐其蔀」者震也，四為震之主，而四之
　　蔀則己自致之，以陽而居陰也。
〔註161〕（明）劉濂《易象解》卷四《豐》。（《四庫全書存目叢書》經部第 4 冊，第
　　281 頁）
〔註162〕非王《注》。孔《疏》：「四應在初，而同是陽爻，能相顯發而得其吉，故曰『遇
　　其夷主，吉』也。」
〔註163〕王弼《周易略例·卦略》：
　　《豐》：此一卦，明以動之卦也。尚於光顯，宣　發暢者也。故爻皆以居
　　陽位，又不應陰為美。其統在於惡闇而已矣。
〔註164〕程《傳》。
〔註165〕章潢《周易象義》卷四《豐》。
〔註166〕程《傳》。
〔註167〕章潢《周易象義》卷四《豐》。

質卿曰：「以豐致暗之主，豈是尋常，但氣魄煞大，志願太廣，遂受其陰暗而不覺耳。然得位得中，而卦內夷主、配主，有孚之賢，皆以離明往適於震五，能虛己以來之，遂致慶譽而吉。蓋離震合體，終能大有為者。豐時許大氣燄，許大障蔽，許大隱憂，一來章遂有慶有譽，為保大定功之主，此易道所以為妙。」

「『來章』，指九四者。吳曰：『五柔屈體，下求四剛，陰陽交錯成章也。』」〔註168〕朱子發曰：「四剛上行之五，則初應四，二應五，三應上，六爻並用，成豐大之慶。『有譽』，兌為口，譽之者也。」〔註169〕

上六：豐其屋，蔀其家，闚其戶，闃其無人，三歲不覿，凶。 《象》曰：「豐其屋」，天際翔也。「闚其戶，闃其無人」，自藏也。

述曰：上六居震之極，最與離遠，其躁動、其障蔽有甚焉者。當豐大之時，宜乎謙屈，而處極高，保豐大之功，在乎剛克而體陰柔。《象》：「豐其屋」，處太高也，而祗以「蔀其家」，居不明也。自蔽如此，人誰親之？〔註170〕《象》：「闚其戶，闃其無人，三歲不覿」，言終無發其明者也，凶孰甚焉？汝吉曰：「夫『豐其屋』，以為家也，而『蔀其家』，用明生見，見蔽其明。《象》之滿假已甚，揚厲周章，指天援神，詎不謂『天際翔』哉？而覆自蓋藏已焉。故君子自下自小自昧，昧以來章焉。夫《豐》於《明夷》遠矣，而《豐》上六辭，於《夷》上六幾焉，可懼也夫！」

「子雲曰：『炎炎者滅，隆隆者絕。觀雷觀火，為盈為實。天收其聲，地藏其熱。高明之家，鬼瞰其室。』正合此義。」〔註171〕

質卿曰：「《豐》六爻，大段以五爻為豐主。二之『發若』，發乎五也；四

〔註168〕熊過《周易象旨決錄》卷四《豐》。
　　　　按：「吳曰」當指吳澄。《易纂言》卷二《豐》：『『來』謂下求四。五、四皆無應，五之柔若下求四之剛，則陰陽相間而成章，故曰『來章』。」
〔註169〕朱震《漢上易傳》卷六《豐》：
　　　　九四上行，則初應四，二應五，三應上，六爻並用，成豐大之慶。五屈己下賢，四志行乎上，人自譽之。兌為口，譽之者也。
〔註170〕程《傳》：
　　　　六以陰柔之質，而居豐之極，處動之終，其滿假躁動甚矣。處豐大之時，宜乎謙屈，而處極高，致豐大之功，在乎剛健而體陰。……「豐其屋」，處太高也。「蔀其家」，居不明也。以陰柔居豐大，而在無位之地，乃高亢昏暗，自絕於人，人誰與之？
〔註171〕石介之說，見李衡《周易義海撮要》卷六《豐》。按：揚雄之說出《揚子雲集》卷四《解嘲》。

『遇夷主』，欲得初以輔五也；九三不知從五而遠應上六，故有折肱之患。五得中，豐暗而有可發之明。六則豐闇之極，而不可輔者也。初九去五、上最遠，不受其暗，故不言豐蔀。」

《象》言「日中，宜照天下」，而二、三、四爻皆不免「日中見斗」、「見沫」之異，明之過，反為不明也。君子不憂《蠱》而憂《豐》者以此。五中正，與離日相對，故不言其蔽。上則過中，日昃時矣。

《紀聞》曰：「爻惟以剛遇剛，以柔遇柔，則所見同而可以無疑；以剛遇柔，則剛者明而柔者暗，終不能相信。初與四皆剛，故有『配主』之『无咎』、『夷主』之『吉』。然四位居柔，又不免『豐蔀』、『見斗』之象。二與五皆柔，故有『有孚』、『來章』之喜。然二位居柔，又未免有『往得疑疾』之事。惟三與上以剛遇柔，故三『折右肱』，上至『三歲不覿』。」〔註172〕「『有孚發若』、『遇其夷主』，皆『吉』，此人臣事暗君之訓也。『來章』，此闇主用臣之訓也。六五以謙接物，故雖六二非應而必來；上六以亢自居，雖九三正應而不為用。此吉凶之斷也。」〔註173〕

《象》曰「豐大」，「豐者，盈滿盛大之時。孰致之？王致之。王曷為而致乎此也？明而顯照，動而有為，明動相資，是以致之而成豐也。」〔註174〕凡物皆有豐，惟王者之豐為足以極其大，故曰「王假之，尚大也」。「所有既大，其保之治之之道亦當大也，故王者之所尚至大也。」〔註175〕「既豐矣，而言『勿憂』者，惟大則患失其大。『無疆惟休，亦無疆惟恤』〔註176〕，此古今之至情也。聖人曰：是不必憂，愈憂則愈惑，非保大之道也。惟〔註177〕昭吾明德，如日之中，照臨下土，豈有陰慝敢干其間哉？如此則不必憂矣。雖然，日

〔註172〕張獻翼《讀易紀聞》卷四《豐》。按：原在下一引文之後。
〔註173〕張獻翼《讀易紀聞》卷四《豐》。
　　　　按：「六五以謙接物，故雖六二非應而必來；上六以亢自居，雖九三正應而不為用。此吉凶之斷也」，係沙隨程氏之說，見董真卿《周易會通·周易經傳集程朱解附錄纂註卷十·豐》、胡廣《周易大全》卷十九《豐》。《讀易紀聞》引之而不注明。
〔註174〕楊萬里《誠齋易傳》卷十五《豐》：
　　　　豐者，豐盈盛大之時也。……孰致之？吾王致之。……吾王曷為而致乎此也？明而畢照，動而有為，是以致之也。
　　　　程《傳》：「豐者，盛大之義。離明而震動，明動相資，而成豐大也。」
〔註175〕程《傳》。
〔註176〕《尚書·召誥》。
〔註177〕「惟」，《周易玩辭》作「君人者」。

月高矣，猶有昃食之虞；天地大矣，猶有盈虛之變；人之智，不免於死生；鬼神之靈，不免於聚散；則豐亦豈吾之所常亨〔註178〕？就使失之，亦常理也，又豈憂慮之所能如何哉？此聖人極言勿憂之理，而因以足卦辭「日中」之義。使知中者人之所當勉，而昃亦非人之所能為」〔註179〕。發明卦辭外意，言不可過中也。「大抵《豐》卦皆以明為主，故下三爻皆自明而无咎，上三爻皆暗，以能求明為吉，不能求明為凶，此所以『宜日中』也。」〔註180〕

六二爻，項氏曰：「二、五皆陰，六二以五為蔀，在上而暗也；六五以二為章，在下而明也。二自往五，則『得疑疾』；五能來二，則『有慶譽』。二之不往，非忘君也，積誠以感之，則其蔀可發而去也，故曰『有孚發若，吉』。」〔註181〕

九四爻，項氏曰：「六二、九四爻辭同用蔀、耳〔註182〕，而其意之所指則不同。六二指六五為蔀、斗，故不可往，往則入於暗而得疑。九四之蔀與斗，皆自指也，故利於行，行則遇明而得吉。《象》恐人誤以二爻同釋，亦以四之蔀、斗歸責於六五，故九四之《象》最詳。曰『豐其蔀，位不當也』，言九歸四，不得比六二之當位也；曰『日中見斗，幽不明也』，言九四之幽暗，不得比六二之自明也；曰『遇其夷主，吉行也』，言九四之當行，不得比六二之不得也。此二爻以《象》辭考之，然後見其不同。」〔註183〕

六五爻，五以柔暗之資，居豐大之時而為之主，若能虛心謙德，以招來眾賢之章，知初九之剛明可尚，身雖在遠而不忘君也，我是以用之於先；知六二之中正孚信，雖疑疾而不改度也，我是以用之於佐；知九三之志於致君澤民而欲建大事也，我是以用之於輔；知九四之在左右前後，能勞招初九以協恭於我也，我是以用之以自近。是能來致在下章美之才而用之，則有福慶，復得佳譽。昔也以吾君為柔為暗，今則譽為剛為明，是用人之剛即己之剛，用人之明即己之明，何其吉也！又六五陰爻而雷質，雖柔而實剛，君雷而佐電，雖暗而亦明。與他卦六五異矣。〔註184〕

〔註178〕「亨」，《周易玩辭》作「有」。
〔註179〕項安世《周易玩辭》卷十一《勿憂》。
〔註180〕項安世《周易玩辭》卷十一《宜日中》。
〔註181〕項安世《周易玩辭》卷十一《六爻》。
〔註182〕按：「耳」，據六二、九四爻辭當作「斗」。《周易玩辭》正作「斗」。
〔註183〕項安世《周易玩辭》卷十一《豐其蔀日中見斗》。
〔註184〕此一節除「是能來致在下章美之才而用之，則有福慶，復得佳譽」外，係敷衍楊萬里《誠齋易傳》卷十五《豐》：

旋 ䷷ 艮下離上

楊廷秀曰：「山內而火外，內為主，外為客。山止而不動，猶舍館也；火動而不止，猶行人也。故艮下離上為旅也。」〔註185〕

「俞氏曰：『《家人》與《旅》以離內離外取義。內離外巽，入而麗乎內，《家人》也；內艮外離，止而麗乎外，《旅》也。』」〔註186〕

仲虎曰：「以內言之，初六不及乎中，故『瑣瑣』；三過乎中，故『焚次』。以外言之，四不及乎中，故『不快』；六過乎中，故『焚巢』。」二、五得旅之中，故內則「無尤」，外則得「譽」。〔註187〕

旅：小亨，旅貞吉。

《彖》曰：「旅：小亨」，柔得中乎外而順乎剛，止而麗乎明，是以「小亨，旅貞吉」也。旅之時義大矣哉！

述曰：卦取火在山上，山止火去，離其所止而不處之象，故為旅。卦主五柔，陰柔本小，故「旅：小亨」，謂用柔道也。用柔之道，以止為本，旅之貞也，故曰「旅貞吉」。

旅以外為義，故先以卦外體明之。五位外卦之中而六居之，「柔得中乎外而順乎剛」也。順剛，五承上也。其柔得中，即所以施諸順乎剛者，此離明之體也。然必內得所止而有主，乃能柔能順，隨其事變，無所動其中。故旅之義

夫以豐大之時，而柔暗之六五為之主，……六五能虛心謙德，以招來眾賢之章。知初九之剛明可尚，身雖在遠而不忘君也，我是以用之於先；知六二之中正孚信，雖疑疾而不改度也，我是以用之為佐；知九三之志於致君澤民而欲立大事也，我是以用之在列；知九四之在左右前後，能旁招初九以協恭於我也，我是以用之以自近。昔也天下以吾君為柔，今則慶之譽之以為剛；昔也天下以吾君為暗，今則慶之譽之以為明。何其吉也！捨己之剛，用人之剛，即己之剛；捨己之明，用人之明，即己之明也。……又六五陰爻而雷質，雖柔而實剛，君雷而佐電，雖暗而亦明。與他卦六五異矣。

其中，「是能來致在下章美之才而用之，則有福慶，復得佳譽」，出自程《傳》，曰：「若能來致在下章美之才而用之，則有福慶，復得美譽，所謂吉也。」

〔註185〕楊萬里《誠齋易傳》卷十五《旅》。
〔註186〕熊過《周易象旨決錄》卷四《旅》。按：原出俞琰《周易集說》卷九《旅》。
〔註187〕張獻翼《讀易紀聞》卷四《旅》，不言係部分引用。
按：胡炳文《周易本義通釋》卷二《旅》：
以內卦論，初六不及乎中，故有「瑣瑣」之災；三過乎中，故有「焚次」之危。以外卦論，四不及乎中，故「不快」；上過乎中，故「號咷」。不及則弱不自持，過剛則必自折，在內在外皆然。

以止為主。「止而麗乎明」，則為旅之貞而吉。

一柔在外，乘承皆剛，弱而為客之象。夫剛為物長，陰皆順陽。五為羈旅而乘剛逆德也，何以得亨？惟其得中乎外，以承於上，陰順於陽，不為乖逆，是謂「小亨」，以用柔而亨也。旅雖用柔而下體艮止，剛為主也；上體離明，剛為輔也。夫旅不能不暫止，艮為主，有隨寓而安之意。旅不能以無附，麗乎明，有外比於賢之意。處旅以此，得正而吉也。汝吉曰：「羈不在內親寡曰旅。『小亨，吉』，遠己而能以小亨也，以貞吉也。故旅非細故。惟時有旅，旅處惟時而義在焉，主於用柔不失其貞。旅之時義大矣哉！」

《象旨》：「小謂陰，指五也。『旅：小亨』，謂在上者之旅，六五是也。『旅貞吉』，謂在下者之旅，九三是也。故《彖詞》兩言旅以別之。俞氏論是也。」〔註188〕「六五『柔得中乎外』，與他卦柔得中於內者異。順剛，五承上也。不折不廢，是以為亨。或謂雖得所託而非應，不成大功，非也。九三本處多凶之地，然才雖剛而能止，應雖剛而體明，『止以麗明』，非妄動者。羈旅窮困，不足縈之矣。」〔註189〕

吳應回曰：「旅，凡客於外者皆是。天子有天子之旅，『天王出居於鄭』是也。諸侯有諸侯之旅，『公在楚』是也。大夫有大夫之旅，陳文子之去他邦是也。聖賢有聖賢之旅，孔之轍環、孟之歷聘是也。」在下謂之喪人，在上謂之蒙塵。〔註190〕

《象》曰：山上有火，旅。君子以明慎用刑而不留獄。

述曰：丘氏曰：「山者，火之所旅，久則延燒。獄者，囚徒之所，旅留則淹滯。旅有行而不處之象，故火不可使久處於山，囚徒不可使久留於獄也。明象火之燭物，慎象山之靜重，取象於旅，正恐其留獄也。」〔註191〕仲虎曰：

〔註188〕熊過《周易象旨決錄》卷四《旅》解卦辭。

〔註189〕熊過《周易象旨決錄》卷四《旅》解《彖》辭。

〔註190〕此一節見張獻翼《讀易紀聞》卷四《旅》。

按：吳應回之說見胡廣《周易大全》卷十九《旅》。「在下謂之喪人，在上謂之蒙塵」，出楊萬里《誠齋易傳》卷十五《旅》，《讀易紀聞》未注明。

〔註191〕胡廣《周易大全》卷十九《旅》。

按：張獻翼《讀易紀聞》卷四《旅》：

山者，火之所旅，久則延燒；獄者，囚之所旅，留則淹滯。旅與獄皆非可久之處，君子觀象以用刑，則取其火以為明，取其止以為慎，取其旅以不留獄。取象於，旅正恐其留獄也。

即肇端於此。

「明如火，慎如山，不留獄如山不留火。」〔註192〕

初六：旅瑣瑣，斯其所取災。　《象》曰：「旅瑣瑣」，志窮災也。

　　述曰：胡氏曰：「柔弱在下，為卑賤動其心。苟合苟容，以此為甚。其志困窮，是以取災也。」〔註193〕程《傳》：「『瑣瑣』，猥細之貌。當此困之時，才質如是，上雖有援，無能為也。況四陽性而離體，亦非就下者也，又在旅，與他卦為大臣之位者異矣。」

　　趙氏曰：「凡旅必有所志。志者，旅之大者也。士君子之旅，志於行道。商賈之旅，志於貿遷。旅之初，不能識其大者，而瑣瑣屑屑，錙銖而寸量之，志窮於此，所以災也。」〔註194〕《象旨》：「『瑣瑣』，鄭玄、王肅云：『小也。艮為小石，故瑣瑣。』」〔註195〕

　　陸績曰：「履非其正，應離之始，離為火，艮為山，山以應火，焚自取也，故曰『斯其所取災』。」

　　蘇氏曰：「羈旅之世，物無正主，近則相依。自六至上九皆陰陽相鄰，而初獨子然處六二之下，其細已甚，故曰『旅瑣瑣』也。『斯』，隸也。六二近於九三，三之所取也。初六窮而無依，隸於六二，役於九三。三焚二次，並以及初，故曰『斯其所取災』也。」〔註196〕

六二：旅即次，懷其資，得童僕，貞。　《象》曰：「得童僕，貞」，終無尤也。

　　述曰：二即陰之本位，為「即次」之象。「即次」，暫止也。柔巽在中，以虛承實，為懷資之象。「懷資，不露也。」〔註197〕初為小子而二履之，為「得

〔註192〕胡炳文《周易本義通釋》卷四《象下傳》。
〔註193〕胡瑗《周易口義》卷九《旅》：
　　　　義曰：「瑣瑣」者，細碎煩屑之謂也。夫羈旅之道，雖尚柔順，然亦不可過。今此初六以柔順之質，居一卦之下，是自處卑賤之地，而為貧賤所動其心，故為猥細瑣屑之事，苟容於人，苟合於世。斯此也，言既失其居，託跡於他國而為瑣屑之行，如此則人皆賤之，眾皆棄之，是自取災咎之道。《象》曰「『旅瑣瑣』，志窮災者」，言初六居旅之時，而為卑賤動其心，其道不通，其志窮困，是以取災也。
〔註194〕趙汝楳《周易輯聞》卷六《旅》：
　　　　凡旅必有所志。志者，旅之大體也。士君子之旅，志於行道。商賈之旅，志於懋遷。旅之初，不能識其大者，而較錐刀之小利，計瑣尾之末節，人將咸厭且怒斯，固自取其災，非適爾而得也。
〔註195〕熊過《周易象旨決錄》卷四《旅》。按：李鼎祚《周易集解》卷十一《旅》：「陸績曰：『瑣瑣』，小也。艮為小石，故曰『旅瑣瑣』。」非鄭玄、王肅之說。
〔註196〕蘇軾《東坡易傳》卷六《旅》。
〔註197〕熊過《周易象旨決錄》卷四《旅》。

童僕」之象。「貞」言此皆六二處旅之正道也。《象》曰「『得童僕，貞』，終無尤也」，夫在旅之所與處者，惟童僕耳。既得童僕，然後即次懷資，皆無所失。旅道之正，莫踰於此，終何尤哉？〔註198〕

《象旨》：「《九家易》曰：『以陰居二，即就其舍，承陽有實，故懷資。』『童僕』謂初，艮為小子，故僕稱童。李鼎祚曰：『六二履正體艮，艮為閽寺，童僕貞之象也。』二因三之資以隸初，故得童僕。初雖四之應，而四為三所隔，終豈有尤者哉？」〔註199〕

王《註》：「旅不可以處盛，故其美盡於童僕之正也。過斯以往，則見害矣。童僕之正，義足而已。」

九三：旅焚其次，喪其童僕貞，厲。　《象》曰：「旅焚其次」，亦以傷矣。以旅與下，其義喪也。

述曰：《象旨》：「虞翻曰：『離為火，三動艮壞，故焚其次。』〔註200〕『艮為童僕。』〔註201〕『坤為喪，三動艮滅入坤，故喪其童僕。』〔註202〕『旅與下』謂『初』，蘇說是也。其謂『六二，我之次』，非也。次指三。所處者二，即而三焚二去，離火稍遠，而三近也；二得童僕，而三喪二，去初甚近，而三則遠矣。其相反者，俞氏所謂『六二柔得中，九三過剛不中也』。據六二，『喪其童僕貞』為句，程《傳》是。『厲』謂以嚴厲失之也。『以傷』，鄱陽胡氏作『已傷』，謂已見傷於上，而復不改以待下也。」〔註203〕

趙汝楳曰：「人不得安於家而安於次，非得已也。今又焚之，已可傷矣。夫旅由我，非由童僕。我能撫之，使安焉如家，始肯衛其主。乃不能安之，致彼有不堪行旅之心。以此與下，雖無棄僕之心，其義則應喪也。」〔註204〕

汝吉曰：「旅道尚柔而三行行過剛，旅道用下而三肆於人上。平居不能得

〔註198〕章潢《周易象義》卷四《旅》：

　　凡此皆六二處旅之正道也。二陰柔本位，故為「即次」之象。「即次」，暫止也。「童僕」指初，艮為小子之象。《象》曰「『得童僕，貞』，終無尤也」，夫在旅之所與處者，惟童僕耳。既得童僕，然後即次懷資，皆無所失，旅道之正，莫踰於此，終何尤哉？

〔註199〕熊過《周易象旨決錄》卷四《旅》。
〔註200〕虞翻解《旅》九三爻辭。
〔註201〕虞翻解《旅》六二《象》辭。
〔註202〕虞翻解《旅》九三爻辭。
〔註203〕熊過《周易象旨決錄》卷四《旅》。
〔註204〕趙汝楳《周易輯聞》卷六《旅》。

此於人，而況於旅乎！焚、傷、喪而已矣。三曰『義喪』，上曰『義焚』，宜也，非過也。山有火，必上焚林，故三、上象『焚』。」

九四：旅于處，得其資斧，我心不快。　《象》曰：「旅于處」，未得位也。「得其資斧」，心未快也。

述曰：朱震曰：「二、三止而得位為次舍，四巽為入。未得位行道，處而已。入對出言之為處。陽實為『資』，足以自利；剛斷為『斧』，足以自防，皆九四之自有者，故曰『得其資斧』。然未得位，上不足以發五之志，下不足以致二之賢，猶為旅人耳，故『我心不快』。」〔註205〕趙氏曰：「旅而言處，旅於此，因處於此也。資以潤身，斧以斷事。旅而兼得，無羈寠之愁，無狐惑之患，若可安矣。然旅貴於行，行則進可以達，退可以歸。今僑寄於此，雖得資斧，不免為旅人，故『我心不快』。」〔註206〕

理齋曰：「非其正位，則所以自處者猶未盡善。上無剛陽之與，下惟陰柔之應，則所託以主之者又非其人。『我心不快』，謂當旅時猶有不能盡如其意者。旅求所合，而合非所合，其心豈慊然哉？」

《象旨》：「『處』，猶《詩》『爰處』之『處』。徐氏曰：『居者已定居，處者暫住而已。』李鼎祚曰：『九四失位而居艮上，艮為山，非平坦之地』，是已。四體兌巽，巽為木，兌為金，木實於金，即資斧斫除荊棘之象。『我心不快』，四動，互坎為心。虞翻謂『二動』〔註207〕，非。『己所乘者剛，不得其所，而得其資斧之地，故其心不快』〔註208〕，是。謂差強於三，不及二矣。」〔註209〕

九四爻，姚舜牧曰：「九四離下而上，其為旅也，載質出疆之君子也。旅於其國，而僅得所處，得其資斧，不得居其位，行其道，其心能快然乎哉？季孟之待，孔子之所以行也；國中之授室，孟子之所以去也。」〔註210〕

〔註205〕朱震《漢上易傳》卷六《旅》。
〔註206〕趙汝楳《周易輯聞》卷六《旅》：
　　　　旅而言處，旅於此，因處於此也。資以潤身，斧以斷事。旅而兼得，無羈寠之愁，無狐惑之患，若可安矣。然旅貴於行，行則進可以達，退可以歸。今捐親戚，棄墳墓，僑寄於異鄉，寧不動故山之思？是猶有不快於心者。
〔註207〕按：「二動」當作「三動」。李鼎祚《周易集解》卷十一《旅》：「虞翻曰：『三動，四坎為心，其位未至，故我心不快也。』」
〔註208〕王《注》：「客子所處不得其次，而得其資斧之地，故其『心不快』也。」
〔註209〕熊過《周易象旨決錄》卷四《旅》。
〔註210〕（明）姚舜牧《重訂易經疑問》卷七《旅》（《四庫全書存目叢書》經部第12冊，第440頁）：

六五：射雉，一矢亡，終以譽命。　《象》曰：「終以譽命」，上逮也。

　　述曰：六五人君之旅，所謂「柔得中乎外」者。五本文明美德，而越在草莽，思復其所取的於文明之位，「射雉」也。當羈旅寡親之時，下無應與，「一矢亡」也。「離為雉為矢，互兌為決。矢決於外，『射雉』之象。」〔註211〕離畫中虛，「一矢亡」之象。不下據初而仰承於上，上下交歸，終以文明美譽受天祿命也。「中德為譽，中位為命。」〔註212〕《象》曰「上逮」者，美譽之所歸，上逮於天也。

　　或以六五離明之君失位在外，必求文明之賢以為助，故有「射雉」之象，即古者弓旌招賢之謂。在旅之時，君臣皆失其所，不惟君擇臣，臣亦擇君，故六五「射雉，一矢亡」而終以光顯令德復安正位，則所獲多矣。

　　程《傳》：「此爻雖不言旅，而『射雉』即出旅之義。」〔註213〕「旅者，困而未得所安之時。『終以譽命』，譽命則非旅也。」〔註214〕

　　章氏曰：「《解》二『田獲三狐，得黃矢』，坎中陽畫像矢，故云『得』；《旅》五『射雉，一矢亡』，離中虛，故云『亡』。」〔註215〕

上九：鳥焚其巢，旅人先笑後號咷，喪牛于易，凶。　《象》曰：以旅在上，其義焚也。「喪牛于易」，終莫之聞也。

　　述曰：王《註》：「居高危而以為宅，『巢』之謂也。客旅得上位，故『先笑』也。以旅而處於上極，眾之所嫉也。以不親之身而當嫉害之地，必『凶』之道也，故曰『後號咷』。」

　　《子夏傳》：「『牛』，順物也。如旅之為道，全於順也。剛而六居，喪其順也。旅者，人之所容〔註216〕，剛而無順，人何容哉？故喪於無難，凶其宜

　　　　載賢出疆之君子，意欲何為哉？得位以行其道也。旅於其國，而僅得所處，得其資斧焉，其心能快然乎哉？季孟之待，孔子之所以行也；國中之授室，孟子之所以去也。
〔註211〕熊過《周易象旨決錄》卷四《旅》：「干寶曰：『離為雉為矢，互兌為決。矢決於外，射雉之象。』」
　　　　按：原出李鼎祚《周易集解》卷十一《旅》：「干寶曰：『離為雉為矢，巽為木為進退，艮為手，兌為決，有木在手，進退其體，矢決於外，躲之象也。』」
〔註212〕項安世《周易玩辭》卷十一《九三　六五》。
〔註213〕章潢《周易象義》卷四《旅》。
〔註214〕程《傳》。
〔註215〕按：章潢書中未見此語。胡居仁《易像鈔》卷十二：「《解》二『得黃矢』，坎中陽畫像矢，故云『得』。《旅》五『一矢亡』，離中虛，故云『亡』。皆實象。」
〔註216〕「容」，據《子夏易傳》當作「客」。

矣。」〔註217〕

劉濂曰:「離為科上稿,『巢』象。又飛鳥象,又牝牛象。上九處《旅》之上,離之極,過剛自高,故火延上而焚其巢,失所安矣。旅人處高以為快意,故『笑』。既而失其所安,故『號咷』。『牛』者,順物也。今以過剛不順而『喪之於易』,巢焚牛喪,欲歸則無所,欲行則無資,凶道也。」〔註218〕

「潘夢旂曰:『九三以剛居下體之上,則焚次;上九以剛居上體之上,則焚巢。位愈高則愈亢,則禍愈深矣。』故三『其義喪』,上『其義焚』。上承『鳥焚其巢』,故更加『旅人』字。不云『旅人』,則是鳥笑哭也。上剛亢,失其柔順而不自知,故有『喪牛于易』之象。《同人》親也,故『先號咷後笑』;親寡旅也,故『先笑後號咷』。」〔註219〕「『喪羊于易』,可以『無悔』;『喪牛於易』,不免於『凶』。羊壯而喜觸,不可不喪也;牛順而能守,不可喪也。」〔註220〕

彭山引程氏曰:「『人心做主不定,正如一箇翻車,流轉動搖,無須臾停。所惑萬端,若不做一箇主,怎生奈何?』今按《旅》卦爻象之辭,正以發明此義。學者當求其指之所在,而勿但以行旅之事視之可也。」〔註221〕

初六爻,楊氏謂此專指「小人之棄逐而在旅者。乃經營瑣細之鄙事,以自封殖。如慶封奔吳而致富,君子知其及殃;息夫躬寄丘亭而祝盜,或者告其祝詛。蓋小人無道義以養其心,得志則驕溢,失志則困窮,故瑣瑣以取災也」〔註222〕。

六二爻,楊氏謂:「六二,公侯大臣失位去國而在旅者也。如晉文公之奔也,見秦伯則拜,見野人亦拜,是能柔順以下人也。文公有禮,好學而不貳,凡十九年,守志彌篤,是能中正以立己也。廣而儉,懷安而能遷,是懷其資而

〔註217〕《子夏易傳》卷六《旅》:
　　　　牛,順物也。旅之為道,全於順也。剛而亢居,喪其順也。旅者,人之客也。又剛而無順,人何吉哉?故喪於無難也,固其凶哉!
〔註218〕劉濂《易象解》卷四《旅》。(《四庫全書存目叢書》經部第4冊,第282頁)
〔註219〕張獻翼《讀易紀聞》卷四《旅》。其中,潘夢旂之說原出胡廣《周易大全》卷十九《旅》。
〔註220〕錢澄之《田間易學》卷六《旅》:
　　　　胡仲虎曰:「《大壯》『喪羊於易,無悔』;《旅》『喪牛於易,凶』。羊壯而喜觸,不可不喪也;牛順而能守,不可喪也。」
　　　　按:《周易本義通釋》未見此語。
〔註221〕季本《易學四同》卷四《象象爻下傳》。
〔註222〕楊萬里《誠齋易傳》卷十五《旅》。

不露。其貞正如此，故至楚，楚饗之送；之齊、秦，齊、秦妻之，秦納而歸之；可謂即次矣。腹心則子犯、子余，股肱則魏犨、賈佗，紀綱則秦之三千人，可謂得童僕矣。其無悔尤，孰大於是？」〔註223〕

上九爻，項氏曰：「『鳥』者，離之象。『巢』者，附麗之至高者也。『焚』者，離火之失性者也。『笑』者，喜其高離之鼓缶而歌也。『號咷』者，悲其焚離大臺之嗟也。《旅》之上則《離》之三也。」〔註224〕「《旅》，離在上，故『後號』；《同人》，離在下，故『先號』。離性炎，故多怒也。《同人》之五得二而後成兌，故『後笑』；《旅》之五先以成兌，故『先笑』。兌性說，故多喜也。」〔註225〕「《大壯》九四與六五相易而失其壯狠，故曰『喪羊于易，无悔』；《旅》上九與六五易位而失其柔順，故曰『喪牛于易，凶』。六五失其剛，故所亡者一矢；上九失其柔，故所喪者牛。六五亡矢而得離之中位，故為『射雉』；上九喪牛而得離之上窮，故為『焚』。五、上皆在一卦之終，六五為文明之火，故『終以譽命』；上九為失性之火，故『終莫之聞』，言無譽也。」〔註226〕

巽☴巽下巽上

程《傳》：「為卦一陰在二陽之下，巽順於陽，所以為巽也。」馮氏曰：「巽一陰在二陽下，取義卑也，順也，伏也，入也。卑以其下於陽，順以其承於陽，伏以其藏於下，入以其進於下。其象為風，亦以其委曲而入於物，無所不順也。」〔註227〕

按：「《巽》與《兌》皆剛中正，巽說義亦相類，而《兌》則『亨』、《巽》乃『小亨』者，兌，陽之為也；巽，陰之為也。兌柔在外，用柔也；巽柔在內，

〔註223〕楊萬里《誠齋易傳》卷十五《旅》：

六二，公侯大臣之顯者喪而在旅者也。……晉文公之奔也，見秦伯則拜，見野人亦拜，不曰柔順以下人乎？文而有禮，好學而不貳，亡十九年，守志彌篤，不曰中正以立己乎？廣而儉，懷安而能遷，不曰懷其資而不露乎？其貞正如此，故至楚，楚饗之；楚送之至齊、秦，齊、秦妻之，秦納而歸之；可謂旅即次矣。腹心則子犯、子余，股肱則魏犨、賈佗，紀綱則秦之三千人，可謂得童僕矣。豈惟在旅而無悔尤哉？旅而歸，歸而霸，孰御焉？

〔註224〕項安世《周易玩辭》卷十一《上六》。

〔註225〕項安世《周易玩辭》卷十一《先號後笑　先笑後號》。

〔註226〕項安世《周易玩辭》卷十一《喪牛於易》。

〔註227〕董真卿《周易會通·周易經傳集程朱解附錄纂註卷十·巽》、胡廣《周易大全》卷二十《巽》。原出馮椅《厚齋易學》卷二十九《易輯傳第二十五·巽》。

性柔也。《巽》之亨所以小也。」〔註228〕楊廷秀曰：「伏一健於二順之下，健者安得不怒而為雷；閉二健於一順之外，健者安得不環而為風。《易》之有震巽也，其知神之所為矣。」〔註229〕

張氏曰〔註230〕：「《巽》與《謙》相類而不同。《謙》主陽，中實而若虛，其至也德盛而禮恭；《巽》主陰，內柔而性入，其弊也諂畏而失己。蓋有時乎巽而不可過也。」

巽：小亨，利有攸往，利見大人。

《彖》曰：重巽以申命。剛巽乎中正而志行，柔皆順乎剛，是以「小亨，利有攸往，利見大人」。

述曰：「巽，小者之道也。剛為大，柔為小。」〔註231〕巽主柔，上下「全以巽為德，是以『小亨』也」〔註232〕。巽悌以行，物無違距，〔註233〕故曰「利有攸往」。其往也，利見陽剛中正之大人。〔註234〕「巽順不於大人，未必不為過也。」〔註235〕

朱子發曰：「內巽者，命之始。外巽者，申前之命也。」〔註236〕「卦體陰陽雖不交，而陰皆承陽，有命令下入之象。巽本善入，而上之用巽，一順乎人心，以命令之。」〔註237〕我以為順，人不以為順，未可也。上順下而下未孚，未順也。「既命之於前，復申命之於後」〔註238〕，人心具孚，命乃行也。未有不巽而命行者也。「剛巽乎中正而志行」，申言之耳。「陸績曰：『二得中，五得正，體兩巽，故曰剛巽乎中正。皆據陰，故志行。』『柔皆順剛』，統一卦言。『小亨』者，陰為卦主。所以為巽者，初與四也。二、五雖據用事之地，而權不在焉，故曰『剛巽乎中正而志行』，言必用初與四而後得志也。權雖在初與四，而非用事之地，故曰『柔皆順乎剛』，言必順二五而後亨也。『利有攸往』，

〔註228〕程《傳》。
〔註229〕楊萬里《誠齋集》卷九十一《庸言一》。
〔註230〕不詳。
〔註231〕楊簡《楊氏易傳》卷十八《巽》。
〔註232〕王《注》。
〔註233〕王《注》：「巽悌以行，物無距也。」
〔註234〕程《傳》：「能巽順於陽剛中正之大人，則為利，故『利見大人』也。」
〔註235〕程《傳》。
〔註236〕朱震《漢上易傳》卷六《巽》。
〔註237〕章潢《周易象義》卷四《巽》。
〔註238〕章潢《周易象義》卷四《巽》。

為二、五用也；『利見大人』，見二五也。如《乾》二、五皆稱焉。蘇獨指九五，非也。」〔註239〕章氏曰：「『小亨』、『利往』、『利見』皆指初、四之柔，以為成巽之主。然其所以亨而利者，非上從二、五陽剛之中正，其能然哉？柔順乎陽剛，剛巽乎中正，此所以為巽乎？」〔註240〕

李氏曰：「若剛不順乎中正，則將褊隘而為邪。若柔不順乎陽剛，則將柔媚而為諂。故剛順乎中正，柔皆順乎剛，所以為巽之體也。若徒以一陰潛伏謂之為巽，而不究乎陰畫在二陽之下有順乎陽剛之象、陽畫在二五之位有順乎中正之德，則巽之所以致亨者，不可得而見矣。」〔註241〕

《象》曰：隨風，巽。君子以申命行事。

述曰：荀爽曰：「巽為號令，兩巽相隨，故『申命』也。法教百端，令行為上，貴其必從，故曰『行事』。」〔註242〕丘氏曰：「巽為風。風者，所以發揚天之號令。風隨風而不逆，此重巽之象也。君子體隨風之巽，出而發號施令，凡事必申復詳審，一再命之，然後見之行事，則四方風動順而易入。申命者致其令於行事之先，行事者守其令於申命之後。」〔註243〕

初六：進退，利武人之貞。　《象》曰：「進退」，志疑也。「利武人之貞」，志治也。

述曰：所以為巽者，初也。初柔居剛，非巽正位，進退不果，其能免乎？進無所應，退在窮下，心無所定如此，惟利剛武之人，能用其貞者。〔註244〕武人濟以謙巽則正也。「苟非武人之正，不利又可知矣。」〔註245〕

〔註239〕熊過《周易象旨決錄》卷四《巽》。
　　　其中，陸績之說見李鼎祚《周易集解》卷十一《巽》。
　　　另，蘇軾《東坡易傳》卷六《巽》：
　　　所以為巽者，初與四也。二、五雖據用事之地，而權不在焉，故曰「剛巽乎中正而志行」，言必用初與四而後得志也。權雖在初與四，而非用事之地，故曰「柔皆順乎剛，是以小亨」，言必順二、五而後亨也。「利有攸往」，為二、五用也。「利見大人」，見九五也。有其權而無其位，非九五之大人孰能容之？
〔註240〕章潢《周易象義》卷四《巽》。
〔註241〕董真卿《周易會通‧周易經傳集程朱解附錄纂註卷十‧巽》、胡廣《周易大全》卷二十《巽》。
〔註242〕李鼎祚《周易集解》卷十一《巽》。
〔註243〕胡廣《周易大全》卷二十《巽》。
〔註244〕李衡《周易義海撮要》卷六《巽》錄石介之說：「初六以陰居陽，是不能卑巽者，進無所應，退窮在下，心無所定如此，惟利剛武之人，能用其正者。」
〔註245〕章潢《周易象義》卷四《巽》。「正」，《周易象義》作「正道」。

彝正〔註246〕曰：「『進』謂從於陽，『退』謂安於下。進退不決，巽之象也。以陰居陽，故利於如武人之貞，則有以濟其不及而果於從陽矣。」理齋曰：「『志治』，所以治其疑心也。巽在內心，故《傳》累以志明之。」

仲虎曰：「此與《履》六三皆以陰居陽，故皆稱『武人』。此以陰居下卦之下，『武人之貞』，勉之辭也；《履》之三以陰居下卦之上，『武人為於大君』，危之辭也。故《小象》於此曰『志治』，於彼曰『志剛』。」〔註247〕

九二：巽在牀下，用史巫紛若，吉，无咎。 《象》曰：「紛若」之「吉」，得中也。

述曰：「二以陽居陰，巽而得中之象如此。宋衷曰：『巽為木。二陽在上，初陰在下，牀之象也。』〔註248〕巽義伏。」〔註249〕二與九五兩剛不相應，退而據初，心在乎下，故曰「巽在牀下」。〔註250〕牀，人之所安。「巽在牀下」，不安所處也。〔註251〕「卑甚失正，則入於過咎矣。」〔註252〕然九二以剛中之德，行至卑之道，〔註253〕以事九五。心之懇到，意之丁寧，象禱祀者之索諸幽，用史以祝，用巫以報，至於紛若之多，欲必求其通也，志在感格，非有邪心，故吉而无咎過矣。

孔《疏》：「『史』謂祝史，『巫』謂巫覡，並是接事鬼神之人也。『紛若』者，盛多之貌。人有威勢，易為行恭；神道無形，易生怠慢。」「用史巫紛若」，誠意之肫懇，「用之於神祇，不行之於威勢」〔註254〕，所以「得中也」。

《象》曰：「『紛若』之『吉』，得中也」，陽在中，有中實之象。「用史巫紛若」，似若已過，而惟求通其誠，以行其志，非有詔畏也，亦巽而不為過矣。苟誠不足於中而過於卑巽，奚可哉？〔註255〕姜廷善曰：「九二以事神之禮事其

〔註246〕朱彝尊《經義考》卷五十著錄羅倫（字彝正）《周易說旨》四卷，俟訪。

〔註247〕胡炳文《周易本義通釋》卷二《巽》。又見張獻翼《讀易紀聞》卷四《巽》，不言係引用。

〔註248〕李鼎祚《周易集解》卷十一《巽》。

〔註249〕熊過《周易象旨決錄》卷四《巽》。

〔註250〕李鼎祚《周易集解》卷十一《巽》：「宋衷曰：『二無應於上，退而據初，心在於下，故曰巽在牀下也。』」

〔註251〕程《傳》：「牀，人之所安。『巽在牀下』，是過於巽，過所安矣。」

〔註252〕王《注》。

〔註253〕孔《疏》：「若能用居中之德，行至卑之道。」

〔註254〕孔《疏》。

〔註255〕章潢《周易象義》卷四《巽》：
《象》曰：「『紛若』之『吉』，得中也」，外雖紛若之不一，中則一誠，

上，故『得中』而『吉』。」〔註256〕

《象旨》：「『用史巫紛若』，按：《說卦》：『互〔註257〕兌也。』史指三，巫指四。二與四、三與五同功而異位，而二、五兩剛本不相應，俞氏所謂『非用三、四不能達』〔註258〕者是也。三遠五，故為史以達二，意於五，所謂祝以孝告也；四近五，故為巫以達五，意於二，所謂覡以慈告也。」〔註259〕

九三：頻巽，吝。　《象》曰：「頻巽」之「吝」，志窮也。

述曰：《象旨》：「蘇氏曰：『九三以陽居陽，而非用事之地，知權之在初六也，下之則心不服，制之則力不能，故頻蹙以待之也。』『志窮』者，荀爽所謂『乘陽無據，為陰所乘，號令不行，故志窮』，蓋得之矣。」〔註260〕

敬仲曰：「以九居三，剛而過中，質非巽者。巽不出於本心，勉強而行之，故曰『頻巽』。『吝』，不足也。夫其實不能巽，至於不得已而後巽，其志亦窮矣。」〔註261〕

汝吉曰：「九三『頻巽』，巽貴用柔，亦美能下。三剛居剛，操上人之心焉，巽非其本體也。即勉為巽，能無頻乎？頻能無吝乎？以其剛而不能柔也，非中也，故謂之『志窮』。『志疑』者，可以治救之，『志窮』則有『吝』而已。」

六四：悔亡，田獲三品。　《象》曰：「田獲三品」，有功也。

述曰：六四以陰居陰，巽之正位。以巽而入二陽之間，所謂柔順乎剛者，可亡乘剛之悔，且用有獲焉。「『田』，武事。」〔註262〕「有剛德之象，於以濟巽柔之所不足也。曰『悔亡』，尤慮其有悔也。第往而田，可以『獲三品』。」〔註263〕「下三爻有貴賤之等，故曰『三品』。」〔註264〕介甫曰：「『田』者，興事之大者也。『三品』，有功之盛者也。柔而可以大有功，巽乎正而德所附

以求通。雖用史巫，亦巽而不為過矣。苟誠不足乎中而過於卑巽，奚可哉？

〔註256〕姜寶《周易傳義補疑》卷八《巽》。

〔註257〕「互」，《周易象旨決錄》作「初」。

〔註258〕俞琰《周易集說》卷九《巽》。

〔註259〕熊過《周易象旨決錄》卷四《巽》。

〔註260〕熊過《周易象旨決錄》卷四《巽》。其中，蘇氏之說出蘇軾《東坡易傳》卷六《巽》，荀爽之說出李鼎祚《周易集解》卷十一《巽》。

〔註261〕楊簡《楊氏易傳》卷十八《巽》。

〔註262〕胡炳文《周易本義通釋》卷二《巽》。

〔註263〕楊簡《楊氏易傳》卷十八《巽》。「巽柔」，《楊氏易傳》作「六四」。

〔註264〕胡炳文《周易本義通釋》卷二《巽》。

　　按：馮椅《厚齋易學》卷二十九《易輯傳第二十五·巽》：「程可久曰：『爻有貴賤之等，故曰三品。』」

也。」〔註265〕

王《註》：「乘剛，悔也。然得位承五，卑得所奉。雖以柔禦剛，而依尊履正，以斯行命，必能獲強暴，遠不仁者也。獲而有益，莫善三品，故曰『悔亡，田獲三品』。」《象旨》：「翟玄曰：『三品，下三爻也。初巽為雞，二兌為羊，三離為雉也。』四居五下，巽順盡事君之禮，故初、二、三皆順之。」〔註266〕

「陰柔無應，承乘皆剛，宜有悔也。」〔註267〕而「四以柔處柔，以順重順，居上卦之下，上則順乎一陽之君；居下卦之上，下則順乎二陽之臣。順上者，上亦順之；順下者，下亦順之。以一順而獲三順，善處如此，故得『悔亡』，猶如『田獲三品』〔註268〕，「及於上下也」〔註269〕。

九五：貞吉，悔亡，無不利。無初有終。先庚三日，後庚三日，吉。　《象》曰：九五之「吉」，位正中也。

述曰：九五君位，發號施令，更革事宜者也。處巽出令，以中正為善。九五巽體，剛德居中履正，有通變宜民之本，貞而吉也。凡巽之可以致悔者皆亡矣，則何不利焉？〔註270〕巽以行權，權在五也。「無初有終」，以巽入也。「先庚三日」，恐其無初也。「後庚三日」，欲其有終也。更革以順民心，與之慮始，未有不駭聽者，故未令而先示之詳。未至已日則必有不孚者，故既令而申示之審，則巽乎中正而能如此，所以吉也。

「庚」，更也，出令以變更其舊，取天干過中則庚之義，見天道運行之不容已者也。

凡有所變更，未能申命行事，而遽然更新之為快者，有初也，而有終則難。主終而言，故有取於重巽之義。「先庚」、「後庚」，是謂申命，所以有終也。

王《註》：「以陽居陽，損于謙巽。然秉乎中正以宣其令，物莫之違，故曰『貞吉，悔亡，無不利』也。化不以漸，卒以剛直，用加於物，故初皆不說也。終於中正，邪道以消，故『有終』也。申命令謂之庚。夫以正齊物，不可卒也；

〔註265〕李衡《周易義海撮要》卷六《巽》。

〔註266〕熊過《周易象旨決錄》卷四《巽》。翟玄之說出李鼎祚《周易集解》卷十一《巽》。

〔註267〕程《傳》。

〔註268〕楊萬里《誠齋易傳》卷十五《巽》。

〔註269〕程《傳》：「『田獲三品』，及於上下也。」

〔註270〕季本《易學四同》卷二《巽》：

　　　　九五剛而得中，柔巽乎剛，而能成德，得正而吉者也。如此則凡巽之可以致悔者皆亡矣。以巽道行之，則能順人心，無所往而不利也。

民迷固久，直不可肆也，故先申三日，令著之後，復申三日，然後誅而无咎怨矣。申〔註271〕、庚皆申命之謂也。」

《象旨》：「五有其位而能巽乎中正，故象如此。俞氏曰：『卦互兌，為口，所以造〔註272〕命也。兌居西方，故言庚。初在互兌三畫之先，先庚三日也。五在互兌三畫之後，後庚三日也。』」〔註273〕「《象》曰：『九五之吉，位正中也』，陽剛位乎正中，所以『貞吉，悔亡，無不利』也，所以『先庚三日，後庚三日』。重巽申命，盡乎中正之道也。」〔註274〕

邵寶曰：「先、後甲三日，重甲也。甲者，始也。先、後庚三日，重庚也。庚者，更也。蠱亂而治，有復始之道，故曰『終則有始』。巽變而通，有圖終之道，故曰『無初有終』。」〔註275〕

上九：巽在牀下，喪其資斧，貞凶。　《象》曰：「巽在牀下」，上窮也。「喪其資斧」，正乎凶也。

述曰：上九陽剛，本足有為，而居陰無位，「極巽過甚」〔註276〕，有「巽於床下」之象。二巽乎初，以得中也，巽而不失其剛也。上過中失正，乃亦效二之所為，欲圖六四以為用，「過巽而失其剛」〔註277〕，有「喪其資斧」之象，雖貞而凶矣。在卦剛巽於柔，本為貞。上九過巽無斷，何貞之有，凶也。斧，剛斷之物，謂九也。為上所資，故云「資斧」。

二「巽牀下」，巽初六也；上「巽牀下」，巽六四也。二得中而吉，上上窮而凶。

上九處卦之上，陽剛六極，窮上反下，故曰「上窮」。「貞凶」，「既『喪其資斧』矣，可以為貞乎？凶也。未有由正而行而失利而無斷者也。失利無斷，足以見其失正之驗」〔註278〕。《紀聞》曰：「上者，巽之極也。巽極不知變，而欲同九二之道，則其過也甚矣。《旅》九四以剛居柔，曰『得其資斧』；《巽》上九以剛居柔，曰『喪其資斧』。何也？《旅》貴於用柔，故以剛居柔者得之；《巽》戒於過柔，故巽極以剛居，柔者失之。陰柔一也，弱者用之為邪，強者

〔註271〕「申」，王《注》作「甲」。
〔註272〕「造」，《周易集說》作「出」。
〔註273〕熊過《周易象旨決錄》卷四《巽》。俞氏之說見俞琰《周易集說》卷九《巽》。
〔註274〕章潢《周易象義》卷四《巽》。
〔註275〕邵寶《簡端錄》卷二《易》。
〔註276〕王《注》。
〔註277〕程《傳》。
〔註278〕楊簡《楊氏易傳》卷十八《巽》。

用之為正。卑巽一也；怯者用之為諂，勇者用之為謙。」〔註279〕

九五爻，項氏曰：「《巽》，多疑之卦也。九二已中矣，猶以不正自疑，紛紛而不能決。惟九五中而又正，其吉無疑。故凡巽之疑悔，至是俱亡。曰『無不利』者，決其無疑也。曰『無初有終』者，言初疑而今不疑也。言之重，辭之復，皆為疑設也。巽之時，惟此爻為美。其多疑猶如此，可見《巽》卦無大亨之用矣，故曰『九五之吉，位正中也』。言其吉，獨此一位爾。九五制命之主，故又於爻義之外統論重巽之義。『庚』，更也，續也。事已而更為之，以續前事也。先事之初三日，初疑、二紛、三吝，皆未保其吉也；後事之三日，四『有功』、五『無不利』，始亨其吉也。此當於上九言之。其實後庚三日，總言上三爻也。上之窮而不反，亦以其無下爻之疑，是以不可回爾。」〔註280〕或曰：「『先庚三日』，巽之下三爻行事之初，我與民皆未敢信也；『後庚三日』，巽之上三爻行而又行，我與民皆信之，故曰『後庚三日，吉』。明初猶未吉，至終而後吉也。以人事言，以吉終之。」〔註281〕

上九爻，項氏曰：「上九爻辭與九二同，皆以陽居陰也。當巽之時，惟此二爻以陽而失位，巽中之又巽者也，故皆為『巽在牀下』，言失位也。二雖失位而得中，中大於正，所以『吉』而『无咎』；上既失位，愈巽極而不反，故為喪資失斧之人，而猶固守其窮，凶之道也。以上兩句解下兩句，不須推說而義自明。凡爻以德為資，其本質也；以位為斧，其利用也。上既失位矣，並其剛德而亡之，故資斧皆喪也。」〔註282〕「《巽》上九與《旅》九四同稱『資斧』者，《旅》之四即互巽之上也。巽為利市三倍，故稱『資斧』。《旅》四時其所

〔註279〕張獻翼《讀易紀聞》卷四《巽》。
　　　　其中，郭雍《郭氏傳家易說》卷六《巽》：
　　　　上九，巽之極者也。巽極不知變，而欲同九二之道，則其過也甚矣。
　　　　胡炳文《周易本義通釋》卷二《巽》：
　　　　《旅》九四以剛居柔，曰「得其資斧」；《巽》上九以剛居柔，而反「喪其資斧」。何也？《旅》貴於用柔，故以剛居柔者得之；《巽》戒乎過柔，故巽極而以剛居柔者失之。
　　　　楊萬里《誠齋易傳》卷十五《巽》：
　　　　蓋陰柔一也，弱者用之為邪，強者用之為正。卑巽一也，怯者用之為諂，勇者用之為謙。
　　　　《讀易紀聞》糅合三家之說而不注明。
〔註280〕項安世《周易玩辭》卷十一《九五》。
〔註281〕項安世《周易玩辭》卷四《三日》。
〔註282〕項安世《周易玩辭》卷十一《巽在牀下》。

處，故為得其利；巽上九無位，故為利喪焉。」〔註283〕

兌 ☱ 兌下兌上

仲虎曰：「《咸》以艮陽下兌陰則相感，感則亨矣，而相感易失於不正；《兌》以二陽下一陰則相說，說則亨矣，而相說亦易流於不正。『利貞』者，戒辭也。三男之卦不言『利貞』，剛固貞也。故《咸》取無心之感，《兌》取無言之說。」〔註284〕

趙汝楳曰：「卦以象得名。說者，象之義。坎流則氣行，故能通。兌止則氣聚，故能養。物得所養而說，故曰『兌，說也』。」〔註285〕「六爻則『剛中而柔外』，剛中以立體，柔外以致說，析之則三、上偏柔而失其體，說不以正也；四剛則善矣；五不言兌，君不可心乎說。心乎說則害者紛至，可勝道哉？諸爻皆有義而無象，辭亦簡嚴，與他卦異。」〔註286〕

《象旨》：「兌，說也。不謂之說而謂兌者，胡翼之曰：『聖賢感天下之心，不可以言語口舌，故去其言而為兌也。』」〔註287〕

兌：亨，利貞。

《彖》曰：兌，說也。剛中而柔外，說以「利貞」，是以順乎天而應乎人。說以先民，民忘其勞。說以犯難，民忘其死。說之大民勸矣哉！

述曰：孔《疏》：「《說卦》曰：『說萬物者莫說乎澤。』以兌是象澤之卦，故以兌為名。澤以潤生萬物，所以萬物皆說。施於人事，猶人君以恩惠養民，民莫不說也。惠施民說，所以為亨。以說說物，恐陷諸邪，故〔註288〕利在於貞正。」

質卿曰：「《兌》一陰見於二陽之上，陽為根本，陰為枝葉，必陽氣充實而後說斯見也。大抵萬物之生意飽足於中，則說自暢於外。若人心有所歉，便是生意不飽足，如之何其說？」

「說而違剛則諂，剛而違說則暴。」〔註289〕「剛中柔外，其說之道乎？

〔註283〕項安世《周易玩辭》卷十一《武人　資斧》。

〔註284〕胡炳文《周易本義通釋》卷二《兌》。

〔註285〕趙汝楳《周易輯聞》卷六《兌》解《彖》辭。

〔註286〕趙汝楳《周易輯聞》卷六《兌》解卦名。

〔註287〕熊過《周易象旨決錄》卷四《兌》。胡翼之之說見李衡《周易義海撮要》卷六《兌》。

〔註288〕「故」，孔《疏》作「其」。

〔註289〕王《注》。

剛之為德，不可以利動也，不可以害動也。大中至正，不可移奪，是為剛德。其中則剛，外則柔」〔註290〕，所謂「說以『利貞』」也。說而能正者，「順乎天道，應乎人心，何者？三才一道故也。如此說以先民，則民咸從之，咸忘其勞；說以犯難，則民咸赴之，咸忘其死。說之大，至於民咸勸矣哉！此說非有術以使之也，非違道以干之，由正而行。而正者人心之所同有，故上之人倡之，而下之人自翕然應之，幾於神矣」〔註291〕。

說有天道，有人道，上下兌之象。訢合交暢，天道之說也，由畜而通其誠一无妄之體也。欣喜歡愛，人心之說也，由豫而生其大公至正之情也。說而能貞，天人合矣，則於民何不得逸之說也？勞之亦說也，生之說也，死之亦說也，民孰不憚勞，亦孰不惡死。忘勞忘死，非人之情也，而忘之者說而不自知其勞且死也，曷為而說也？則聖人之逸我而不欲勞我，生我而不欲死我者，有以先之也。是以說而自勸也。民以說自勸，天下皆在歡欣鼓舞之中矣，是以聖人大之。

項氏：「『說以利貞』，言以利與貞而得說也。『利』者，說之情；『貞』者，說之理。柔在外為利。利者，萬物之所說也。剛在內為貞，貞則天人之理得矣。『順乎天』，兌上也；『應乎人』，兌下也。」〔註292〕生民者下兌，犯難者上兌。「天人皆通，所謂亨也。亨者，說之效，故極言之。」〔註293〕按：「《革》與《兌》皆言順天應人，順天理之正，應人心之公，則《革》無私意，《說》無邪心。革者，天下之大利；說者，天下之美名。此二者最易於失正，故《革》曰『元亨利貞』，《兌》曰『亨利貞』。」〔註294〕

《象》曰：麗澤，兌。君子以朋友講習。

述曰：兩「澤麗」交相浸潤，互有滋益之象。〔註295〕「講」，兌象，兌為口舌也。「習」，重兌象。理義之說心，說之至也，真說資朋友而得也。

楊廷秀曰：「兩澤相麗，則水泉相益而不涸。二友相講，則義理相益而不窮。而況九澤與眾友乎！是以君子說之。」〔註296〕

〔註290〕楊簡《楊氏易傳》卷十八《兌》。
〔註291〕楊簡《楊氏易傳》卷十八《兌》。
〔註292〕項安世《周易玩辭》卷十一《兌亨利貞》。
〔註293〕項安世《周易玩辭》卷十一《兌亨利貞》。
〔註294〕項安世《周易玩辭》卷十一《順天應人》。
〔註295〕程《傳》：「『麗澤』，二澤相附麗也。兩澤相麗，交相浸潤，互有滋益之象。」
〔註296〕楊萬里《誠齋易傳》卷十五《兌》。

邵堯夫曰：「兌，說也。其他說皆有所害，惟朋友講習無說，於此故言其極者也。」〔註297〕

《紀聞》曰：「『相觀而善之謂摩』〔註298〕，即《易》之『麗澤，兌』乎？摩如兩石相摩，麗則兩澤相麗。石以剛摩，象忠告；澤以柔麗，象善道。合二者而朋友之道畢矣。」〔註299〕

初九：和兌，吉。　《象》曰：「和兌」之「吉」，行未疑也。

述曰：《象旨》：「《兌》六爻以相比取義。初『和兌』者，比九二剛中之人，兩陽相與，和而不流，故『吉』。」〔註300〕卜子夏曰：「以剛正之說，首出門而和人者也。守正和人，何往不吉？」〔註301〕

無所疑也，徐氏曰：「『疑』謂疑於陰也。卦四陽，惟初與陰無係，故無所疑。二與四則疑於三，五則疑於上矣。」〔註302〕「商兌未寧，正公私介限處，不可不審其所從也。」〔註303〕

九二：孚兌，吉，悔亡。　《象》曰：「孚兌」之「吉」，信志也。

述曰：九二以陽居陰，又與三陰相比而為說體，宜有悔也。二剛中之德，孚信內充，則非妄說者。君子同德，相信小人，「說之不以道不說也」〔註304〕，所以吉而悔亡。《象》曰「信志也」，志存乎中者也。說由中孚，於己為慊，於人為當。雖不說者亦信而莫之忌矣。大都誠實之人，難說而易事，其志無纖芥可疑，而亦無不信之者。

六三：來兌，凶。　《象》曰：「來兌」之「凶」，位不當也。

述曰：兌主柔易流，故貴剛。初剛正，二剛中，孚兌誠，和兌公也。六三為上兌之主，陰居陽位，過中失正，以說為事，不能自己者也。上無應者，乃來就二陽，求與之說。夫己能守正，雖不即人，人將即我來而說，何為者哉？凶已。程《傳》：「之內為來。上下俱陽，獨之內者，以同體而陰性下也，失道

〔註297〕（宋）邵雍《皇極經世書》卷十三《觀物外篇上》。

〔註298〕《禮記‧學記》。

〔註299〕張獻翼《讀易紀聞》卷四《兌》。

〔註300〕熊過《周易象旨決錄》卷四《兌》。

〔註301〕《子夏易傳》卷六《兌》：「以剛正之說，首出門而和人也，守正和人也。守正和人，何往不吉，行豈疑哉？」

〔註302〕胡廣《周易大全》卷二十《兌》。又見張獻翼《讀易紀聞》卷四《兌》，不言係引用。

〔註303〕張獻翼《讀易紀聞》卷四《兌》。

〔註304〕《論語‧子路第十三》。

下行也。」

質卿曰：「『來兌』者，和不能如初以己同眾，孚不能如二以誠感人。欲孤立也，則妄說之情不能自已；欲相說也，則非道之求人所不契。故不免於『來兌』。」章氏曰：「立身不端，徒以柔媚求說於人，即此便為凶德。」〔註305〕

《象旨》：「『位不當也』，俞氏曰：『巽正位在四，乾在五，坤在二，震在初，離在二，艮在三，坎在五，兌在六也。』」〔註306〕

九四：商兌未寧，介疾有喜。 《象》曰：九四之「喜」，有慶也。

述曰：「商」，度也。「未寧」，不決與不安之心合也。九居四位，不中不正，非有特立之操，而下比六三柔諛之小人，易為所動。正在商度擬議之間，蓋心知其非正，而實樂其易悅，故有「商兌未寧」之象。然體本陽剛，能介然獨斷，知柔邪之不可近而疾惡之，如是則進於兌說之正而有喜也。

「商」謂隱度。四互巽，進退之象。「介」，俞氏讀為句。四與三上下異體，猶疆介然。「疾」者，疾三陰邪也。四位柔而才剛，故象如此。孫氏〔註307〕曰：「三之『來兌』，本下趨四。重兌異體，自有介限之別。而人情昵邪則遠正，疾惡則親善，此天下之大分，不可不審所從也，故決之『介疾有喜』。」

質卿曰：「四之所可嫌者在『商兌』，所可幸者亦在『商兌』。『商兌』者，喜之先見者也。決之以開示正道，預防邪心也。」敬仲曰：「『有慶』者，九四居大臣之位，國之治亂繫焉。能不近小人，則澤及民矣。」〔註308〕汝吉曰：「其疾惡若決，其進善必果，其『有慶也』，能無喜乎？」

九五：孚于剝，有厲。 《象》曰：「孚于剝」，位正當也。

述曰：九五剛中宅尊，下與陽不相得，而比於上六，不說信乎陽而說信乎陰也。〔註309〕剝者，柔變剛之名，謂上六陽剛有孚，非私昵也。然爻位相近易合，陰陽相得易親，不虞其害而誠信之，則剝之勢成矣，能無厲乎？夫五位

〔註305〕章潢《周易象義》卷四《兌》。「端」，《周易象義》作「當」。
〔註306〕熊過《周易象旨決錄》卷四《兌》。
　　　　按：原出俞琰《周易集說》卷二十五《爻傳六》：
　　　　　　「位不當」，明六三位不正也。乾正位在九五，坤正位在六二，震以初九，離以六二，艮以九三，巽以六四，坎以九五，兌以上六，或以六三為重。《兌》之主非也。
〔註307〕不詳何人。
〔註308〕楊簡《楊氏易傳》卷十八《兌》。
〔註309〕王《注》：「比於上六而與相得，處尊正之位，不說信乎陽而說信乎陰，孚於剝之義也。」

正當者也，卦亨貞由之。以本說體，恃其剛正，有孚剝之危。聖人畏孔壬，遠佞人，良有以也。〔註310〕

九五得尊位而處中正，盡說道之善矣。然所比者上六，陰柔之兌主。上體純陰，居卦之外，善匿其情以為說，非若六三「來兌」，顯然求說，人得以非正而拒之也。最能惑人，最能陰剝善類。害既不顯，而每為剛正者之所信說。蓋剛正之君決非柔媚小人所能動，而不能不狃於匿情矯偽，以不求說為說者，故九五有「孚於剝」之戒。《象旨》：「『剝』謂《剝》卦。兌為正秋，過此則為九月之《剝》。《兌》之九五，正當《剝》之六五也。『厲』者，五以陽剛中正，雖孚剝而有威嚴。」〔註311〕尚未受剝也，以在說時，故為之戒。「四曰『商兌』，五曰『孚剝』，皆以時取象。商，八月；剝，九月也。」〔註312〕

上六：引兌。　《象》曰：「引兌」，未光也。

述曰：敬仲曰：「上六超然一卦之外，有高尚之象。然非中，無得道之象。近比乎九五，陰陽有相親之象，則亦有引之說之之象。陰不自守，引之斯說，未為光明。」〔註313〕「光」，大也。蘇氏曰：「夫難進君子之事，使上六引而不兌，則其道光矣。」〔註314〕

艮兌皆少陽少陰之卦。然艮陽止於上多吉，故本爻曰「『敦艮』之『吉』，以厚終也」。他如《蒙》上「利用禦寇，上下順也」；《蠱》上「『不事王侯』，志可則也」；《賁》上「『白賁，无咎』，上得志也」；《大畜》上「『何天之衢』，道大行也」；《頤》上「『由頤，吉』，大有慶也」；《損》上「『弗損益之』，大得志也」。雖《剝》上亦曰「『碩果不食』」，在本爻尚無大害。若兌陰說乎上則多不吉，故《兌》本爻曰「『引兌』，未光也」。他如《大過》上「『過涉』之『凶』，不可咎也」；《咸》上「『咸其輔頰舌』，滕口說也」；《夬》上「『無號』之『凶』，終不可長也」；《萃》上「『齎咨涕洟』，未安上也」；《困》上「『困於葛藟』，未當也」；《隨》上「『拘繫之』，上窮也」。獨《革》上稍善，亦有「征凶」之戒。

〔註310〕章潢《周易象義》卷四《兌》：

　　　九五陽剛中正，與上六密比，而上六陰柔兌之主也。五誠信而說之，不知陰能剝陽，雖孚信非私交，陽剛尚未受剝，然善柔便佞，最易說人。不虞其害，已而信之深，則剝之勢成矣，不有危厲之失乎？夫以九五之盛德，尚懼有孚剝之危，故卦辭示以利貞，而聖人畏孔壬，遠佞人，良有以也。

〔註311〕熊過《周易象旨決錄》卷四《兌》。
〔註312〕章潢《周易象義》卷四《兌》。
〔註313〕楊簡《楊氏易傳》卷十八《兌》。
〔註314〕蘇軾《東坡易傳》卷六《兌》。

茲類其詞而玩之，《兌》上本陰居陰位，而《艮》上則陽居陽位，詞若與象異矣，其實艮陽止體宜乎上，兌柔說體不宜於上，所以柔說在上多凶。知此則觀象玩詞殊省力也。

按：《兌》六爻以六三為主。凡諸爻稱兌者，皆謂三也。初九與之同體為「和兌」，九二與之相比為「孚兌」，六三來而成兌為「來兌」，九四當三五往來之衝為「商兌」，上六與三相應為「引兌」。九五不稱兌而稱「剝」者，卦中獨此一爻與三非同、非比、非應，舍三而去，自與上比也。陰來比陽〔註315〕為《兌》，陽往比陰為《剝》。其戒深矣！陽爻曰和、曰孚、曰介，皆剛辭也；陰爻曰來、曰引，皆柔辭也。陽為實，中實為孚。二、五皆陽在中，故二為「孚兌」，五為「孚於剝」，雖所用不同，其孚一也。

〔註315〕「與上比也陰來比陽」，四庫本小字注「闕」。